Zu diesem Buch

Die USA 1963: Öde Langeweile in den Suburbs, seichtes Gedudel aus dem Top Forty Radio. Daß der Rock 'n' Roll die Verhältnisse zum Tanzen brachte, ist schon einige Jahre her. Der Untergrund trifft sich in den «Coffee Houses», den Folkkneipen. Durch den Rückgriff auf ländliche Musiktraditionen – Woody Guthrie, Leadbelly, Big Bill Broonzy – entzieht man sich dem Müll aus Plastik & Bubblegum. Es sind Keimzellen des Protests und der Revolte, bemüht um Aufrichtigkeit und Auhentizität. Was fehlt, ist der Drive und die Sinnlichkeit des Rock. Und wer an dieser Szene keinen Anschluß gefunden hat, dämmert im kulturellen Halbschlaf vor sich her und wartet darauf, daß ENDLICH ETWAS PASSIERT.

Dann setzt sei ein: die Briten-Invasion. Zunächst die Merseybeatgruppen, allen voran die Beatles natürlich, dann die Searchers, Gerry and the Pacemakers und wie sie alle heißen, in ihrem Gefolge die stärker Rhythm & Blues-orientierten Gruppen wie die Stones, die Pretty Things oder die Animals bringen die erstarrte Landschaft in Erregung und in Bewegung. Sie lassen den Geist des Rock 'n' Roll wieder auferstehen. «1963–1967 schnellte der Prozentsatz an wirklich guter Musik abrupt hoch und fiel gegen Ende genauso abrupt wieder ab», schreibt Greg Shaw, der Herausgeber von *Bomp**, jenem legendären Fanzine, das durch seine Mischung von Genauigkeit im Detail und Fanbegeisterung Vorbild wurde für etliche, die nach ihm kamen.

Die Briten kommen enthält – fast – alle Artikel aus der Zeitschrift, die, zusammengenommen, die Briten-Invasion rekonstruieren – Porträts der wichtigsten Musiker vor allem, aber auch allgemeinere Überlegungen. Daß diese Artikel aus amerikanischer Perspektive geschrieben wurden, versteht sich von selbst. Bedingt durch die große geographische Entfernung, haben sich gewiß hie und da Ungenauigkeiten eingeschlichen. Aber letztendlich ist es doch wirklich nicht so wichtig, ob Adolphus Thistlethwaite zwei Monate lang bei Henry and the Handkerchiefs die Akkorde herunterhämmerte, bevor er sich bei den Paranoid Puppies die Kehle heiser schrie.

Damit *Bomp 2: Die Briten kommen* auch als verläßliches Nachschlagewerk benutzbar ist, wurden speziell für dieses Buch für jeden beschriebenen Musiker komplette Discographien erstellt, die in dieser Zusammenstellung nicht nur in Deutschland einmalig sein dürften.

---

* Die besten Artikel zu US-amerikanischen Gruppen finden sich in «Greg Shaw's Bomp. Vergessenes, Verschollenes und längst Verdrängtes aus dem legendären kalifornischen Rock 'n' Roll-Fanzine.» (ro sachbuch 7659)

Greg Shaw's BOMP!

Aus den Kindertagen der englischen Rockmusik

Aus dem Amerikanischen
von Walle Bengs

Mit Discographien
von Hans-Jürgen Klitsch

Rowohlt

Redaktion Klaus Frederking
Die Abbildungen stammen aus den Archiven
von Hans-Jürgen Klitsch, Paul Löffler und Greg Shaw
Umschlagentwurf Manfred Waller und Georg Meyer
Deutsche Erstausgabe
Veröffentlicht im Rowohlt Taschenbuch Verlag GmbH,
Reinbek bei Hamburg, Dezember 1983
Copyright dieser Ausgabe © 1983 by Rowohlt Taschenbuch Verlag GmbH,
Reinbek bei Hamburg
Copyright © 1983 by Greg Shaw
Alle Rechte vorbehalten
Satz Times (Linotron 404)
Gesamtherstellung Clausen & Bosse, Leck
Printed in Germany
1680-ISBN 3 499 17773 0

Inhaltsverzeichnis

Die Wurzeln des britischen Rock 11

   Cliff Richard 23
   The Shadows 30
   Johnny Kidd and the Pirates 39

Liverpool 42

   The Searchers 50
   The Swinging Blue Jeans 56
   Billy J. Kramer 59
   Gerry and the Pacemakers 64
   Liverpool Leftovers 67

Manchester 73

   The Hollies 75
   Wayne Fontana and the Mindbenders 83
   Freddie and the Dreamers 87
   The Dave Clark Five 92
   Cliff Bennett and the Rebel Rousers 96
   Herman's Hermits 98
   Peter and Gordon 102
   Brian Poole and the Tremeloes 105
   Lulu and the Luvvers 107
   The Applejacks 109
   Dave Berry and the Cruisers 111
   Neil Christian and the Crusaders 113
   Unit Four Plus Two 114
   The Poets 115
   The Four Pennies 116
   The Honeycombs 119
   The Ivy League 121
   The Rockin' Berries 123
   Bern Elliott and the Fenmen 126
   The Nashville Teens 127
   The Zombies 131
   P. J. Proby 135
   Nachtrag zu P. J. Proby 137
   The Walker Brothers 139

Britischer Rhythm & Blues 143

   Georgie Fame and the Blue Flames 150
   The Pretty Things 154
   The Yardbirds 159
   The Downliners Sect 163
   Zoot Money's Big Roll Band 166
   Manfred Mann 168
   The Animals 174
   Them 182
   The Moody Blues 186
   The Spencer Davis Group 188
   The Paramounts 190
   Gary Farr and the T-Bones 191

Die Mods 192

   The Who 194
   The Small Faces 198
   The Kinks 203
   Shel Talmy und der Pop Art-Rock 205
   Marianne Faithfull 210
   Dave Dee, Dozy, Beaky, Mick & Tich 215
   The Troggs 220
   The Sorrows, Don Fardon und Miki Dallon 223
   Jonathan King 226
   Pinkerton's Assorted Colours 228
   The Riot Squad 229
   Chris Andrews 230
   The Beatstalkers 232
   Episode Six 233
   The Beatles 234

Ein kurzer Rückblick, nicht nur in Wehmut 236

Gebrauchsanleitung für die Discographien

Die sich an die Artikel anschließenden Discographien sind nach bestem Wissen und Gewissen erstellt. Sie haben keineswegs den Zweck, Musikfreunde in engstirnige, nach philatelistischen Gesichtspunkten vorgehende Platten(komplett)sammler zu überführen oder den Leser dazu zu verleiten, alle aufgeführten Platten käuflich zu erwerben (was allemal nur schwer möglich ist). Die Discographien sind lediglich als Referenz zu verstehen. Sie sollen über die Spannbreite an Veröffentlichungen der entsprechenden Interpreten informieren.

Hand aufs Herz: eine Plattensammlung vermag doch erst dann zu überzeugen, wenn sie mit gutem Geschmack zusammengestellt ist und nicht nach dem verderblichen Leitmotiv des Komplettierens. Wem nützt es schon, alle Plattenveröffentlichungen der Band XY zu besitzen?! Am Ende hat man gewiß eine große Anzahl Platten zusammengetragen, aber doch nur eine begrenzte Menge guter Musik. Und dann ist zwangsläufig jeder Enthusiasmus für die Musik verlorengegangen ... ein Enthusiasmus und eine (gleichsam kindliche) Freude, wie sie gerade bei den in diesem Buch vereinten *Bomp*-Autoren immer wieder deutlich zutage tritt.

Natürlich war und bin ich immer für Hinweise auf eine seltene/seltsame Platte dankbar, trotzdem muß ich sie aber nicht sogleich käuflich erwerben, denn gerade das Abspielen dergleichen soll/muß mir ja Spaß machen – unabhängig von Auflagenzahl und Grad der Rarität.

Es gibt sicherlich von nahezu jeder Band der 60er Jahre (ja, auch von Gerry & the Pacemakers!) das eine oder andere Lied, das ich nicht missen möchte/könnte, wie es auch Bands gibt, deren gesamten Katalog ich besitzen muß, weil es von der betreffenden Band (in meinen Augen) eben keine schlechten Aufnahmen gibt. Aber erst die Tätigkeit am GORILLA BEAT (Record Specialists) Magazine hat mich schließlich dazu verleitet, Daten und Fakten zu sammeln, und so sind dann durch das unvermeidbare Lesen vieler (alter) Musikzeitschriften, den Erwerb von Platten und die Gespräche mit Musikern viele interessante und uninteressante Dinge in meiner Poesiealben-Kartei (Rolf und Alfred Ernst wissen, wovon ich rede) hängengeblieben. Aber noch gibt es viele unbeschriebene Seiten. So ist denn auch nicht nur dort, wo in diesem Buch deutlich werdende Lücken vorhanden sind, ein Feedback erwünscht: Hans Jürgen Klitsch, Landsberger Str. 28, 4000 Düsseldorf 13.

Aufbau der Discographien:
a) Als Basis dienen die englischen Veröffentlichungen innerhalb eines angemessenen und sinnvollen Zeitraums; Bestellnummern identischer deutscher Veröffentlichungen sind in Klammern angegeben;
b) abweichende deutsche Veröffentlichungen erscheinen in einer Extrarubrik;
c) weder in England noch in Deutschland veröffentlichte Titel finden sich unter der Rubrik «Verschiedene», wobei das Erscheinungsland durch das internationale Kfz-Kennzeichen als Präfix gekennzeichnet wird; Single- und EP-Stücke, die nur auf den hier aufgelisteten Platten erschienen sind, sind kursiv gedruckt;
d) Single- und EP-Titel, die auf den aufgelisteten LPs nicht enthalten sind, werden durch * gekennzeichnet;
e) Wiederveröffentlichungen sind grundsätzlich nicht aufgeführt, auch wenn sie innerhalb des erfaßten Zeitraums erschienen sind; dies gilt nicht für Compilation-LPs.

Abschließend 1000 Dank an Rolf Hannet (Taxim) und Alfred Hebing (Gorilla Beat) fürs Gegenlesen, an Heiner Schlattmann (Melle) für seine Informationen, an Roeland Bajema (Flashback), Bert Bossink (Fabulous Sounds of the Sixties), John Wagstaff (Format), Pontus von Tell (Rock & Beat Tranquilizer), Linda, Annika, Sir Charles, Sir Philip und 1979er Bordeaux für die Inspiration.

Hans Jürgen Klitsch

Die Wurzeln des britischen Rock

Von Greg Shaw

Vor den Beatles war England für die meisten amerikanischen Teenager ein weit entferntes, unbekanntes Land. Unsere Hits waren in der Regel dort – wie im übrigen Ausland – auch welche. Und die englischen Hits hatten überall auf der Welt Riesenerfolge – überall, nur nicht in den USA. Daher kommt es, daß Stars wie Cliff Richard, die auf der ganzen Welt ähnlich populär sind wie Elvis Presley, bei uns auch heute noch so gut wie unbekannt sind. Amerika war vor den Beatles derart isoliert, daß mir die meisten Namen, die mir bei meinen Recherchen in die Quere kamen, nicht vertraut waren.

Über den britischen Umgang mit der Musik – bevor die Ereignisse der sechziger Jahre Wirkung zeigten – ist deshalb einiges zu sagen. Zunächst einmal haben die Briten keine einheimischen Vorläufer heutiger Popmusik, wie wir sie mit dem Jazz, dem Blues, mit Country & Western und so weiter besitzen. Sie haben eigentlich nur ihre altmodischen Volkslieder, die Art Sachen, die Gruppen wie Fairport Convention kürzlich wieder ausgegraben haben.

In unserem Jahrhundert war die Music-Hall-Musik die vorherrschende Form der populären Musik. Ich will nicht so tun, als ob ich viel von der Geschichte der englischen Music-Hall-Vergnügungen verstünde, doch es scheint sich um einen Sprößling der Vaudeville-Tradition zu handeln, zu dem kurze Acts gehörten, Steptanz-Nummern und Komiker, dazu Show-Musik und eingängige Lieder mit cleveren Texten.

Als Vaudeville bei uns hier ausstarb, wurde es im wesentlichen vom Kino ersetzt, zum Teil aber auch von Platten. Die Mehrzahl dieser Platten stammte von Schmalzaffen vom Rudy-Vallee-Typ, die haargenau so banal waren wie ihre britischen Gegenstücke, aber in den zwanziger Jahren gingen auch Platten von Bessie Smith und anderen Bluessängern in großen Zahlen über den Ladentisch; manchmal erreichten sie Millionenauflagen. Mitte der dreißiger Jahre hatte der Jazz, der den – andersartigen – Blues teilweise in sich aufgenommen hatte, in lockerer Anlehnung an die Art von Balladen, die die Amerikaner seit jeher gewöhnt waren, die Popmusik-Szene zu beherrschen begonnen, obwohl die Show-Tunes einen gewissen Marktanteil behaupteten, wie das ja auch heute noch der Fall ist.

Aber drüben in England geschah nichts dergleichen. Der Music-Hall-Stil wurde einheitlicher, stieg zur totalen Herrschaft über die musikalische Szene auf und ist bis heute enorm beliebt geblieben. Das Interessante daran ist, daß dieser Stil derart durchsetzungsfähig war, daß er den Charakter eines Grundstandards annahm, dem sogar die Beatgruppen im tiefsten Grund ihres Herzens genügen zu müssen meinten. Ganz offensichtlich gilt das für Herman's Hermits, auch auf Freddie and the Dreamers trifft es zu oder für *Lady Godiva* von Peter and Gordon ... aber dieses Phänomen reicht noch viel tiefer und macht sich sogar noch bei «Sgt. Pepper» bemerkbar, einem soliden Music-Hall-Produkt, wenn es so etwas je gegeben haben sollte, aber auch in vielen anderen Fällen – von der Bonzo Dog Band bis hin zu den Who.

In diesem Zusammenhang muß auf einen weiteren prägenden Zug der britischen Musikmentalität hingewiesen werden: den Hang zur akademisch-akribischen Wiederaneignung vergangener und vergessener Formen. Schon um die vierziger Jahre ging etlichen Leuten dort drüben auf, wie steril die Music-Hall-Tradition war. Diese Leute fingen dann an, sich nach etwas Gehaltvollerem umzusehen. Ihr Blick fiel dabei auf Amerika, wo ein ganzer Schatz von Jazz- und Blues-Stilrichtungen im Dornröschenschlaf lag. Er muß nicht der erste gewesen sein, aber Chris Barber (er ist übrigens heute noch beliebt) ist der Mann, dem das Verdienst zugeschrieben wird, das Jazz-Revival in die Wege geleitet zu haben. Was die Briten «Trad» – Traditional – nennen, war nichts anderes als Dixieland Jazz, doch war er für fast zehn ganze Jahre mehr als ein Stil – er war eine Leidenschaft. Es wurden Vereine gegründet, die über diese Musik diskutierten, Sammler kamen auf der Suche nach alten 78ern in die USA, rivalisierende Gruppen schlugen endlose Wortschlachten über dieses oder jenes Detail der Frage, wie «Trad» am authentischsten gespielt werden müsse. Auch die USA erlebten ihr «Trad»-Revival, allen voran von Turk Murphy und Bob Scobey aus San Francisco angeführt, aber der Stil selbst wurde in den Clubs, in denen sie spielten, als «Novelty» empfunden, auch wenn die Musiker selbst nicht dieser Meinung waren.

In der ersten Zeit spielte in der Band von Barber ein Kerl namens Alexis Korner. Nach einiger Zeit fand er auch an jenen Stilrichtungen der Musik der amerikanischen Schwarzen gefallen, die etwas jüngeren Datums sind und gemein-

hin als Blues und Rhythm and Blues bezeichnet werden. Nicht, daß der Blues unbedingt viel jünger gewesen wäre als der Ragtime, aber als er mit elektrischen Instrumenten gespielt wurde, die damals noch verhältnismäßig neu waren, war er etwas Neues. Korner sah sich bald geächtet; eine Entwicklung, die er in der damaligen Zeit, als die Musiker sich erbittert darüber stritten, wie viele Takte der Refrain von *Muskrat Ramble* haben müsse und ähnliches, vorausgesehen haben muß. Also stieg er aus der Barber-Band aus, Mitte der fünfziger Jahre, gerade als sie mit dem von ihrem Starsänger Lonnie Donegan gesungenen *Rock Island Line* einen Hit hatte.

Diese Platte löste den nächsten Revival-Boom aus, das «Skiffle»-Fieber. Der Skiffle war eine englische Form eines bestimmten Typs der amerikanischen Folk-Musik, die sich bestens in die Music-Hall-Tradition einfügte, wovon Songs wie *Does Your Chewing Gum Lose Its Flavor on the Bedpost Overnight?* aufs trefflichste zeugen.

Doch Korner war Feuer und Flamme für den Blues, und er tat sich mit ein paar anderen jungen Typen wie Cyril Davies und Dick Heckstall-Smith zusammen – und schon 1962 war Alexis Korner's Blues Incorporated eine ganz heiße Kiste. Junge Blues-Fans wie Brian Jones, Mick Jagger, Charlie Watts und Dick Taylor (Pretty Things) sammelten bei dieser Gruppe älterer Musiker ihre ersten Bühnenerfahrungen, und das war die Geburtsstunde der englischen R & B-Bewegung. John Mayall und seine Bluesbreakers entstanden bald danach, und zwei oder drei Jahre lang gab es eine blühende R & B-Szene. Übrigens waren nicht nur die R & B-Gruppen vom Hang zum Revival besessen, sondern auch die Mersey-Beat-Gruppen. Ihre Revival-Begeisterung galt dem Rock 'n' Roll der mittfünfziger und dem Motown-Stil der frühen sechziger Jahre, und obwohl sie bald von der Teenager-Manie überschattet wurde, die über ihnen zusammenschlug, tauchte sie 1967 wieder auf und hält mit Bands wie den Wild Angels und Shakin' Stevens and the Sunsets bis heute an. Danach scheint allerdings nicht mehr viel übrig zu sein, was sie wiederbeleben könnten, und deshalb glaube ich, daß wir uns dem Ende dieser britischen Rock-Besonderheit nähern.

Als letzter bedeutender Einfluß auf den englischen Rock 'n' Roll ist der amerikanische Rock der späten fünfziger Jahre zu nennen. Es sieht so aus, als ob Figuren wie Elvis zu weit weg gewesen wären, um bei den englischen Girls heftigere Gefühle auslösen zu können, weshalb eine ganze Reihe von einheimischen Ersatz-Heroen populär wurden. Die Karriere von Cliff Richard weist in vieler Hinsicht Parallelen zu der von Elvis auf, außer daß ihm die echte Inspiration fehlte, die Elvis aus dem Blues und Country & Western des amerikanischen Südens zog. Doch Cliff kopierte den Stil von Elvis recht ordentlich, dazu sah er gut aus und schlug infolgedessen groß ein. Nach ein paar Jahren mauserte er sich dann zum sanften Balladensänger, aber damit lag er genau im Trend, und er war eine derart beherrschende Figur auf der Szene, daß zu Dutzenden Balladensänger auftauchten, die in seinem Schlepptau Kasse machen wollten.

Zu den Zeitgenossen von Cliff Richard zählten noch einige weitere Balladensänger wie Adam Faith, Tommy Steele, Mark Wynter und auch, wenn ich mich nicht irre, Billy Fury, wenn auch vielleicht ein bißchen später. Zu dieser Szene gehörten auch von Cliff Richard und den Shadows beeinflußte Balladensänger wie Helen Shapiro, die Four Pennies, Kathy Kirby und Karl Denver, daneben auch Shadows-Imitatoren wie die Eagles, die Tornadoes und die Spotnicks. Und es gab schließlich eine Gruppe von Sängern, die dem harten Rock 'n' Roll näherstanden, beispielsweise Marty Wilde and His Wildcats und Johnny Kidd and the Pirates.

Der erste englische Rocker war Tommy Steele, der 1956 auf der Szene auftauchte und bald wieder abtrat, um sich einer profitablen Film- und Kabarett-Karriere zuzuwenden. Die erste Scheibe von Cliff Richard erschien 1959. Auch Richard gab sich so ungefähr ein Jahr lang als Rocker, um anschließend auf den Spuren von Elvis und Steele in die respektableren Gefilde des Film-Business abzuwandern. Allerdings behielt er wie Presley sein Gespür für Rock 'n' Roll; seine Beliebtheit bei den Teenagern hielt bis in die Mitte der sechziger Jahre an.

Marty Wilde schlug mit seiner Gruppe, den Wildcats, ursprünglich hieß sie Houndogs, den gleichen Weg ein – vom sanften, aber überzeugend gemachten amerikanischen Rockabilly über parfümierte Balladen zur Bühnen- und Filmkarriere («Bye, Bye Byrdie») ins schlußendliche Vergessen. Einer der besten, aber kaum bekannten englischen Rocker war Mark Wynter, der auf seinen «eigentlichen» unglaublichen Namen – Terry Lee Lewis – ungeheuer stolz war. Sein erster Hit war *Image of a Girl*. Dann wäre noch Shane Fenton zu erwähnen, der mit seiner Gruppe, den Fentones, 1960 mit *I'm a Guy* sein Debüt gab, mit *Cindy's Birthday* seinen größten Hit landete und die ganzen sechziger Jahre auf der Szene präsent blieb. Und dann war da noch Mike Berry, der sich fast wie Buddy Holly anhörte und etliche Hits hatte, darunter *Tribute to Buddy Holly*. Joe Brown war eine Zeitlang ganz groß. Er wurde von Jack Good entdeckt, als er bei einer Gruppe spielte, die sich The Spacemen nannte; er sang neben seinen Rock-Titeln die Originalversionen von Herman's-Hermits-Hits wie *Henry VIII* und spielte später mal mit Marty Wilde im selben Film.

Und dann hätten wir noch Johnny Kidd, den einzigen von allen englischen Rockern, der eine wirkliche Liebe für diese Musik zu haben schien. Nur ein kleiner Teil seiner Produktionen war wirklich gut – aber er hat sich *Mühe gegeben*, und das zählt.

Die Instrumentalgruppen

Es ist weithin bekannt, daß die Beatles, Gerry & the Pacemakers und einige weitere Mersey-Beat-Gruppen bereits 1959 auf der Szene präsent waren, doch weil die erste Beatles-Scheibe erst im September 1962 (in England) erschien, waren sie für die populären Gruppen der frühen sechziger Jahre, meist Instrumentalgruppen, noch keine richtige Konkurrenz. Die Shadows, die stark von den Ventures beeinflußt waren (man kann aber auch sagen, daß sie beide das Produkt ihrer Zeit waren), aber dennoch um etliches mehr Talent und Individualität hatten, kamen damit zu weltweitem Ruhm, daß sie den instrumentellen Rock auf seine Grundelemente reduzierten. Sie waren exzellente Musiker, und ihr melodischer Sound mit einem schwachen Beat und einer lauten, hohen Gitarre war vor der Beat-Explosion überaus beliebt. Ihre 60er Aufnahme von *Apache* wurde drüben in Europa zum «besten Song des Jahres» gekürt. Dennoch kamen die Shadows nie in die Top Hundred von «Billboard».

Ihre Hauptkonkurrenten waren die Tornados (Alan Caddy, Clem Cattini, George Bellamy, Roger Lavern), eine Gruppe, die von dem Produzenten Joe Meek auf die Beine gestellt wurde, einer Spector-ähnlichen (oder, sagen wir lieber, einer Don-Kirshner-ähnlichen) Gestalt, die ganze Gruppen aus der Retorte schöpfte (später auch die Honeycombs), um Pop-Modewellen absahnen zu können, und später unter mysteriösen Umständen zu Tode kam. Mit *Telstar* hatten sie 1962 einen Welthit, obwohl ihre frühere Aufnahme *Love and Fury* in vieler Hinsicht eine bessere Aufnahme war. Wie die Shadows waren auch die Tornadoes für ihre Back-up-Arbeit für einen Top-Sänger – Billy Fury, der aber im Lauf seiner Karriere auch viele andere Gruppen einsetzte – bekannt, der ebenfalls als Rock-Sänger anfing, aber schnell als Balladeur endete. Heinz Burt, ein späteres Tornadoes-Mitglied, trennte sich 1963 von der Gruppe und wurde aus eigener Kraft berühmt; zuerst nahm er eine Reihe von Cochran-Imitationen auf, und danach schaffte er es, sich als Pop-Sänger bis in die hohe Zeit des Beat-Fiebers zu halten. Obwohl die Musik der Tornadoes dynamischer war als die der Shadows, fehlte es bei ihnen an der Gruppen-Kreativität, an der Fähigkeit, Songs zu schreiben, und an einer schon in den großen Tagen des Instrumental-Rock gefestigten Position. Sie gingen deshalb schon in der Anfangszeit der Mersey-Beat-Ära auseinander. (Anhören sollte man sich von ihnen Decca dfe 8511: Telstar, Popeye Twist, Love and Fury, Jungle Fever, und Decca dfe 8533: Ready Teddy, Blue Moon of Kentucky, My Babe, Long Tall Sally, beides englische EPs.)

Als weitere Instrumentalgruppen wären zu nennen die Eagles (Rod Meacham, Mike Brice, Terry Clarke, John Payne), Sounds Incorporated und die Spotnicks. Die Eagles stammten aus Bristol, die Spotnicks kamen aus Schweden. Die Eagles lieferten die Musik für den Streifen «Some People» und waren nicht besonders gut. Sounds Incorporated hatte viele Hits, darunter Hall of the Mountain King, und bestritt 1964 mit den Beatles eine Australien-Tournee. Die Spotnicks waren, um mit Tom Hendricks zu sprechen, «ziemlich fleißige Jungs, die sich ihre Gitarren und Verstärker selber bastelten und ihre Platten selber aufnahmen. Ihr blitzschnelles Guitar-Picking hätte Les Paul vor Scham erröten lassen; am besten kommt es bei ihrem frühen Hit Orange Blossom Special zur Geltung. Ich glaube, sie waren in England und auf dem Kontinent sehr beliebt. Und ich habe gelesen, daß sie Sender in ihre Gitarren eingebaut hatten, damit sie im Publikum herumlaufen konnten und ihre Musik drahtlos in die Verstärker einspeisen konnten.»

Die Instrumentalgruppen waren so ungefähr die einzige Sorte Gruppen, die es im englischen Pop vor den Beatles überhaupt zu etwas bringen konnten. Wie im Amerika der fünfziger Jahre waren es die Sänger mit den hübschen Gesichtern, die im Rampenlicht standen. Sie hielten sich deshalb so lange, weil dort die Motown-Spector-Chose fehlte, die hier bei uns ihren Höhepunkt hatte, als die Beatles kamen, sangen und siegten. Gerade weil sich diese Stilrichtungen hatten durchsetzen können, trugen sie dazu bei, daß die Beatles einen erfolgreichen Start hatten.

Es war letztlich Spector, der mit seinen Girl-Groups, die kaum auseinanderzuhalten waren, den Gruppensound zur Norm machte, die bis auf den heutigen Tag Bestand hat. Seine Platten waren in England nicht die großen Erfolge, die sie bei uns waren, doch die Beatles und andere Gruppen, die bald berühmt werden sollten, hörten sie sich an und lernten viel von ihnen. Derweil spielte die BBC noch Gruppen wie die Springfields (von denen sich später Dusty Springfield und Mike Hurst lossagten), die Four Pennies (die einen Shadows-ähnlichen Pop/Rock mit Gesang machten) und amerikanische Gruppen wie die Four Seasons.

Balladen und anderer hochklassiger Plunder

Auf die hartnäckige Neigung der englischen Rocker, sich beim ersten Hauch von Erfolg in die Gefilde der traditionellen Balladen und Popsongs zurückzuziehen, habe ich an anderer Stelle bereits hingewiesen; sämtliche britischen Spitzen-Rocker vor den Beatles scheinen sich ausnahmslos an diese Regel gehalten zu haben. Die wohl einzige Ausnahme, Johnny Kidd, entging diesem Schicksal nur durch den Umstand, daß er nie besonders beliebt war. Daß sich dieser Trend so lange ungebrochen hielt, mag an der Hartnäckigkeit der schon erwähnten Music-Hall-Tradition im Zusammenwirken mit den Zwängen des englischen Familienlebens liegen, vielleicht aber schlicht und einfach daran, daß die wirklich aufmüpfigen, kompromißlosen Rocker (wenn es in England überhaupt welche gab) von der BBC stets daran gehindert wurden, bekannt genug zu werden, daß sie überhaupt die Chance zu einem solchen Ausverkauf gehabt hätten. Tatsache ist jedenfalls, daß es so ablief, und neben den zu Schmalzsängern gewordenen Rockern gab es ganze Heerscharen von Balladeuren, die nie etwas anderes gewesen waren und sehr der Gruppe ähnelten, die Ende der fünfziger, Anfang der sechziger Jahre die amerikanischen Teenager-Wellen überschwemmte.

Typisch für diese Sänger war Adam Faith, der in Zeitungsartikeln als «ruhiger, fleißiger Typ» beschrieben wurde, der «Bücher aller Art liest, auch die großen Klassiker, und sich klassische Musik ebensogern anhört wie Beat-Platten». Seine Musik entsprach seiner Persönlichkeit ziemlich genau – sie war so bieder und respektabel und Pat-Boone-haft, wie sich das Eltern nur wünschen konnten, trotz seiner gelegentlichen Anbiederungen an Buddy Holly und der paar guten Singles, die er machte. Dann gab es noch Karl Denver, der 1957 von Jack Good entdeckt worden war und vier oder fünf Jahre recht beliebt war. Er war mit seiner hohen Tenorstimme und seinem Hang zu Songs mit Jodel-Einlagen mehr ein Schlager- als ein Balladensänger. Manchmal erinnert er mich an Lonnie Donegan, und er war offensichtlich stark vom Skiffle beeinflußt. Seine Stimme hatte einen großen Umfang, und er sang gut im traditionellen Folk-Stil, aber auf *Wimoweh* zum Beispiel kommt er stimmlich an die Exaktheit und das Timbre des Leadsängers der Tokens heran. Wer Songs wie *Mexicali Rose* und *Vella*

Langa (von *Zimba* nicht zu sprechen) ertragen kann, sollte sich sein Greatest-Hits-Album besorgen («Wimoweh», Ace of Clubs 1098).

Daneben gab es aber in den frühen sechziger Jahren auch eine ganze Anzahl von Balladensängerinnen. Eine der beliebtesten war Kathy Kirby, die um 1962/63 den Gipfel ihres Erfolgs erreichte. Bei Songs wie *Big Man*, einer frei nach dem Sound und Thema von *Uptown* der Crystals angelegten Nummer, schwingt sie sich mit ihrer starken, gut ausgebildeten Stimme und der voluminös orchestrierten Begleitung zu jenem unverwechselbaren Sound des englischen Pop der frühen sechziger Jahre auf. Shirley Bassey kam auch aus England und war dort schon in den frühen sechziger Jahren bekannt und beliebt, bevor sie sich bei uns mit *Goldfinger* durchsetzte. Dasselbe gilt für Petula Clark, die schon mit zwölf Jahren (das war 1944!) einige Filme abgedreht hatte. Sie trat in den frühen fünfziger Jahren in ein paar Rock-Filmen auf (darunter auch in einem wirklich guten, in dem jemand, an dessen Namen ich mich nicht mehr erinnern kann, eine großartige Version von *The Train Kept A-Rollin'* brachte) und hatte einige erfolgreiche Teenager-Schlager, bevor das amerikanische Publikum via Ed Sullivan auf sie aufmerksam wurde. Dann wäre noch Billie Davis zu nennen, deren Platten ich allerdings nicht kenne. Ich weiß aber immerhin, daß sie mit sechzehn anfing und etliche Aufnahmen mit dem Rocker Mike Sarne zusammen machte, darunter *Will I What*, und daß ihre erste Solo-Scheibe *Tell Him* hieß und wahrscheinlich von den Exciters übernommen wurde. Tom Hendricks hat mir erzählt, daß Alma Cogan bei den Teenagern nicht besonders ankam, aber damals trotzdem überaus beliebt war und eine eigene TV-Show hatte. Die einzige Platte, die ich von ihr habe, *Snakes, Snails, and Puppydogs Tails* (Laurie TL 18), weist einen eingängigen Big-Beat Mersey-Sound auf. Aber die beste von allen englischen Sängerinnen war eindeutig Helen Shapiro, die 1961 im Alter von fünfzehn in den englischen Charts als beste Vokalistin nur noch von Connie Francis übertrumpft wurde. Ihr einziges in Amerika erschienenes Album (Epic LN-24075) ist eine bunte Mischung aus Nightclub-Balladen und Teenage-Songs im Stil der späten fünfziger Jahre. Wenn man von letzteren ausgeht, könnte man sie wohl am ehesten als das englische Pendant zu Brenda Lee charakterisieren; ihre Fassungen von *Teenager in Love*, *Beyond the Sea*, *It's My Party* und *Will You Love Me Tomorrow* zeigen ihr ausdrucksstarkes Talent, aber zugleich auch die Stärke und Kontrolliertheit ihrer Stimme.

Schließlich hätten wir noch die Four Pennies. Es waren

keine Balladensänger im engeren Sinn; und sie waren auch keine Gruppe wie die anderen englischen Gruppen, sondern eher eine Beat-Version der singenden männlichen Gruppen im Stil der Four Freshman. Ihre frühen Songs, sie stammen aus der Zeit um 1963, sind eher Balladen, aber im Lauf der Zeit ließen sie sich doch von dem Sound anstecken, der gerade angesagt war. 1967 zeigten dann Songs wie *Miss Bad Daddy*, daß sie die Effektivität einer Beat-Instrumentierung gut begriffen hatten. Nach allem, was ich weiß, sind sie immer noch zusammen, und wenn das stimmt, wären sie eine der ältesten überlebenden englischen Gruppen überhaupt.

Alles in allem können wir also sagen, daß der englische Rock der fünfziger und frühen sechziger Jahre von gepflegten Balladensängern beherrscht wurde, von denen viele als Rocker anfingen, aber dem Rock 'n' Roll bald untreu wurden und mit ihren Cover-Versionen amerikanischer Rock-Songs noch am ehesten Lohnendes produzierten, doch offensichtlich unfähig waren, irgend etwas Eigenständiges auf die Beine zu stellen oder zu ihnen beizusteuern. Die frühen sechziger Jahre waren in England weit schlechter als bei uns in den Staaten, weil die Engländer nur eine Handvoll von Hits hatten, die auf beiden Seiten des Atlantik einschlugen, wogegen wir ein reiches Oldie-Erbe hatten, aus dem wir schöpfen konnten, und weil bei ihnen der Aufstieg des Motown-Sounds, der Gruppen-Sound der weiblichen Spector-Truppen und der Hot-Rod/Surf-Musik als Gegengewicht fehlte, die 1962 und 1963 in den USA, von heute aus gesehen, zu ziemlich aufregenden Jahren machten. Neben allen diesen Faktoren – die ich vielleicht zu Unrecht dafür verantwortlich mache – habe ich den Eindruck, daß die Sänger vor den Beatles – und auch danach noch für eine ganze Weile, sogar im englischen Rock – einfach nicht genug Tiefgang und Substanz hatten, nicht nur, was ihren Einsatz und ihre Begeisterung angeht, sondern auch als Persönlichkeiten. Im Vergleich zu den amerikanischen Rockern wirken sie aufs ganze wie ein Haufen von Windelkackern. Nach meinem Gefühl ist das der Repressivität der englischen Gesellschaft in den fünfziger Jahren zuzuschreiben, nicht etwa dem englischen Menschenschlag oder Nationalcharakter. Denn als die sechziger Jahre so richtig auf Touren kamen und die Beatles, Stones und all die anderen ihren Aufstieg erlebten, brachte England eine Fülle von Rockern hervor, die so gut waren wie jeder andere vor oder nach ihnen.

Doch wenn man von diesen Faktoren ausgeht und den Zustand der britischen Rock-Szene vor 1963 zugrunde legt, ist es kein Wunder, daß die englischen Hipsters, die sich auf

Grund des britischen Systems alle in den Kunstschulen wiederfanden, eine fanatische Begeisterung für den amerikanischen Rock und R & B entwickelten, und diejenigen, die musikalische Neigungen hatten, eine Bewegung bildeten, die etwas von dieser fehlenden Vitalität in die dortige Musik-Szene hineinzutragen versuchten. Und damit, Jungs, hat alles angefangen.

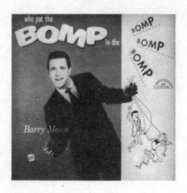

Cliff Richard

Von Boyd Raeburn und Alan G. Fayers

Die britische Eroberung des nordamerikanischen Pop-Markts, allen anderen voran durch die Beatles, kam für Cliff Richard zu spät. Die Beatles ebneten den britischen Rockgruppen den Weg, wobei die Betonung auf «Gruppen» liegt, doch als es soweit war, hatte sich Richard im großen und ganzen bereits vom Rock abgesetzt und war auf dem besten Weg, Entertainer im weitesten Sinn des Worts zu werden.

1963 kam *Billboard* bei einer Analyse der Pop-Charts von 34 Nationen außerhalb der USA zu dem Ergebnis, daß Richard der größte internationale Star der Welt war; Elvis Presley kam auf Platz zwei. Doch in den USA war Richard nach wie vor so gut wie unbekannt.

Der Grund, warum es Richard nicht gelang, auf den amerikanischen Markt vorzudringen, läßt sich möglicherweise in der Lokalborniertheit der Zeit vor den Beatles erblicken. Und diese Lokalborniertheit ist auch durchaus verständlich, denn die britischen Rocksänger waren vor der Zeit, als Richard die Szene betrat, alles in allem ein Haufen von untalentierten Nullen. Wer nie einen gesehen hat, kann sich keinen Begriff von dem aberwitzigen Schwachsinn eines typischen britischen Rockfilms dieser Zeit machen.

Cliff Richard, mit bürgerlichem Namen Harry Webb, wurde 1940 in der indischen Stadt Lucknow geboren, und zwar am 14. Oktober. Als er acht war, kehrte seine Familie nach England zurück, und er wuchs in der Londoner Vorstadt Cheshunt auf. Er ging noch zur Schule, als er seine erste Gruppe aufmachte, die Quintones, die aus zwei Jungs und drei Mädchen ohne Begleitung bestand. Diese Gruppe blieb nicht lange zusammen. Nach der Schule arbeitete er als Buchhalter in einer Radio- und Fernsehfabrik. Später machte er dann in der Dick Teague Skiffle Group als Sänger mit. Der Drummer dieser Gruppe war Terry Smart, einer der späteren Ur-Drifters.

Weil Harry letztlich doch nicht so doll auf Skiffle stand, wollte er wieder eine eigene Gruppe aufmachen. Schließlich tat er sich mit Terry Smart zusammen, zu ihnen stieß Ken Pavey. Als die Gruppe mal in der Kaffee-Bar «2 I's» spielte, hörte ihnen Ian ‹Sammy› Samwell zu und schloß sich anschließend der Gruppe an, nachdem er seine letzten paar Tage bei der Royal Air Force abgerissen hatte. Es ist noch zu erwähnen, daß bei diesem Stand der Dinge auch Norman Mitham gelegentlich bei ihren Dates mitmachte. Sie legten sich den Namen The Drifters zu. Ursprünglich hatte Terry «The Planets» vorgeschlagen, aber schließlich einigten sie sich auf Drifters, was ja auch so ungefähr in derselben Richtung lag. Der Name gefiel ihnen, und sie blieben bei ihm. (Damals wußten die Jungs noch nicht, daß es in Amerika bereits eine Gruppe mit dem gleichen Namen gab. Ihr *Save the Last Dance for Me* wurde 1960 ein Bombenerfolg.)

Es gelang den Drifters dann, von einer Tanzhalle in Derby engagiert zu werden, aber der Manager wollte ihren Sänger extra ankündigen. Der wieder wollte nicht so gern als «Harry Webb & the Drifters» auftreten, so daß sie jetzt auch für Harry einen Bühnennamen finden mußten. Nach ein paar vergeblichen Anläufen schlug Johnny Foster (der ihre geschäftlichen Sachen regelte) schließlich Cliff Richard vor. («Ohne s am Schluß, dann kannst du alle korrigieren, die dich mit Cliff Richards anreden – und dann vergessen sie deinen Namen nicht mehr so leicht!»)

Mit schierer Chuzpe gelang es ihnen dann, sich zur Topgruppe eines Londoner Talentwettbewerbs hochzuloben. Nachdem sich die ganzen Anfänger abgerackert hätten, würden Cliff Richard and the Drifters auf die Bühne kommen und dem Ganzen eine gewisse Klasse geben. Das Management und auch die Gruppe selber ahnten nicht, was auf sie zukommen würde. Schon bei der ersten Nummer fing das Publikum zu kreischen an, und als der Act vorbei war, hatte sich eine echte Hysterie nach Art der Beatles aufgebaut. Das Management bat die Gruppe, ein paar Wochen später wieder aufzutreten. Es gelang dem Manager, den Agenten George Ganjou dazu zu bereden, sich den Auftritt anzuschauen, weil er hoffte, er würde von der Publikumsreaktion beeindruckt sein. Und Ganjou *war* beeindruckt. Obwohl er nicht viel für Rock übrig hatte, erkannte er doch wenigstens eine Goldmine, wenn er vor ihr stand. Er ließ die Gruppe eine Demo-Aufnahme machen (*Breathless* und *Lawdy Miss Clawdy*) und schickte sie Norrie Paramour, dem Aufnahmemanager von Columbia.

Paramour gefiel das Demo, er ließ die Gruppe vorspielen und beschloß, eine Platte mit Cliff Richard zu machen. Als Song wählte er *Schoolboy Crush*. Doch es wurde auch eine B-Seite gebraucht. Auf dem Heimweg skizzierte Ian Samwell, einer der ursprünglichen Drifters, einen Song, den er *Move It* nannte. Für die Aufnahme-Session verstärkte Paramour die Gruppe mit zwei Session-Musikern, Frank Clarke (bass) und Ernie Shear (lead guitar).

Die Platte kam im August 1958 heraus und befand sich in weniger als einem Monat in den Top Twenty. (Sie erreichte schließlich Platz zwei.) Doch es war *Move It*, die B-Seite, die die Scheibe verkaufte.

Der Erfolg von *Move It* ist keine Überraschung, denn es ist eine gute Rock-Aufnahme dieser Zeit. Das Stück fängt mit einer absteigenden Gitarrenmelodie an, dann übernimmt der Baß mit einem durchdringenden, vibrierenden tiefen E (das, von ein paar Hs abgesehen, die ganze Nummer durch bleibt), dann kommen die Drums und die Rhythmusgitarre dazu, und wenn dann der pochende Rhythmus perfekt ist, setzt Richard mit seinem Gesang ein – die ersten beiden Töne könnten von einer Trompete stammen. Die zweitaktigen Gesangsphrasen werden von drängenden, schnellen zweitaktigen Gitarrenbreaks verbunden, und seine Stimme, die hauptsächlich um das mittlere C kreist, wirbelt regelrecht um den Grundton, im einen Moment stählern, im nächsten gurrend-kehlig, und wechselt die Intonation unerwartet für eine oder zwei Noten. Und vor allem: Richard rockt, was das Zeug hält. Zum Profi wurde Cliff ebenfalls im August 1958. George Ganjou buchte ihn für einen Auftritt in «Butlins Holiday Camp» in Clacton, aber Cliff weigerte sich, ohne die Drifters aufzutreten, und schließ-

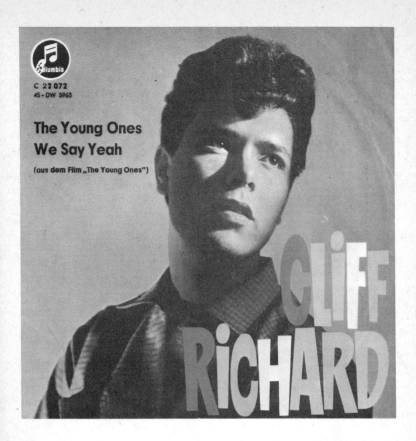

lich wurde er mit seinen Drifters für vier Wochen engagiert. Und während sie in Clacton spielten, erfuhren die Jungs, daß *Move It* in die Charts gekommen war.

Auf *Move It* folgte eine weitere Samwell-Komposition, *High Class Baby*. Dieses Stück, hauptsächlich in schnellen Achteln mit hohem Tempo gesungen, rast nur so los und baut eine enorme Spannung auf, obwohl es melodisch eher dürftig und mit der Hypothek einer aus zwei Akkorden bestehenden Brücke belastet ist, die an Bill Haley erinnert.

Die dritte Veröffentlichung war eine billige Rock-Nummer, *Livin' Lovin' Doll* (nicht zu verwechseln mit *Living Doll*, ebenfalls einem ziemlich dürftigen Stückchen); auf der Rückseite Samwells *Steady with You*, die erste Ballade, die Cliff aufgenommen hat. Es war eine Rockballade mit viel Background-Klingeling, und ihr lassen sich kleine Zeichen seiner damaligen sängerischen Unfertigkeit ablauschen –

unsichere Intonation, eine gewisse Mühe bei den hohen Tönen –, aber abgesehen davon handelt es sich doch um eine runde Leistung; seine Stimme kommt weich, zärtlich, werbend und gibt einen Vorgeschmack von dem hervorragenden Balladensänger, der er schließlich werden sollte. Die Ur-Drifters sind nur auf zwei Cliff-Richard-Singles mit dabei, *Move It*/*Schoolboy Crush* und *High Class Baby*/*My Feet Hit the Ground*, während Terry auch bei *Livin' Lovin' Doll*/*Steady with You* und *Mean Streak*, aber nicht auf dessen B-Seite *Never Mind* mitmischte.

«Cliff», die erste Richard-LP, kam im April 1959 auf den Markt. Sie wurde live aufgenommen und ist ein Kompendium der gängigen Rock-Hits der damaligen Zeit. Die Drifters fetzen los, und das Publikum plärrt wie verrückt. Auf der LP, die mit einer großartigen Version von *Whole Lotta Shakin' Goin' on* aufhört, finden sich auch zwei Rock-Balladen, *Donna* und *Danny*, wovon besonders letztere in untadeligem Stil vorgetragen wird. Auf der nächsten LP, «Cliff Sings», sind acht von den sechzehn Tracks Standard-Balladen. Diese Tracks, die melodisch raffinierter sind als die Rock-Balladen, zeigen, daß er sich bei langsamen Nummern noch nicht so ganz wohl fühlte, wozu bestimmt auch der plumpe Rhythmus von einigen dieser Songs beigetragen hat. Doch die dritte LP, «Me and My Shadows», die im Oktober 1960 veröffentlicht wurde, zeigt einen Cliff Richard, der alle Tempi im Griff hat.

Cliffs Idol war Elvis Presley; während man Spuren des Einflusses von Elvis auf einigen seiner frühen Aufnahmen feststellen kann, hat er aber eine direkte Imitation vermieden, mit der einzigen Ausnahme von *Apron Strings*, das ziemlich reiner früher Elvis ist. (Die Version auf der «Cliff»-LP ist der Single-Fassung allerdings überlegen.) Aber selbst diesem Song gab er sein eigenes Gepräge.

Die ersten drei LPs boten zum überwiegenden Teil Rock, aber die vierte, «Listen to Cliff», besteht fast nur noch aus Standards, sowohl Balladen als auch schnelleren Nummern. Die Karriere von Cliff Richard wurde mit viel Sachverstand gesteuert. Wäre er ein reiner Rocksänger geblieben, wäre er vielleicht mit dem Rock der fünfziger Jahre untergegangen. Auf dieser LP bricht er aber aus dem Rock-Ghetto aus und präsentiert sich als Allround-Popsänger. Obwohl in seiner Stimme manchmal noch eine Spur der früheren Bubenhaftigkeit durchschimmert, ist er doch seit «Me and My Shadows» um einiges gereift; für jemanden, der noch so jung ist und nur eine derart kurze Zeit als Profisänger hinter sich hat, ganz erstaunlich. Diese LP ist voll hervorragendem Material bei einem Minimum an Müll. Ich würde die LPs «Me and My Shadows» und (vorzugsweise) die britischen Veröffentlichungen von «Cliff Sings» und «Listen to Cliff» als das Herzstück jeder Cliff-Richard-Sammlung betrachten.

Cliffs Ruhm war nun nicht mehr auf den Rock beschränkt. Er mauserte sich zusehends zu einem Star des breiten Publikums. Er war bereits in zwei Filmen aufgetreten – in «Serious Charge» hatte er eine Nebenrolle, und in «Expresso Bongo» hatte er einen Jugendhelden dargestellt. Jetzt war er der Star des Filmmusicals «The Young Ones» (in Nordamerika unter dem Titel «Wonderful to Be Young» in die Kinos gekommen). Dies war nicht nur für Cliff, sondern auch für den britischen Musikfilm ein Durchbruch. Die Briten waren zuvor nie imstande gewesen, ein ordentliches Filmmusical hinzukriegen. Es verhielt sich eher so, daß alle früheren Versuche mit dieser Form in der Katastrophe geendet hatten – aber «The Young Ones» war ein voller Erfolg, sowohl in künstlerischer Hinsicht wie als Publikumsmagnet. Den «Young Ones» folgte «Summer Holiday», ein noch größerer künstlerischer und finanzieller Erfolg. Doch die alte britische Tradition der schlechten Musicals war noch nicht gebrochen und erhob mit «Wonderful Life» erneut ihr Haupt, einem kindisch-langweiligen Streifen, wenn er auch ein paar gute musikalische Szenen aufzuweisen hatte. Daneben trat Cliff auch in zwei Weihnachtsspielen im Londoner «Palladium» auf, «Aladdin and His Wonderful Lamp» und «Cinderella». Die Texte und die Musik für diese Shows wurden von den Shadows geschrieben, und besonders bei «Cinderella» war zu sehen, was für erfahrene Songwriter sie inzwischen geworden waren, speziell wenn man an solche wirklich stümperhaften frühen Welch/Marvin-Songs denkt wie *Thinking of Our Love* und *Nine Times out of Ten*. (Die englische Bezeichnung «Pantomime» für diese Weihnachtsspiele hat mit richtigen Pantomimen übrigens nichts zu tun. Es handelt sich um Bühnenmusicals, die sich um ein Märchen ranken. Es ist Tradition, daß der männliche Held von einer Frau gespielt wird, eine weitere traditionelle Rolle fällt der «Pantomime Dame» zu, die von einem in Lumpen gekleideten Komiker gespielt wird. Cliff brach mit dieser Tradition, indem er den männlichen Part spielte.)

Zum internationalen Star geworden, beschränkte sich Cliff keineswegs mehr nur auf englische Versionen seiner Platten. Er nahm eine EP auf französisch und LPs auf spanisch und italienisch auf. Dieses Material wurde auch in England veröffentlicht, nicht nur in den Ländern, in denen es aufgenommen wurde. Daneben nahm er auch noch einen Teil seiner englischen Hits auf deutsch auf; diese Platten wurden allerdings außerhalb Deutschlands nicht vertrieben.

Im Lauf der Jahre schien es dann, als ob der Balladensänger Cliff Richard den Rocksänger Cliff Richard völlig verdrängt hätte. Es hatte nicht nur den Anschein, als ob er sich nicht mehr zu dem jugendlichen frechen Sound aufschwingen könnte, den er in seinen Rocknummern angeschlagen hatte, sondern als ob er obendrein noch sein Stilgefühl verloren hätte. Die LP «Cliff Richard» von 1965 ist größtenteils eine Balladen-Sammlung mit je einer Rocknummer am Ende beider Seiten, *Razzle Dazzle* und *Rockin' and Reelin'*. Das sind an sich schon schlimme Dinger, aber Cliff bringt sie auch noch schlecht, ohne Biß, ohne Feeling. Der Effekt entspricht in etwa dem, der sich einstellt, wenn sich ein Opernsänger am Blues versucht. Wenn man nach der makellosen Schönheit seiner Fassung von *Again* auf diese Krudität stößt, dann ist das schon enttäuschend.

Es sah also ganz danach aus, daß Cliff keinen Rock mehr singen konnte. Doch wenn wir nicht einmal zwei Jahre überspringen, dann finden wir, daß Cliff im April 1967 selbst nicht mehr damit zufrieden war, als reiner Balladensänger zu gelten – und da der Rock ja schließlich seine erste Liebe gewesen war, brachte er wieder eine Rock-LP heraus. Auf dieser LP arbeitet er sich durch *Shout*, *I Saw Her Standing There*, *Good Golly Miss Molly* etc. pp. – und es sind gute, runde Leistungen, die er da bringt. Nur kann man eben nicht anders, als sich vorzustellen, wie der junge Cliff Richard diese Tracks wohl angegangen wäre. *Move It* ist nur ein Schatten der Originalversion. Aber dann gleitet der Tonarm zu *Dizzy Miss Lizzy* weiter – und Cliff explodiert förmlich. Da ist er wieder, der alte Cliff, und mischt die ganze Bude auf.

Dennoch – seine Stimme hatte sich verändert. Allmählich nahm sie mehr Leichtigkeit an. In bestimmten Fällen läßt sich ein direkter Vergleich anstellen. *Perfidia* von der 65er LP «Cliff Richard» hat nicht ganz die Fülle der 63er «When in Spain»-Version. Und diese Leichtigkeit des Tons hielt an. Seine Sprechstimme wurde geschmeidiger, seine Aussprache präziser, seine Stimme wurde ganz allgemein «gefälliger». Dies wirkte sich auch auf einen Teil seiner Songs aus. Aber damit geraten wir noch tiefer in die Kiste mit der «Vielstimmigkeit» von Cliff Richard hinein. Auf «Cliff in Japan», einem Konzertmitschnitt in Tokio vom Oktober 1967, findet sich diese Geschmeidigkeit in ein paar von den Balladen und den mittelschnellen Songs. Von den Rock-Nummern klingen *Move It* und *Dynamite* gut, wenn man sie an den Ersteinspielungen mißt. *We Say Yeah* – aus «The Young Ones» – bringt etwas von der alten Schärfe wieder und ist eine ordentliche und heiße Sache, obwohl er seine Stimme nicht mehr beim letzten Ton einer Melodiephrase fallen läßt, um den bewußten Lederjackeneffekt zu erzielen, und angesichts dieser Tracks hat man den Eindruck, daß er wohl nicht mehr ganz so rocken kann, wie er es einmal konnte. Andererseits beginnt das Konzert mit einer fetzigen Version von *Shout*, wo er die ganze Farbe, das ganze Feuer des jungen Cliff Richard aus der Versenkung holt, und kurz danach bringt er eine phantastische Fassung von *What'd I Say*, die die 61er Version von «Listen to Cliff» bei weitem übertrifft.

Die letzten LP-Veröffentlichungen von Cliff aus dem Jahr 1968 hinterließen bei mir beim ersten Hören den Eindruck von Seichtheit und Oberflächlichkeit, und ich legte sie danach erst einmal zur Seite und hörte auf, Cliff-Richard-Scheiben zu kaufen. Aber als ich mich mit ihnen wegen dieses Artikels ein bißchen näher befaßt habe, fand ich neben dem Talmi doch viel Gold. Es scheint mir, daß Cliff Richard sehr, sehr gut sein konnte, wenn er gutes Material hatte. Ich glaube, ich mache mich mal sachkundig, was er in letzter Zeit so getrieben hat.

The Shadows

Von Tom Hendrick

Die Shadows, eine englische Gruppe, waren in den sechziger Jahren eine der beliebtesten Pop-Gruppen der Welt. Nie was von ihnen gehört? Das ist auch kein Wunder, weil viele von den professionellsten und talentiertesten englischen Musikern hier in Amerika kaum zur Notiz genommen wurden. Man sollte sich aber vielleicht mal die Hitparaden anderer Länder in den siebziger Jahren anschauen. Ihr könnt mir eins glauben – in puncto «englische Invasion» waren wir ziemlich spät dran. Wir waren entschieden die Nachzügler. Die Shadows waren einen großen Teil der sechziger Jahre in ganz Europa, Südafrika, Neuseeland, Australien, Hongkong und Japan immens beliebt. Sie waren zweifellos eine der meistkopierten Gruppen der sechziger Jahre und hielten den Thron der Popularität über lange Jahre in England gemeinsam mit Cliff Richard fest besetzt.

Die beiden wichtigsten Mitglieder der Shadows, Hank B. Marvin und Bruce Welch, wuchsen zusammen in Newcastle auf und machten später als Schüler eine Skiffle-Gruppe auf, die Railroaders. Anfang 1958 reisten sie, als sie die Schule hinter sich hatten, nach London, weil das die Stadt war, aus der anscheinend alle beliebten Sänger und Gruppen kamen. Unter den diversen Espresso-Bars in Soho ist das «2 I's» wohl am bekanntesten, denn hier hatten viele berühmte Gruppen und Sänger – Tommy Steele eingeschlossen – ihren Start gehabt. Hank und Bruce spielten ziemlich oft in dem Laden, fanden das aber wegen der niedrigen Gagen eher beschwerlich. Bei ihren «2 I's»-Engagements wurden sie gelegentlich von Jet Harris, der schon bei mehreren Rock-Gruppen gespielt hatte, und Tony Meehan begleitet, der daneben noch mit Jet bei den Vipers spielte. Diese vier taten sich schließlich zusammen und wurden die Drifters; nach ein paar Aufnahmen gaben sie sich schließlich einen neuen Namen – The Shadows.

Ende 1958 hatte Cliff Richard mit *Move It* einen großen Erfolg. Bald darauf wurde er für eine Tournee durch ganz England mit den Kalin Twins verpflichtet, und dieses Mal suchte er sich Hank Marvin und Bruce Welch zur Verstärkung seiner damaligen Gruppe für diese Tournee aus. Während der Tour stieß dann noch Jet Harris, der damals bei den Most Brothers spielte (Mickie Most wurde später ein großer Plattenproduzent), zur Begleitgruppe von Cliff, und schließlich kam im Januar 1959 noch Tony Meehan dazu, womit die endgültige Besetzung der Drifters beisammen war. Jet Harris gab in der Gruppe den Ton an und spielte Baßgitarre. Hank Marvin spielte lead guitar, Bruce Welch Rhythmusgitarre, und Tony Meehan saß am Schlagzeug. Dies war die Gruppe, die Cliff nicht nur instrumentell und vokal begleitete, sondern auch viele Hits für ihn schrieb.

Die Drifters sind auf vielen frühen Richard-Aufnahmen zu hören, von denen die meisten bei ABC-Paramount erschienen sind. In den USA wurde *Living Doll / Apron Strings* am bekanntesten. Um diese Zeit begannen die Drifters auch schon, eigene Platten herauszubringen, aber als ihr *Feelin' Fine / Don't Be a Fool with Love* herauskam, kam es zu einem Namensstreit zwischen den amerikanischen Drifters und ihnen, und sie mußten sich einen neuen Namen suchen. Weil sie ja Cliff Richard auf Schritt und Tritt folgten, wo er auch auftrat, verfielen sie auf den Namen The Shadows. Das Cover einer frühen Cliff-Richard-LP, «Me and My Shadows», zeigt denn auch ein Foto von Cliff mit den Schatten seiner Begleitmusiker im Hintergrund.

Viele von den frühen Shadows-Veröffentlichungen waren Vokalstücke wie *Lonesome Fella* und *Saturday Dance*. Cliff trat um diese Zeit in dem Film «Expresso Bongo» auf, und sie durften auch mitmachen. Inzwischen hatte Cliff mit seinen Shadows schon etliche Hits gelandet und war drauf und dran, andere Sänger wie Adam Faith, Marty Wilde und Billy Fury als die Nummer Eins in Großbritannien abzulösen, und die Shadows galten im wesentlichen eben als seine Begleitgruppe. Aber nur, bis ihr *Apache / Quartermaster's Stores* Cliffs *Please Don't Tease* vom ersten Platz der Hitparaden vertrieb. Die Scheibe hielt sich dort sechs Wochen und verkaufte sich über eine Million mal, was in England nicht gerade ein Klacks ist. Wenn ihr irgendeine andere Version von *Apache* als die von den Shadows gehört habt, dann habt ihr noch nicht das Richtige gehört, denn dieser Song wurde speziell für sie geschrieben. Der Song ist sehr oft aufgenommen worden, aber alle anderen Versionen, die ich gehört habe, klingen vergleichsweise eher hohl und langweilig.

Mit dem breiten Erfolg von Apache wurden die Shadows in England die Nummer Eins unter den Gruppen. Ihre Aufnahmen danach waren überwiegend Instrumentals, obwohl auf vielen ihrer LPs wenigstens ein paar Vokalstücke enthalten waren und sie weiter Songs für Cliff schrieben. Die Shadows blieben mit Cliff zusammen, machten nebenher ihre eigenen Aufnahmen, und gelegentlich setzte Cliff auch mal andere Begleitmusiker ein als sie. In der Regel handelte es sich um das Orchester von Norrie Paramour, der für den Erfolg von Cliff und den Shadows weithin verantwortlich ist und für beide das war, was George Martin für die Beatles werden sollte.

Die Shadows bevorzugten Western-Titel, und eine EP von 1961, betitelt «The Shadows», enthält die folgenden Nummern: *Mustang*, *Theme from Shane*, *Shotgun* und *Theme from Giant*. Bald wurden die Shadows vom «New Musical Express» zur britischen Top-Gruppe gekürt und *Apache* zur besten Platte des Jahres. Die Veröffentlichungen, die unmittelbar nach *Apache* entstanden sind, halte ich mit für ihre besten; sie haben in ganz Europa einen neuen Pop-Sound geschaffen. Bis dahin hatten die meisten Entertainer versucht, mit ihren Aufnahmen den amerikanischen Sound zu kopieren – aber der Sound der Shadows war bestimmt nicht amerikanisch. Hank Marvin spielte seine Lead-Partien auf einer roten Fender Stratocaster. Es wurde bald die beliebteste Gitarre Englands. Die Shadows machten ihre Platten mit enorm viel Echo, und Hank setzte für seine Gitarre so viel Echo ein, daß sie klang, als wäre sie in einem U-Bahn-Schacht aufgenommen worden. Hank geizte auch nicht mit dem Vibrato und erzeugte mit seiner Hilfe und dem Ziehen der Töne beinahe einen Steel-Guitar-Sound. Bruce Welch legte mit seiner Gitarre ein flottes Tempo vor, Jet Harris sorgte für die solide Grundlage, und Tony Meehan drosch kräftig auf seine Drums ein. Außerdem hatten sie eigens für sie gebaute Vox-Verstärker mit ihrem Bild vorne drauf. Die meisten frühen Shadows-Titel wurden übrigens in Moll gespielt.

Die nächste Veröffentlichung nach *Apache* war *Man of Mystery/The Stranger*, und beide Nummern wurden beliebt und waren so gut oder sogar noch besser als ihr erster großer Erfolg. *Man of Mystery* wurde als Titelnummer für eine Krimiserie von Edgar Wallace geschrieben, obwohl die Version der Shadows um einiges anders klingt als die Fassung, die ihr vielleicht spätabends vor der Glotze gehört habt. Danach kam Anfang 1961 *F.B.I./Midnight* heraus, wovon *F.B.I.* am besten abschnitt. *Midnight*, geschrieben von Hank und Bruce, ist aber auch eine sehr schöne Nummer; *The Frightened City* war ihre nächste Veröffentlichung und zugleich die Titelmusik eines Mitte 1961 angelaufenen gleichnamigen Films. In dieser Zeit wären sie auch an den Aufnahmen für den nächsten Streifen von Cliff beteiligt, «The Young Ones», der bei uns hier als «Wonderful to Be Young» in die Kinos kam. Dann folgte *Kon-Tiki/36–24–36*, und während dieser Zeit faßte Tony Meehan den Entschluß, die Shadows zu verlassen; er wurde durch Brian Bennett ersetzt, der ebenfalls schon bei etlichen Gruppen gespielt hatte, eine Zeitlang auch bei den Wilde Cats, der Gruppe von Marty Wilde. *The Savage/Peace Pipe*, ihre nächste Single-Veröffentlichung, erklang ebenfalls in «The Young Ones»; geschrieben wurden die beiden Songs von Norrie Paramour. Trotz ihres individualistischen Sounds waren die beiden Stücke ursprünglich nicht zur Veröffentlichung auf einer Single bestimmt. Die nächste Erscheinung stieß auf Platz eins vor und blieb dort neun Wochen lang, bis ins Frühjahr 1962 hinein: *Wonderful Land* sollte einen neuen, spanisch angehauchten Shadows-Stil mit Streichern und Bläsern im Hintergrund bringen. Die B-Seite war *Stars Fell on Stockton*.

Angesichts der vielen Hits wurde der Shadow-Sound nun natürlich von vielen Gruppen in Europa kopiert, und die Instrumentalgruppen schossen nur so aus dem Boden. Selbst die Beatles nahmen schließlich am Anfang ihres Aufstiegs ein Gitarren-Instrumental auf; es hieß *Cry for a Shadow*. Daneben waren die Shadows auch die erste Gruppe, deren Mitglieder wirkliche Identität hatten. Es sah so aus, als ob jeder wußte, wie sie hießen, was sie machten und welches Instrument sie spielten. Wenn einer nicht wußte, wer Hank B. Marvin war, dann war er entweder lange in strenger Einzelhaft gesessen – oder er war Amerikaner. Die Shadows legten ungeheuer viel Wert auf ihr Aussehen und trugen bei öffentlichen Auftritten stets dieselben Anzüge. Auf Fotografien, die in ihren Mußestunden aufgenommen wurden, tragen sie in der Regel amerikanische Sporthemden oder ausgebeulte Sweatshirts. Ich frage mich manchmal, woher sie ihre Freizeitklamotten bezogen, weil es damals in England beinahe hoffnungslos schien, so ein Hemd zu kriegen.

Anfang 1962 verließ dann Jet Harris die Gruppe und wurde durch Brian ‹Licorice› Locking ersetzt, der früher mal mit Brian Bennett in einer Gruppe gespielt hatte. Brian Locking hatte ebenfalls schon die unterschiedlichsten Erfahrungen gesammelt und in diversen

Gruppen mitgespielt, die diverse amerikanische Künstler wie Eddie Cochran, Gene Vincent und Brenda Lee auf ihren England-Tourneen begleitet hatten. Mitte 1962 erschien *Guitar Tango*, der die Shadows mit akustischen Gitarren und Kornetten und Streichern im Hintergrund präsentierte. Bei dieser Aufnahme war Jet Harris noch dabei. Um die Zeit, als *Guitar Tango* herauskam, assistierten die Shadows Cliff Richard bei seinem neuen Film «Summer Holiday». Die Shadows standen offensichtlich auf spanische Nummern und brachten 1963 die EP «Los Shadows» heraus, die in Barcelona aufgenommen worden war.

Nach *Guitar Tango* veröffentlichten sie ein Stück mit dem Titel *The Boys*, das aus einem Film stammte, für den sie die Musik gemacht hatten. Gleichzeitig erschien eine EP mit dem gleichen Titel, die Shadows-Nummern aus diesem Film enthielt. Wie ich schon erwähnt habe, waren die Shadows außerhalb Englands sehr beliebt, und *The Boys* wurde in ganz Europa und auch in Australien recht populär. Natürlich kam die nächste Shadows-Scheibe wieder auf den ersten Platz; sie hieß *Dance on*. Das war Anfang 1963, und der Song wurde in einer Vokalversion auch von Kathy Kirby aufgenommen und war wieder erfolgreich. Ich will nicht jede Shadows-Veröffentlichung einzeln besprechen, die danach kam, sondern nur sagen, daß jede von ihnen reichte, um ihnen den Rang der englischen Instrumental-Gruppe Nummer eins zu erhalten.

Brian Locking blieb ein paar Jahre bei den Shadows und stieg dann aus, um sich voll seinen religiösen Überzeugungen widmen zu können. Der neue Baßgitarrist der Gruppe wurde John Rostill. Die Shadows fanden Spaß daran, ihren Eigenkompositionen lustige Titel zu verpassen, beispielsweise *Theme from a Filleted Place*, *The Rise and Fall of Flingel Bunt* oder *I Wish I Could Shimmy Like My Sister Arthur*. 1964 traten die Shadows wieder in einem Cliff-Richard-Streifen auf, der in England «Wonderful Life» betitelt wurde, aber bei uns hier in Amerika einen anderen Titel bekam. Das Hauptthema der Filmmusik war *Theme for Young Lovers*, das für die Shadows wieder zum Hit wurde. 1964 schrieben die Shadows den gesamten Text und die Musik für das Musical «Aladdin», das im Londoner «Palladium» aufgeführt wurde und dessen Stars ebenfalls Richard und die Shadows waren.

Die Shadows waren bei den meisten Richard-Filmen dabei, aber in der Regel nur als eine Gruppe von vier Individuen, die hier und da aus heiterem Himmel auftauchten und Cliff bei einem Song begleiteten. Die meisten Shadows-Fans waren der Meinung, daß die Gruppe in den Filmen zu schlecht wegkam, so daß die Shadows im Lauf der Zeit in den Richard-Filmen immer wichtiger wurden. 1966 erschien ein weiterer Streifen, «Finders Keepers», in dem sie ebenfalls auftraten und für den sie die gesamte Musik geschrieben hatten. Ich weiß nicht, ob er hier bei uns überhaupt gelaufen ist, aber aus den Fotos, die ich gesehen habe, vermute ich, daß die Shadows diesmal stark in der Handlung vertreten waren, besonders Hank Marvin. 1967 folgte ein weiteres «Palladium»-Musical, «Cinderella», das wieder komplett von den Shadows getextet und komponiert worden war.

Natürlich hatte sich die Musik-Szene in den mittleren und späten sechziger Jahren in England erheblich verändert, und die Shadows verloren allmählich die Massenpopularität, die sie anfangs der sechziger genossen hatten.

Ende 1968 brachen die Shadows dann auseinander, nachdem sie zehn Jahre nicht nur als Instrumental-, Vokal- und Songwriter-Team hinter Cliff Richard -gestanden hatten, sondern sich auch als eigenständige Gruppe einen eigenen weltweiten Erfolg erspielt hatten.

DISCOGRAPHIE

Cliff Richard and the Drifters
1958: Schoolboy crush*/Move it
　　　　　　　　　　　　Columbia DB 4178
　　　　　　　　　　　　(D-Columbia C 21070)
1958: High class baby/My feet hit the ground*
　　　　　　　　　　　　Columbia DB 4203
　　　　　　　　　　　　(D-Columbia C 21070)
1959: Livin' lovin' doll*/Steady with you*
　　　　　　　　　　　　Columbia DB 4249
　　　　　　　　　　　　(D-Columbia C 21106)
1959: Mean streak*/Never mind*
　　　　　　　　　　　　Columbia DB 4290
　　　　　　　　　　　　(D-Columbia C 21199)
1959: Living doll/Apron strings
　　　　　　　　　　　　Columbia DB 4306
　　　　　　　　　　　　(D-Columbia C 21254)

EPs:
1959: *«Serious charge»* Living doll/No turning back//
　　　　Mad about you*/Chinchilla (Drifters solo)
　　　　　　　　　　　　Columbia SEG 7895
1959: *«Cliff 1»* Apron strings/My babe/Down the line/
　　　　/I got a feeling/I don't care/Jet Black (Drifters
　　　　solo)　　　　　　　Columbia SEG 7903
1959: *«Cliff 2»* Donna/Move it/Ready Teddy//Too
　　　　much/Don't bug me baby/Driftin' (Drifters
　　　　solo)　　　　　　　Columbia SEG 7910
Abweichende deutsche EPs:
1959: *«Cliff»* Living doll/My baby//Ready Teddy/
　　　　Donna　　　　　　　D-Columbia C 41129

LPs:
1959: *«Cliff»*　　　　　　　Columbia SX 1147
Abweichende deutsche LPs:
1959: *«Cliff Richard and the Shadows»*
　　　　　　　　　　　　D-Columbia C 60691
　　　(NB: Einige Titel sind mit Cliff Richard and the
　　　Drifters aufgelistet)
Verschiedene:
1959: *«Oh boy»*　　　　　　Parlophone PMC 1072
　　　(NB: Enthält 7 Titel von Cliff Richard and the
　　　Drifters)

The Drifters
1959: Feelin' fine*/Don't be a fool with love*
　　　　　　　　　　　　Columbia DB 4263
1959: Driftin'/Jet Black　　　Columbia DB 4325

Cliff Richard and the Shadows
(bis 1968)
(Titel von Cliff ohne die Shadows sind in Klammern gesetzt)
1959: Travellin' light/Dynamite　Columbia DB 4351
　　　　　　　　　　　　(D-Columbia C 21318)
1960: A voice in the wilderness/Don't be mad at
　　　　me　　　　　　　　Columbia DB 4398
1960: Fall in love with you/Willie and the hand
　　　　jive　　　　　　　　Columbia DB 4431
1960: Please don't tease/Where is my heart
　　　　　　　　　　　　Columbia DB 4479
　　　　　　　　　　　　(D-Columbia C 21535)
1960: Nine times out of ten/Thinking of our love
　　　　　　　　　　　　Columbia DB 4506
　　　　　　　　　　　　(D-Columbia C 21632)
1960: I love you/«D» in love　　Columbia DB 4547
　　　　　　　　　　　　(D-Columbia C 21695)
1961: Theme for a dream/Mumblin' Mosie
　　　　　　　　　　　　Columbia DB 4593
　　　　　　　　　　　　(D-Columbia C 21765)
1961: Gee whizz it's you/I cannot find a true love
　　　　　　　　　　　　Columbia DC 756
　　　　　　　　　　　　(D-Columbia C 21823)
1961: A girl like you/Now's the time to fall in
　　　　love*　　　　　　　Columbia DB 4667
　　　　　　　　　　　　(D-Columbia C 21898)
1961: Got a funny feeling/(When the girl in your arms
　　　　is the girl in your heart)　Columbia DB 4716
　　　　　　　　　　　　(D-Columbia C 21973)
1962: The young ones/We say yeah
　　　　　　　　　　　　Columbia DB 4761
　　　　　　　　　　　　(D-Columbia C 22072)
1962: (I'm looking out of the window)/Do you want to
　　　　dance　　　　　　　Columbia DB 4828
1962: It'll be me/Since I lost you　Columbia DB 4886
　　　　　　　　　　　　(D-Columbia C 22256)
1962: The next time/Bachelor boy
　　　　　　　　　　　　Columbia DB 4950
　　　　　　　　　　　　(D-Columbia C 22345)
1963: Summer holiday/Dancing shoes
　　　　　　　　　　　　Columbia DB 4977
　　　　　　　　　　　　(D-Columbia C 22394)
1963: Lucky lips/I wonder*　　Columbia DB 7034
　　　　　　　　　　　　(D-Columbia C 22454)
1963: (It's all in the game)/Your eyes tell on you
　　　　　　　　　　　　Columbia DB 7089
　　　　　　　　　　　　(D-Columbia C 22558)
1963: Don't talk to him/Say you're mine
　　　　　　　　　　　　Columbia DB 7150
　　　　　　　　　　　　(D-Columbia C 22609)
1964: I'm the lonely one/Watch what you do with my
　　　　baby*　　　　　　　Columbia DB 7203
　　　　　　　　　　　　(D-Columbia C 22662)
1964: (Constantly)/True true lovin'
　　　　　　　　　　　　Columbia DB 7272
　　　　　　　　　　　　(D-Columbia C 22722)
1964: On the beach/A matter of moments
　　　　　　　　　　　　Columbia DB 7305
　　　　　　　　　　　　(D-Columbia C 22757)
1964: I could easily fall in love/I'm in love with
　　　　you　　　　　　　　Columbia DB 7420
　　　　　　　　　　　　(D-Columbia C 22863)
1965: (On my word)/Just a little bit too late*
　　　　　　　　　　　　Columbia DB 7596
　　　　　　　　　　　　(D-Columbia C 23008)
1965: (Angel)/Razzle dazzle　　Columbia DC 762
1965: The time in between/Look before you love
　　　　　　　　　　　　Columbia DB 7660
1965: (Wind me up)/The night　Columbia DB 7745
1966: Blue turns to grey/Somebody loses
　　　　　　　　　　　　Columbia DB 7866
　　　　　　　　　　　　(D-Columbia C 23174)
1966: (Visions)/What would I do
　　　　　　　　　　　　Columbia DB 7968
　　　　　　　　　　　　(D-Columbia C 23283)
1966: Time drags by/Lalala song
　　　　　　　　　　　　Columbia DB 8017
　　　　　　　　　　　　(D-Columbia C 23316)

1966: In the country/Finders keepers
Columbia DB 8094
(D-Columbia C 23391)
1967: (It's all over)*/Why wasn't I born rich
Columbia DB 8150
(D-Columbia C 23472)
1968: Don't forget to catch me*/(What's more I don't need her)* Columbia DB 8503
(D-Columbia C 23947)

Abweichende deutsche Singles:
1960: High class baby/My feet hit the ground*
D-Columbia C 21070
1960: Don't be mad at me/Little things mean a lot
D-Columbia C 21415
1960: A voice in the wilderness/Love
D-Columbia C 21429
1960: Fall in love with you/Mean woman blues
D-Columbia C 21459
1960: Ready Teddy/Bongo Blues (Shadows solo)
D-Columbia C 21575
1960: Bin verliebt*/Stimme der Liebe*
D-Columbia C 21701
1961: Schön wie ein Traum*/(Ureneli)*
D-Columbia C 21843
1961: Forty days/Y'arriva   D-Columbia C 22011
1962: I see you in my dreams/Dream*
D-Columbia C 22139
1962: First lesson of love/Lessons in love
D-Columbia C 21151
1962: When my dreamboat comes home/I'm walking   D-Columbia C 22367
1963: I gotta know/Big news   D-Columbia C 22434
1963: Rote Lippen soll man küssen/(Let's make a memory)   D-Columbia C 22563
1964: (Spanish Harlem)/Maria no mas
D-Columbia C 22667
1964: Sag «no» zu ihm/Zuviel allein
D-Columbia C 22707
1964: (Das ist die Frage aller Fragen)/Nur mit mir
D-Columbia C 22811
1965: Es war keine so wunderbar wie du/(Es könnte schon morgen sein)   D-Columbia C 22962
1966: (Du bist mein erster Gedanke)/Was ist dabei   D-Columbia C 23211

EPs:
1960: «Expresso Bongo»Love/A voice in the wilderness//The shrine on the second floor*/Bongo Blues (Shadows solo)   Columbia SEG 7971
1960: «Cliff sings 1»Here comes summer/I gotta know//Blue suede shoes/The snake and the bookworm   Columbia SEG 7979
1960: «Cliff sings 2» Twenty flight rock/Pointed two shoes//Mean woman blues/I'm walking
Columbia SEG 7987
1960: «Cliff's silver discs» Please don't tease/Fall in love with you//Nine times out of ten/Travellin' light   Columbia SEG 8050
1961: «Me and my Shadows» I'm gonna get you/I cannot find a true love//Evergreen tree/She's gone   Columbia SEG 8065
1961: «Me and my Shadows 2» Left out again/You're just the one to do it/Lamp of love//Choppin' and changin'/We have it made   Columbia 8071
1961: «Me and my Shadows 3» Tell me/Gee whizz it's you/I'm willing to learn//I love you so/I don't know   Columbia SEG 8078
1961: «Listen to Cliff» What'd I say/True love will come to you//(Blue moon)/(Lover)
Columbia SEG 8105

1961: «Dream» Dream*/All I do is dream of you*//I'll see you in my dreams/When I grow too old to dream*   Columbia SEG 8119
1961: «Listen to Cliff 2» Unchained Melody/First lesson in love//(Idle gossip)/(Almost like being in love)/Beat out that rhythm on a drum (Tony Meehan drum solo)   Columbia SEG 8126
1962: «Cliff's Hit Parade» I love you/Theme for a dream//A girl like you/(When the girl in your arms is the girl in your heart)
Columbia SEG 8133
1962: «Cliff Richard» Forty days/Catch me//(How wonderful to know)/Tough enough
Columbia SEG 8151
1962: «Hits from ‹The Young Ones›» The young ones/Got a funny feeling//Lessons in love/We say yeah   Columbia SEG 8159
1962: «Cliff Richard 2» (50 tears for every kiss)/The night is so lonely//Poor boy/Y'Arriva
Columbia SEG 8168
1962: «Cliff's Hits» It'll be me/Since I lost you//(I'm looking out of the window/Do you wanna dance   Columbia SEG 8203
1963: «Time for Cliff and the Shadows» So I've been told/I'm walking the blues//When my dreamboat comes//Blue berry hill/You don't know
Columbia SEG 8228
1963: «Holiday carnival» (Carnival)/(Moolight bay)*//(Some of these days)*/For you for me   Columbia SEG 8246
1963: «Hits from ‹Summer Holiday›» The next time/Summer holiday//Dancing shoes/Bachelor boy   Columbia SEG 8250
1963: «More hits from ‹Summer Holiday›» (Seven days to a holiday)/(Stranger in town)//(Really waltzing)/All at once   Columbia SEG 8263
1963: «Cliff's lucky lips» (It's all in the game)/Your eyes tell on you//Lucky lips/I wonder*
Columbia SEG 8269
1964: «When in France» La mer/Boum*//J'attendrai/C'est si bon   Columbia SEG 8290
1964: «Cliff sings ‹Don't talk to him›» Don't talk to him/Say you're mine*/(Spanish Harlem)/(Who are we to say)/(Falling in love with love)
Columbia SEG 8299
1964: «Cliff's Paladium successes» I'm the lonely one*/Watch what you do with my baby*//Perhaps perhaps perhaps*/Frenesi*
Columbia SEG 8320
1964: «Wonderful life» (Wonderful life)/(Do you remember)//What I've gotta do/Walkin' (Shadows solo)   Columbia SEG 8338
1964: «A forever kind of love» A forever kind of love*/It's wonderful to be young*//(Constantly)/True true lovin'   Columbia SEG 8347
1964: «Wonderful life 2» A matter of moments/(A girl in every port)//(A little imagination)/(In the stars)   Columbia SEG 8354
1964: «Hits from ‹Wonderful Life›» On the beach/(We love a movie)//(Home)/(All kinda people)
Columbia SEG 8376
1965: «Hits from ‹Aladdin and His Wonderful Lamp›» Havin' fun/Evening comes//Friends/I could easily fall in love   Columbia SEG 8395
1965: «Take four» (Boom boom)/(My heart is an open book)//(Lies and kisses)/Sweet and gentle
Columbia SEG 8450
1965: «Wind me up» (Wind me up)/The night//The time in between/Look before you love
Columbia SEG 8474

36

1966: «Love is forever» (My colouring book)/(Fly me to the moon)//Someday/(Everyone needs someone to love) Columbia SEG 8488

1966: «Thunderbirds are go!» Shooting star*/Lady Penelope (Shadows solo)//Thunderbirds theme* (Shadows solo)/Zero X theme* (Shadows solo) Columbia SEG 8510

1966: «La la la la la» (La la la la la)/Solitary man// (Things we said today)/Never knew what love could do Columbia SEG 8517

1967: «Cinderella» Come sunday/Peace and quiet// She needs him more than me/Hey Doctorman Columbia SEG 8527

Abweichende deutsche EPs:
1959: «Cliff» Living doll/My babe//Ready Teddy/ Danny D-Columbia C 41129

1960: «Cliff Richard and the Shadows» Saturday dance (Shadows solo)/Tell me*//The snake and the bookworm/Mustang (Shadows solo)
D-Columbia C 41416

1961: «Cliff and his Shadows» I live for you/I want to know//True love will come to you/What'd I say D-Columbia C 41457

1962: «Cliff Richard and the Shadows again» Shame on you*/(All my sorrows)//Nivram (Shadows solo)/Poor boy D-Columbia C 41482

LPs:
1960: «Cliff sings» Columbia SX 1192
1960: «Me and my Shadows» Columbia SX 1261
 (D-Columbia HZE 124)
(NB: Die LP «Me and my Shadows» gibt es auch als Stereo-Version. Zu diesem Zwecke wurden alle Titel neu eingespielt. Die Bestellnummern sind folgende:
 Columbia SCX 3330
 (D-Columbia SHZE 124)
1961: «Listen to Cliff» Columbia SX 1320
1961: «21 today» Columbia SX 1368
 (D-Columbia C 83300)
1961: «The young ones» Columbia SX 1384
1962: «It'll be me» Starline SRS 5011
1962: «32 minutes 17 seconds with Cliff Richard»
 Columbia SX 1431
 (D-Columbia C 83351)
1963: «Summer holiday» Columbia SX 1472
1963: «Cliff's hit album» Columbia SX 1512
1963: «When in Spain» Columbia SX 1541
 (D-Columbia C 83518)
1964: «Wonderful life» Columbia SX 1628
 (D-Columbia C 83737)
1964: «Aladdin and his wonderful lamp»
 Columbia SX 1676
 (D-Columbia SMC 83810)
1965: «Cliff Richard» Columbia SX 1709
 (D-Columbia SMC 83911)
1965: «More hits» Columbia SX 1737
1965: «When in Rome» Columbia SX 1762
1965: «Love is forever» Columbia SX 1769
 (D-Columbia SMC 84604)
1966: «Finders keepers» Columbia SX 6079
1967: «Cinderella» Columbia SX 6103
1968: «Two a penny» Columbia SCX 6262
 (D-Columbia SMC 74469)
1968: «Established 1958» Columbia SCX 6282
 (D-Columbia SMC 74487)

Abweichende deutsche LPs:
1961: «Cliff sings ‹The Young Ones›»
 D-Columbia C 83317
1963: «Cliff's greatest» D-Columbia C 83412
1963: «Cliff international» D-Columbia C 83576
1964: «Cliff's songs» D-Columbia C 83652
1964: «Forever» D-Columbia C 83767
1965: «Cliff and the Shadows '65»
 D-Columbia SMC 83977
1966: «Cliff and the Shadows '66»
 D-Columbia SMC 84074
1967: «International again» D-Columbia SMC 74223
1968: «Congratulations» D-Columbia SMC 74430

The Shadows
Singles:
1959: Saturday dance/Lonsome fella
 Columbia DB 4387
1960: Apache/Quartermaster's stores
 Columbia DB 4484
 (D-Columbia C 21605)
1960: The stranger/Man of mystery
 Columbia DB 4530
 (D-Columbia C 21677)
1961: F. B. I./Midnight Columbia DB 4580
 (D-Columbia C 21761)
1961: The frightened city/Back home*
 Columbia DB 4637
 (D-Columbia C 21879)
1961: Kon-Tiki/36–24–36 Columbia DB 4698
 (D-Columbia C 21940)
1961: The savage/Peace pipe Columbia DB 4726
 (D-Columbia C 22029)
1962: Wonderful land/Stars fell on Stockton
 Columbia DB 4790
 (D-Columbia C 22106)
1962: Guitar tango/What a lovely tune*
 Columbia DB 4870
1962: Dance on/All day* Columbia DB 4948
 (D-Columbia C 22346)
1963: Foottapper/The breeze and I
 Columbia DB 4984
 (D-Columbia C 22403)
1963: Atlantis/I want you to want me
 Columbia DB 7047
 (D-Columbia C 22940)
1963: Shindig/It's been a blue day
 Columbia DB 7106
 (D-Columbia C 22572)
1963: Geronimo/Shazam Columbia DB 7163
 (D-Columbia C 22626)
1964: Theme for young lovers/This hammer
 Columbia DB 7231
 (D-Columbia C 22706)
1964: The rise and fall of Flingel Blunt/It's a man's world Columbia DB 7261
 (D-Columbia C 22726)
1964: Rhythm and greens/The miracle
 Columbia DB 7342
 (D-Columbia C 22806)
1964: Genie with the light brown lamp/Little princess Columbia DB 7416
 (D-Columbia C 22864)
1965: Mary-Ann/Chu-Chi Columbia DB 7476
 (D-Columbia 22914)
1965: Sting ray/Alice in Sunderland
 Columbia DB 7588
 (D-Columbia C 23000)

1965: Don't make my baby blue/My grandfather's clock*   Columbia DB 7650
(D-Columbia C 23027)
1965: The war lord*/I wish I could shimmy like my sister Arthur   Columbia DB 7769
(D-Columbia C 23119)
1966: I met a girl*/Late night set*   Columbia DB 7853
(D-Columbia C 23191)
1966: A place in the sun*/Will you be there*   Columbia DB 7853
(D-Columbia C 23243)
1966: The dreams I dream*/Scotch on the socks*   Columbia DB 8034
(D-Columbia C 23365)
1967: Maroc 7*/Bombay Duck*   Columbia DB 8170
(D-Columbia C 23487)
1967: Tomorrow's cancelled*/Somewhere*   Columbia DB 8264
(D-Columbia C 23606)
1968: Running out of words*/London's not too far (Hank Marvin solo)   Columbia DB 8326
1968: Dear old Mrs Bell*/Trying to forget the one you love*   Columbia DB 8372
(D-Columbia C 23784)

Abweichende deutsche Singles:
1962: Shotgun/Lonesome fella   D-Columbia C 22226
1962: Driftin'/Guitar tango   D-Columbia C 22243
1964: Chattanooga choo choo/French dressing
    D-Columbia C 22737
1965: Brazil*/National Provincial Samba*
    D-Columbia C 23071
1968: I can't forget*/Running out words*
    D-Columbia C 23909

EPs:
1961: «*The Shadows*» Mustang/Theme from Shane//Shotgun/Theme from Giant
    Columbia SEG 8061
1961: «*The Shadows to the fore*» Apache/Man of mystery//The stranger/F. B. I.
    Columbia SEG 8094
1962: «*Spotlight on the Shadows*» The frightened city/Kon-Tiki//Peace pipe/The savage
    Columbia SEG 8135
1962: «*The Shadows 2*» Shadoogie/Baby my heart//Nivram/See you in my dreams
    Columbia SEG 8148
1962: «*The Shadows 3*» All my sorrows/Stand up and say that//Gonzales/Big Boy
    Columbia SEG 8166
1962: «*Wonderful land of the Shadows*» Wonderful Land/Midnight//Stars fell on Stockton/36−24−36   Columbia SEG 8171
1962: «*The Boys*» Theme from The Boys*/The girls//Sweet dreams/The boys   Columbia SEG 8193
1962: «*Out of the Shadows*» The bandit/Perfidia//1861/Cosy   Columbia SEG 8218
1963: «*Dance on*» Dance on//All day//Guitar tango/What a lovely tune   Columbia SEG 8233
1963: «*Out of the Shadows 2*» The rumble/Little ‹B›//Tales of a raggy tramline/Kinda cool
    Columbia SEG 8249
1963: «*Foot tapping with the Shadows*» Atlantis/I want you to want me//Foot tapper/Round and round/Les girls   Columbia SEG 8268
1963: «*Los Shadows*» Granada/Adios muchachos//Valencia/Les tres carabelas
    Columbia SEG 8278

1963: «*Shindig with the Shadows*» Shindig/It's been a blue day//Sleep walk*/Theme from a filleted place   Columbia SEG 8286
1964: «*Those brilliant Shadows*» Theme for young lovers/This hammer//Geronimo/Shazam
    Columbia SEG 8321
1964: «*Dance with the Shads*» Chattanooga choo choo/In the mood//Temptation/Zambesi
    Columbia SEG 8452
1964: «*Rhythm and greens*» Rhythm and greens/Ranka-chank//Main theme/The drum no./The lute no.   Columbia SEG 8362
1964: «*Dance with the Shadows 2*» Fandango/Blue shadows//The lonely bull/That's the way it goes   Columbia SEG 8375
1964: «*Aladdin*» Genie with the brown light lamp/Little princess//Me oh my/Friends
    Columbia SEG 8396
1964: «*Dance with the Shadows 3*» Tonight/Big ‹B›//French dressing/The high and the mighty
    Columbia SEG 8408
1965: «*Alice in Sunderland*» Alice in Sunderland/Stingray//Dakota*/Don't it make you feel good*   Columbia SEG 8445
1965: «*The sound of the Shadows*» Brazil/The lost city//Deep purple/The windjammer
    Columbia SEG 8459
1965: «*The sound of the Shadows 2*» Blue sky blue sea blue me/Bossa roo//Santa Ana/Cotton pickin'   Columbia SEG 8473
1965: «*The sound of the Shadows 3*» Breakthru'/National provincial Samba//Five hundred miles/Dean's theme/Let it be me
    Columbia SEG 8494
1965: «*Those talented Shadows*» A place in the sun*/I wish I could shimmy like my little sister Arthur//The war lord/My grandfather's clock
    Columbia SEG 8500
1966: «*Thunderbirds are go*» Shooting star* (Cliff and the Shadows)/Lady Penelope*//Thunderbirds theme*/Zero X*   Columbia SEG 8510
1966: «*The Shadows on stage and screen*» Finders keepers medley*/Autumn*//The flyder and the spy/May way*   Columbia SEG 8528

LPs:
1961: «*The Shadows*»   Columbia SX 1374
(D-Columbia C 83303)
1962: «*Out of the Shadows*»   Columbia SX 1458
(D-Columbia C 83356)
1963: «*The Shadows greatest hits*»
    Columbia SX 1522
1964: «*Dance with the Shadows*»   Columbia SX 1619
(D-Columbia C 83678)
1965: «*The sound of the Shadows*»
    Columbia SCX 3554
(D-Columbia SMC 83995)
1965: «*More hits*»   Columbia SCX 3578
1966: «*Shadow music*»   Columbia SCX 6041
(D-Columbia SMC 74145)
1968: «*Something else*»   Columbia SCS 5012

Abweichende deutsche LPs:
1963: «*The Shadows bestsellers*»
    D-Columbia C 83371
1964: «*The great Shadows*»   D-Columbia C 83519
1964: «*Brilliant Shadows brilliant songs*»
    D-Columbia C 83609

Johnny Kidd and the Pirates

Von Phil Fox

Johnny Kidd kam am 23. Dezember 1939 im Londoner Stadtteil Willesden als Frederick Heath zur Welt. Er bekam keinen Musikunterricht, sondern brachte sich das Gitarre- und Bongospielen selber bei.

Er lernte Dekorateur und stellte in seiner Freizeit eine Skiffle-Gruppe auf die Beine, die sich schließlich zu einer Rockgruppe weiterentwickelte, die den Namen Johnny Kidd & the Pirates gab. Seine Stimme und seine Songwriter-Begabung zogen die Aufmerksamkeit der Plattenfirma HMV auf sich, die ihn und seine Gruppe unter Vertrag nahm. Ihr erster Aufnahmeleiter bei HMV war Peter Sullivan (später Aufnahmeleiter von Tom Jones bei Decca). Sie spielten *Please Don't Touch* ein, ein Stück, das er selber geschrieben hatte, und die Aufnahme wurde ein kleinerer Hit. Auf einmal waren sie sehr gefragt und gaben in «Saturday Club» der BBC ihr Radio- und im «Disc Break» der ITV ihr Fernsehdebüt. Die Gruppe trat auf der Bühne stets im Piratenlook an, und Johnny hatte eine schwarze Augenklappe über dem rechten Auge. Ihren größten Hit hatten sie 1960 mit *Shakin' All Over*, wieder einem Kidd-Originaltitel. Dann kam eine Flaute, deren einziger Höhepunkt eine England-Tournee mit Jerry Lee Lewis, Vince Eager, den Echoes (der späteren Begleitgruppe von Dusty Springfield), den Bachelors, den Viscounts (aus denen jener Gordon Mills kam, der mit Tom Jones und Engelbert Humperdinck zu Ruhm und Ehren gelangte) und Danny Storm war.

Schließlich nahmen sie im Sommer 1963 auf dem Höhepunkt des Merseybeat und des R & B-Revivals *I'll Never Get Over You* auf, das sie wieder ins Rampenlicht brachte. Unglücklicherweise hielt ihr Glück nicht lange. Das Follow-up dieser Scheibe brachte es lediglich unter die letzten zehn der Top Thirty. An diesem Punkt machten die Pirates eine Solo-Aufnahme eines bekannten R & B-Stücks, *My Babe*, und obwohl es viel gespielt wurde, war der Absatz gleich Null. Ebenso schlecht schnitt die in voller Besetzung aufgenommene Version von *Always and Ever (Santa Lucia)* ab – sie kam gerade eine Woche in die Top Fifty. Danach ging es bergab. Es kam noch eine Cover-Version eines großen US-Hits von Jewel Aikens, aber das Original zog an der Version von Johnny Kidd vorbei und erreichte die britischen Top Twenty. Inzwischen waren die Dinge so weit gediehen, daß man an eine Neuaufnahme von *Shakin' All Over* dachte, das für den Publikumsgeschmack von 1965 aufgemöbelt werden sollte, aber gerade das machte alles kaputt, was aus dem Original eine große Nummer gemacht hatte. Nachdem die Platte ein Flop geworden war, probierte Johnny es mit einer Solo-Aufnahme – ohne jeden Erfolg. Dann wurde am 21. April 1966 bekanntgegeben, daß Johnny und die Pirates sich entschlossen hätten, in Zukunft eigene Wege zu gehen. Das Resultat: Die Pirates gingen zu Polydor und brachten die Single *Shades of Blue* heraus, die schwer gepuscht wurde, aber einfach nicht einschlagen wollte. Im September 1966 entschied sich Johnny, sein Glück beim Kabarett zu versuchen; er trat in Stocking und Middlesborough in zwei Läden auf. Am 8. Oktober 1966 kam Johnny bei einem Verkehrsunfall zwischen Preston und Bury ums Leben. Einer von den Leuten, die bei Johnny im Wagen saßen, war Nick Simper; er überlebte, ging später zu Deep Purple und ist heute der führende Kopf von Warhorse. Von Johnny wurde posthum die Single *Send for that Girl* veröffentlicht – noch ein Flop. Seitdem ist nicht eine einzige «Best of»-LP von Kidd erschienen, die einen ordentlichen Überblick über das Schaffen dieses Songschreibers gibt, der die in meinen Augen beste englische R & B-Nummer geschrieben hat – *Shakin' All Over*.

Die Besetzung der Pirates bei *Shakin' All Over* war: Joe Moretti (lead guitar), Clem Cattini (drums), Brian Gregg (bass-guitar), Art Caddy (rhythm guitar). Im Dezember 1963 bestand die Gruppe dann aus Micky Green (lead guitar), Johnny Spencer-Holliday (bass) und Frank Farley (drums). Mitte 1964 stieß dann noch Vic Cooper dazu. Wie diese Liste zeigt, wechselte die Pirates-Besetzung innerhalb von drei Jahren komplett. Von Gregg und Moretti weiß ich gar nichts. Clem Cattini verließ die Pirates und ging zu den Tornadoes, mit denen er spielte, als die ihre großen Heuler hatten (Telstar, Robot, Globetrotter und so weiter), und ist als Produzent und Arrangeur immer noch im Geschäft.

DISCOGRAPHIE

Johnny Kidd and the Pirates:
Singles:
- 1959: Please don't touch/Growl — HMV 615
- 1959: If you were the only girl in the world/Feelin' — HMV 674
- 1960: You got what it takes/Longing lips — HMV 698
- 1960: Shakin' all over/Yes Sir, that's my baby — HMV 753
- 1960: Restless/Magic of love — HMV 790
- 1961: Linda Lu/Let's talk about us — HMV 853
- 1961: Please don't bring me down/So what — HMV 919
- 1962: Hurry on back to love/I want that — HMV 978
- 1962: A shot of rhythm and blues/I can tell — HMV 1008
- 1963: I'll never get over you/Then I got everything — HMV 1173
- 1963: Hungry for love/Ecstasy — HMV 1173
- 1964: Always and ever/Doctor Feelgood — HMV 1269
- 1964: Jealous girl/Shop around — HMV 1309
- 1964: Whole lotta woman/Your cheatin' heart — HMV 1353 (D-Electrola E 22861)
- 1965: The birds and the bees/Don't make the same mistake as I — HMV 1397
- 1965: Shakin' all over/Gotta travel on — HMV 1424
- 1966: Send for that girl/Fool — HMV 1559

EPs:
- 1963: *«Johnny Kidd and the Pirates»* I'll never get over you/Then I got everything//Hungry for love/A shot of rhythm and blues — HMV EG 8834

Verschiedene:
- 1963: Weep no more, my baby/Big blon' baby auf «Saturday Club»-LP — HMV PMC 1130

Johnny Kidd solo:
- 1966: It's got to be you/I hate getting up in the morning — HMV 1520

Pirates solo:
- 1964: My babe/Casting my spell — HMV 1250
- 1966: Shades of blue/Can't understand — Polydor 56712

Liverpool

Von Greg Shaw

Was in den frühen sechziger Jahren in England geschah, war nichts weniger als die erste Wiedergeburt des Rock 'n' Roll. Dazu muß ich sagen, daß ich eine ziemlich genaue Vorstellung davon habe, was Rock 'n' Roll bedeutet, einschließlich komplizierter Wechselwirkungen der Musik mit dem Drang der Teenager nach (unter anderem) Revolte und Anarchie und der Art und Weise, wie dieses Bedürfnis ausgedrückt – und gelegentlich auch durch das periodische Auftauchen voll entwickelter Jugendkulturen kanalisiert – werden kann.

Doch ohne euch damit langweilen zu wollen, meine ich, daß wir uns wenigstens darüber einig sind, daß 1958 etwas starb und in etwas anderer Form, aber mit dem grundsätzlich gleichen Geist, 1963–67 zurückkam und eine Zeitlang wieder florierte. Die meisten von uns sind sich wohl auch darüber einig, daß es danach wieder abstarb und erst in letzter Zeit neuerliche Zeichen einer dritten Reinkarnation zeigt.

Es wurde ja schon darauf hingewiesen, daß England von der extremen Aufmüpfigkeit des amerikanischen Rock 'n' Roll in den fünfziger Jahren kaum erfaßt wurde. Die englischen Jugendlichen, eingeschüchtert vom Gewicht der Tradition und der elterlichen Autorität, gaben sich damals mit den blassen Rock-Stars aus der Retorte zufrieden, die ihnen vorgesetzt wurden – mit Sängern wie Tommy Steele, Cliff Richard, Marty Wilde, Adam Faith, Billy Fury und so weiter zufrieden, denen, wie wild sie sich auch anfangs gaben, bald jede Qualität genommen wurde, die den Status quo der Erwachsenen zu bedrohen schien, und zwar ganz einfach durch das lockende «große Geld», das auf dem «etablierten» Kabarett-Circuit zu holen war. Wo sie denn auch alle endeten.

Natürlich hatten die amerikanischen Rocker Anhänger in England, und die Teddy Boys waren nach allem, was über sie geschrieben wurde, genauso tierisch drauf wie ihre New Yorker Gegenstücke, die JDs, doch als ihre Musik in den späten fünfziger Jahren einging, verschwand allmählich auch ihre Kultur. In der Zwischenzeit waren in der rauhen Hafenstadt Liverpool die Bedingungen für eine Teenage-

Rebellion herangereift, und die Jugendlichen machten haufenweise Gruppen auf.

Der Skiffle mit seiner simplen Waschbrett- und Jazz-Instrumentierung brachte es schon 1955 rund um Liverpool auf Hunderte von Teenie-Gruppen, und eine hohe Zahl von ihnen, darunter auch die Beatles (die sich damals noch die Quarrymen nannten), fingen an, Rock zu spielen, als die Skiffle-Mode einging und um 1958 die ersten amerikanischen Rock-Platten auftauchten. Schon 1959 war Instrumentalmusik nach Art der Shadows der große Renner, aber die meisten Gruppen spielten auch Vokalstücke, und da Bobby-Rydell-Songs für Rowdy-Tanzsäle nicht gerade das Richtige waren, lebten die klassischen Rocker wie Little Richard & Co. zumindest in Liverpool und anderen Provinzgegenden in diesem Milieu weiter.

Und deshalb beginnen wir mit unserer Story in Liverpool, indem wir dem Faden des Rock 'n' Roll folgen, der zwar zuzeiten ziemlich dünn geworden, aber nie ganz gerissen ist – abgesehen einmal von Zeiten der Massenpopularität. Der Liverpool-Rock als solcher reicht mindestens bis auf das Jahr 1959 zurück, als Gruppen wie die Beatles, Rory Storm & the Hurricanes, Cass & the Cassanovas, Berry Wilkie & the Seniors, die Swinging Blue Jeans und Gerry & the Pacemakers zu den beliebtesten Gruppen am Ort geworden waren (die Beatles bildeten übrigens das Schlußlicht). Es gab einige Clubs in der Stadt, etwa das (der Mutter von Pete Best gehörende) «Casbah», aber die Dinge kamen nicht so recht in die Gänge, bis das «Cavern» in der Stadtmitte von Liverpool von Jazz auf Rock umstieg und sich damit um 1960/61 eine treue Stammkundschaft erwarb.

Es gab nie genug Auftrittsmöglichkeiten, um all die Gruppen am Leben zu erhalten, und so begannen 1959 viele Bands, Angebote in Hamburg anzunehmen, einer Art Schwesterstadt von Liverpool. Hamburg war auch eine dreckige Stadt voller Gewalt, wo harter Rock 'n' Roll gebraucht wurde, damit man die Frustrationen des Teenagerdaseins aushalten konnte. Durch ihre Auftritte in Hamburg blieben die frühen Liverpool-Gruppen eckig und rauh, während diejenigen aus London und anderen Teilen Englands mit der Zeit immer weicher wurden. (In Hamburg wurden die Beatles übrigens auch auf die Idee mit ihrem berühmten Haarstil gebracht.) In Hamburg entwickelte sich später eine ansehnliche eigene von Liverpool beeinflußte Rockszene.

Ab 1962 ging es dann Schlag auf Schlag. Die Beatles waren bereits eine lokale Sensation geworden; es waren viele weitere örtliche Gruppen aktiv, beispielsweise die Merseybeats, die Four Jays, die Undertakers, die Dennisons, Lee Curtis & the All Stars, die Remo Four, Gus Travis & the Midnighters, Billy J. Kramer, The Big Three und viele mehr. Es gab eine örtliche Pop-Zeitung, «Merseybeat», die den Liverpool-Sound nach Kräften förderte und der Szene ein Gefühl der Zusammengehörigkeit vermittelte. Die Szene dort war der in San Francisco 1966 – bevor die ganze Welt davon erfuhr, was dort ablief – in mancher Hinsicht sehr ähnlich.

Ungefähr zur gleichen Zeit begann sich auch das Wesen der Musik zu verändern. Die Songs von Little Richard, Chuck Berry, Buddy Holly und den Coasters blieben zwar weiterhin die tragenden Säulen des Repertoires der meisten Gruppen, aber viele Musiker nahmen auch die R & B-Renaissance zur Kenntnis, die in Amerika mit den Girl Groups von Phil Spector und dem wiederbelebten R & B aus New Orleans eingesetzt hatte. Dieses Material kam zu den Klassikern der mittfünfziger Jahre hinzu, und als die Liverpooler Gruppen erfahren genug waren, um selber Songs schreiben zu können, produzierten sie eine merkwürdige Mischung aus diesen beiden Strömungen mit viel jugendlich-überschießendem Enthusiasmus und einer äußerst selbstgewissen Art, Songs in die Welt zu setzen, die sich genügend vom üblichen Kram unterschied, um neu, frisch und überaus aufregend zu klingen. Das war die Geburt des Merseybeat.

Neue Standard-Songs tauchten auf – *Fortune Teller* von Benny Spellman und *A Certain Girl* von Aaron Neville aus New Orleans, *This Empty Place* von Dionne Warwick, *Shakin' All Over* von Johnny Kidd, *Some Other Guy* von Leiber und Stoller und jede Menge Songs von den Isley Brothers, *Respectable*, *Twist and Shout* etwa, dann *Searchin'*, *Ain't that Just Like Me*, *Poison Ivy*, *Girls Girls Girls* und *What About Us* von den Coasters und so weiter und so fort. Und dazu schockweise Girl-Group-Songs. Und schließlich auch noch die 1959 bei Delfi erschienene definitive Merseybeat-Hymne *Hippy Hippy Shake* von einem gewissen Chan Romero.

An diesem Punkt müssen wir uns kurz mit einer Behauptung von Ian Maunder in seiner exzellenten Merseybeat-Retrospektive in *Cream No. 17* befassen (wobei ich mir die Freiheit nehme, seinen Artikel ungefragt ausführlich zu zitieren, weil Ian das, worum es ihm geht, so einleuchtend formuliert und deutlich macht):

«Wir kommen nun zu einer Frage, die auf der Hand liegt, aber schwer zu knacken ist: Wenn die meisten Gruppen Songs von anderen Leuten spielten, gab es dann überhaupt einen ausgesprochenen Liverpool-Sound? Die Antwort lautet ja – es gab einen Liverpool-*Sound*, und der war laut und rauhbauzig, aber es gab keinen Liverpool-*Stil*. Das ist ein überaus wichtiger Unterschied. Stil heißt in der Popmusik jene schwer faßbare Qualität, die einen Künstler in die Lage versetzt, seine Persönlichkeit in jedes beliebige Stück Musik einzubringen und es damit anders zu bringen als die Versionen vor ihm ... Und genau dieses Stilgefühl fehlte 99 Prozent der Mersey-Gruppen.

Leider verschlimmerten die Gruppen den Fehler, unoriginelles Material zu bringen, noch durch die Wahl der Stücke, die sie sich vorknöpften. Von all den vielen Formen amerikanischer Musik, die sie sich hätten aussuchen können, sind der Rhythm 'n' Blues und sein Vetter, der Soul, die persönlichsten überhaupt. Sie hängen in ihrer Wirkung voll von der persönlichen Interpretation des Sängers und auch von der Fähigkeit der Begleitmusiker ab. Das Wesen dieser Musik ist die Improvisation, und ein erfahrener Sänger setzt viele kleine ‹Extras› ein. Er/sie ändert Töne, zieht sie vielleicht auch über mehrere Takte, stößt animalische Freudenlaute oder Seufzer aus, wie es ihm/ihr der Geist gerade eingibt, flicht alle möglichen vokalen Äußerungen ein, von den ausdrucksvollen Stöhnern Wilson Picketts bis zu dem Ausruf der Cadets: ‹Great googa mooga! Lemme outa here!› oder ihrem Klassiker *Stranded in the Jungle*. Das macht diese Musik erst zu dem, was sie ist; sie zeigt, daß der Sänger an ihr tiefen Anteil nimmt. Und genau an diesem Punkt fielen die Kopisten auf die Nase.»

Anschließend beschreibt Ian im Detail die Schwächen der frühen Hollies, der Searchers, Pacemakers und die von Billy J. Kramer. Über *Just One Look* schreibt er: «Die Wirkung, die die Hollies auf diesen Song hatten, erinnert an die Wirkung, die die Horden des Attila auf die zivilisierte Welt hatten. Sie fielen in ihrer üblichen rücksichtslosen, uneinfühlsamen Tour über diesen Song her und ersetzten das Piano durch ihre jaulenden Gitarren.»

Und damit hat er recht. Aber irgendwie, irgendwo ... Also *ich* mag viele von diesen Platten, und es muß auch noch eine andere Erklärung geben als den schlechten Geschmack. Und ich glaube, ich kenne sie. Viele Liverpooler Gruppen wie Rory Storm, die Del Renas, selbst die Undertakers und die vielgepriesenen Dennisons lassen mich kalt. Bei diesen Gruppen kann auch ich die Unzulänglichkeit lahmarschiger englischer Musiker nicht überhören, die Soulvolle R & B-Platten zu kopieren versuchen und dabei auf den Allerwertesten fallen. Diese Gruppen waren laut und rauhbauzig, das ist wahr; aber diese beiden Eigenschaften allein reichen für meine Definition des Liverpool-Sounds nicht aus.

Es gibt sehr wohl einen unverkennbaren Liverpool-Sound, den ich bei den besseren Merseybeat-Gruppen, den Searchers, den Swinging Blue Jeans, Ian & the Zodiacs, Faron's Flamingoes usw. heraushöre. Bei den Hollies, deren frühen Cover-Versionen von amerikanischen R & B-Klassikern es zugegebenermaßen an Grazie mangelt, höre ich ihn weniger. Aber der entscheidende Punkt ist der, daß der Merseybeat mehr zu bieten hatte als nur diesen lauten Holzhacker-R & B.

Man liegt nämlich sehr, sehr schief, wenn man meint, daß sie nur versuchten, die amerikanischen Platten zu kopieren. Es ist sonnenklar, daß sie diese Songs, diese Musik mochten, aber ich glaube, daß sie in den meisten Fällen sehr wohl wußten, daß sie sie nicht originalgetreu kopieren konnten. Die besseren Gruppen versuchten statt dessen, diese Songs an ihren Stil anzupassen – und meiner festen Überzeugung nach *gab* es einen Liverpool-Stil.

Blicken wir den Tatsachen ins Auge und nehmen wir zur Kenntnis, daß dieser Prozeß der Übernahme und Anpassung eines reineren R & B-Vorbilds an irgendeinen Lokal-Stil die Basis allen weißen Rock 'n' Roll bildet. Der weiße Rock kennt keinen Purismus, er geht samt und sonders auf geistigen Diebstahl zurück. Aber was soll's! Wenn wir nicht wahrhaben wollen, was wir sind, führt das nur zu solchem Heckmeck wie der Ablehnung des Surf oder des Folkrock zugunsten von, sagen wir, «Underground Blues». Die Antwort lautet also nicht, wie Maunder meint, daß sich die Briten-Rocker besser rein britische Quellen für ihre Musik hätten aussuchen sollen. Das produziert nur Gruppen wie Fairport Convention, die kaum etwas mit Rock 'n' Roll zu tun haben, oder, auf der anderen Seite, Platten wie *Greensleeves* von den Country Gentlemen, die purer Merseybeat sind, egal um welchen Gegenstand sich die Songs drehen. Die Antwort lautet, und das sehen meiner Meinung nach immer mehr Leute ein, daß wir uns mit der Tatsache abfinden müssen, daß wir Weiße sind, daß Blues und R & B nichts mit unserer Kultur zu tun haben und daß der weiße Rock 'n' Roll, der sich ja so eindeutig von diesen Formen ableitet, nur dann eine Existenzberechtigung hat, wenn er den R & B, seinen Ursprung, nicht imitiert, sondern sich in einem Stil auszudrücken versucht, der weißen Teenagern gefällt – und zwar ungeachtet der Tatsache, daß wir gar nicht darum herumkommen, den R & B zu adaptieren, wenn wir in diesem Genre überhaupt etwas Interessantes auf die Beine stellen wollen. Und das, meine jedenfalls ich, ist es, was die Merseybeat-Gruppen taten und warum sie so erfolgreich waren.

Die Liverpooler Gruppen hatten in ihren besten Augenblicken einen Stil, der nur einem Tauben entgehen konnte. Dieser Stil war definiert durch enge Vokalharmonien, hämmernde Drums und vor allem einen tobenden, alles mitreißenden Strom von Akkorden aus der Rhythmusgitarre, denen der Drummer mit seinen Becken Glanzlichter aufsetzte. Die Rhythmusgitarre war eindeutig das zentrale Instrument des Merseybeats. Darauf hat meines Wissens noch niemand hingewiesen, aber wenn ihr euch mal hinsetzt und einen Stapel von Merseybeat- und Merseybeat-beeinflußten Platten aus dieser Zeit anhört, dann werdet ihr zugeben müssen, daß an dieser Einsicht kein Weg vorbeigeht. Jeder frühe Beatles-Hit ist ein Beispiel für meine Behauptung, *All My Loving* zum Beispiel. Mein Lieblingsbeispiel ist *The Name Game* von Dean Ford & the Gaylords (einer Gruppe aus Glasgow, aus der später Marmelade hervorging). Sie versuchen erst gar nicht, den launigen Humor des Originals von Shirley Ellis nachzumachen – statt dessen wird alles diesem hämmernden Beat untergeordnet.

Und das liegt ganz und gar in der großen Tradition des weißen Rock 'n' Roll – der Übertreibung des Erregung schaffenden Oberflächenelements eines gegebenen Stils (wie mit dem Blues und den Gitarrensoli geschehen, um einen Fall zu nennen, wo des Guten nun wirklich zuviel getan wurde) mit dem Ziel, eine Musik zu schaffen, die keinen wirklichen Tiefgang hatte, aber eine unmittelbare Faszination besaß, wenn sie richtig gemacht wurde. Diese Mischung aus Harmonie und hartem Rhythmus brachte einen unverwechselbaren Stil hervor, der nur als Merseybeat bezeichnet werden kann. Die rhythmischen Aspekte wurden von den frühen Londoner R & B-Gruppen, aber auch von allen anderen Beatgruppen überall in England aufgegriffen. Allein schon die Tatsache, daß sie ihre Musik «Beat Music» nannten, zeigt, daß sie die Bedeutung des Rhythmus und der Rhythmusgruppe begriffen hatten. Eine weitere interessante Tatsache für Leute, die sich mit der Geschichte des Rock befassen, besteht darin, daß der Begriff «Big Beat» um diese Zeit wieder in Gebrauch kam. Mit dem von Fats Domino in seinem Song mit demselben Titel glorifizierten Big Beat wurde in den mittfünfziger Jahren der volle, hämmernde Sound von Bands wie der von Little Richard umschrieben. In den sechziger Jahren bezog er sich auf etwas anderes, doch die Tatsache, daß dieser Begriff überhaupt wiederauftauchte, zeigt an, daß die zweite Ära des Rock 'n' Roll im Kommen war.

Die Musik hatte den Zweck, junge weiße Teens in Begeisterung zu versetzen, und diesen erwünschten Effekt hatte sie ja auch, wie wir alle wissen. Und dennoch hatte der Liverpool-Sound, wie Maunder richtig sah, bei allem weltweitem Erfolg auch eine Merkwürdigkeit aufzuweisen. Aus irgendeinem Grund nämlich gelang es den beliebtesten Merseybeat-Gruppen anscheinend nie, auf der nationalen oder internationalen Szene richtig Fuß zu fassen. Rory Storm, der in Liverpool fast die ganze Zeit beliebter war als die Beatles, hatte drüben in den USA nicht einmal eine einzige Platte. Immens populäre Lokalmatadore wie die Big Three, Kingsize Taylor & the Dominoes, die Dennisons und die Echoes kennt man heute fast nicht mehr, obwohl viele immer noch aktiv sind.

Als der Mersey-Boom erst richtig losgebrochen war, so scheint es, war es keine Garantie für landesweiten Erfolg mehr, daß man aus Liverpool kam. Man brauchte jetzt ein massenwirksames Image – nicht ganz ohne Bezug zu den provinziellen Ursprüngen, aber auch nicht zu sehr an sie gebunden. Und das ist meiner Meinung nach der Grund dafür, warum die größten Erfolgsgruppen aus Liverpool aus dem Stall von Brian Epstein kamen. Epstein war der Manager eines der größten Plattenläden von Liverpool, als er die Beatles entdeckte (die bereits Lokal-Heroen waren). Es waren seine Record-Biz-Kontakte, die es ihm möglich machten, EMI-Verträge für die Beatles und seine späteren Gruppen an Land zu ziehen. Davor hatte man noch nie gehört, daß eine Gruppe unter Vertrag genommen worden wäre, die nicht aus London war, und obwohl die Plattenfirmen hinterher zuhauf kamen und praktisch jede Gruppe einkauften, die aufzutreiben war, sieht es so aus, als ob sie eigentlich nicht so recht wußten, was sie mit ihnen machen sollten. Epstein, der geborene Unternehmer, wußte dagegen sehr genau, was zu machen war, und fast alle seine Acts (neben den Beatles unter anderem Gerry & the Pacemakers, Billy J. Kramer, Cilla Black, The Fourmost, Cliff Bennett, Sounds Incorporated und Tommy Quickly) wurden große Erfolge.

Viele sind der festen Meinung, daß es mit den Beatles bergab zu gehen begann, als Epstein starb. Für seine anderen Gruppen, die eh alle auf dem absteigenden Ast waren, war sein Tod jedenfalls das Ende. Und für die Liverpooler Szene, die zurückgelassen und vergessen worden war, galt das um so mehr, als der Underground-Rock 1967 in England einschlug. Heute ist das «Cavern» geschlossen und zum Abriß verurteilt, und seine ganze Nachbarschaft ist ein einziger Slum. Doch immer noch pilgern Leute aus allen Ecken der Welt dorthin, um der Urheimat des Rock der sechziger Jahre, R. I. P., Liverpool, ihre Reverenz zu erweisen.

The Searchers

Von Ken Barnes unter Mithilfe von Bill Small

«Während viele der anderen ‹Liverpool-Sound›-Gruppen vor allem wegen ihrer Frisuren von sich reden machen», ist auf dem Cover der «Needles and Pins»-LP zu lesen, «machen die Searchers als die musikalischste, aufregendste Gruppe der neuen Welle aus England von sich reden.» Wie sehr diese abfälligen Anmerkungen die langhaarigeren britischen Gruppen damals geärgert haben mögen – einen Kern Wahrheit enthalten sie doch. Die Searchers zählten neben den Hollies und den Zombies zu den wenigen «anständig» frisierten englischen Gruppen (und diese Beschreibung umfaßt eine ziemlich große Anzahl kurzhaariger Briten, von dem herzigen Peter Noone bis zu den sinistren Halsabschneidergestalten der Begleitband von Freddy Garrity, den Dreamers), die eine unverwechselbare Alternative zu dem stark am Rhythm & Blues orientierten Sound der zotteligeren Achse Stones/Kinks/Animals boten – die Beatles lagen irgendwo in der Mitte.

Die Searchers hatten einen sanften, aber noch nicht unbedingt süßlich harmonischen Stil, delikat und luftig, dessen Wurzeln bei den Everly Brothers lagen, der aber in gewisser Weise auch die Byrds vorwegnahm; und dazu hatten sie eine herrlich schräge Rhythmusgitarre (die ebenfalls ein bißchen an die Byrds denken läßt), die den Schlüssel für sämtliche ihrer besten Platten bildet. Ihre Singles waren durchweg mitreißend, und ihre LPs brachten ein paar schöne Originalaufnahmen *(If I Could Find Someone, Too Many Miles)* und sehr geschmackvolle Cover-Versionen amerikanischer Hits *(I Count the Tears, Sea of Heartbreak)* neben einigen eher faden Aufnahmen. Sie hatten außerdem noch die sympathische Gewohnheit, Platten von amerikanischen Girl Groups zu covern, und waren damit vielleicht die ersten Exponenten dieses Phänomens (das auch bei den Hollies, Manfred Mann und den Beatles zu beobachten war) – zusätzlich zu vier aufeinanderfolgenden Hit-Singles 1964 brachten sie bezaubernde Klassiker von den Chiffons, Crystals, Butterflies, Ronettes, Ribbons, von LaVern Baker, Brenda Lee, Betty Everett und Jackie DeShannon auf zahlreichen LPs. Bill Small meint dazu: «Die Searchers haben nie wirklich gerockt – wenn man sich ihre Sachen anhört, stößt man auf diese alles durchdringende Gedrücktheit; ich für mein Teil finde sie deshalb irgendwie gehemmt – sie lassen nie die Sau raus ... Das soll nicht heißen, daß sie nicht irgendwo doch eine Rock 'n' Roll-Gruppe waren, das waren sie sogar sehr wohl, aber man wird nie einen Searchers-Song mit einer derart vorsätzlichen und brutalen Power finden wie beispielsweise *I Ain't Got You* von den Yardbirds oder *Milk Cow Blues* von den Kinks.»

Die Searchers fanden um 1961 in Liverpool zusammen und arbeiteten zunächst als Begleitband des lokal bekannten Sängers Johnny Sandon. Dann machten sie sich, als Sandon zu

den Remo Four ging, in folgender Besetzung selbständig: Tony Jackson (bass, lead vocals; er wurde Anfang 1965 durch Frank Allen von den Rebel Rousers, der Begleitband von Cliff Bennett, ersetzt), Michael Pender und John McNally (beide guitar) und Chris Curtis (der 1969 ausschied und sich an einer Solokarriere und etlichen anderen Unternehmen versuchte). Ihre Lehrzeit rissen sie in den bekannten Schuppen des Liverpool-Hamburg-Circuits («Star-Club» inklusive) ab, bis im Juli 1963 ihre erste Single, eine annehmbare Cover-Version von *Sweets for My Sweet*, schlagartig auf den ersten Platz der britischen Charts kletterte. Ihr folgte dichtauf die EP «Ain't Gonna Kiss Ya», die immerhin auf den dreizehnten Platz kam, und noch eine Single, *Sugar and Spice*, die (seltsam genug) ausgiebige Anleihen bei *Sweets for My Sweet* machte – diese sehr große Ähnlichkeit hinderte das Stück aber keineswegs daran, bis auf den dritten Platz vorzustoßen. Ihre fünfte Single, *Needles and Pins*, eine elektrisierende Version des nicht besonders erfolgreichen Hits von Jackie DeShannon, katapultierte sie wieder auf den ersten Platz, wo sie *I Want to Hold Your Hand* entthronte und damit die neuerdings anglophilen Bosse von Kapp Records beeindruckte. Sie nahmen die Gruppe unter Vertrag, und *Needles and Pins* kam auch prompt in die amerikanischen Top Fifteen.

Dieses hoffnungsvolle Amerika-Debüt veranlaßte das Label Mercury, ein paar von ihren frühen Star-Club-Aufnahmen auszugraben, darunter auch *Sweets for My Sweet*, *Shakin' All Over* und zwei erfreuliche Buddy-Holly-Songs, die auf anderthalb LPs verteilt wurden, «Hear Hear» und «The Searchers Meet the Rattles»; und Liberty gelang mit *Sugar and Spice* ebenfalls ein Hit. Kapp konterte diese Erfolge auf anderen Labels schnell mit einem Album und der offiziellen Follow-up-Single *Don't Throw Your Love Away*, einem Stück, das ursprünglich von den Orlons stammte, in England wieder auf den ersten Platz kam und bei uns hier in die Top Twenty gelangte.

Es erschien ein zweites Album und dann eine weitere große Single, der von Barbara Lewis stammende Titel *Someday We're Gonna Love Again*, der vielleicht das beste Intro und zugleich die besten Harmoniefolgen aufweist, die sie je gebracht haben. Diese Scheibe war eine kommerzielle Enttäuschung. In England kam sie nicht einmal unter die ersten zehn, und in den USA erreichte sie lediglich den vierunddreißigsten Platz. In der Hoffnung, den Erfolg von *Needles and Pins* doch noch einmal wiederholen zu können, brachten die Searchers wieder einen Titel von Jackie DeShannon heraus, *When You Walk in the Room*, auf dem sich die Gitarre wieder stark nach den Byrds anhörte. In England kamen sie immerhin auf den fünften Platz, aber in den USA gelang es ihnen auch mit diesem Titel nicht, die Top Thirty zu knacken.

Glücklicherweise schob Kapp im Eilverfahren – noch bevor *When You Walk in the Room* wieder aus den Charts verschwunden war – eine Aufnahme nach, die ursprünglich auf der EP «Ain't Gonna Kiss Ya» erschienen war (und später in Australien ein Hit wurde): *Love Potion Number Nine*. Diese eingängige Version des alten Clovers-Hits war im Vergleich zu ihren früheren Hits zwar ziemlich lahm, aber der Humor dieses Stücks zog zusammen mit seinem kantenlosen Professionalismus die Aufmerksamkeit des Publikums auf sich und trug der Gruppe ihren größten amerikanischen Erfolg ein – Platz drei in den Charts.

Dann allerdings wurde es etwas verworren. Kapp versuchte, aus Malvina Reynolds Klagelied gegen die Atombombe, *What Have They Done to the Rain*, mit dem die Searchers im Januar 1965 in England wieder einen kapitalen Hit gelandet hatten, auch in den USA durch eine rasche Veröffentlichung Kapital zu schlagen (ihre Fassung dieses Titels war übrigens einer der ersten wirklichen Folkrock-Hits).

Er ließ sich ganz gut an, aber sobald es so aussah, als ob er nachlassen würde, brachte Kapp den LaVern Baker-Song *Bumble Bee* heraus, der auch wieder anfangs auf einen ordentlichen Erfolg hoffen ließ. Der Aufstieg dieses Titels wurde jedoch von dem unerklärlicherweise praktisch zeitgleich erschienenen (es lagen nur ein paar Wochen dazwischen) neuesten europäischen Hit behindert, dem Folk-gestylten *Goodbye My Lover*. Eine solche Searchers-satt-Situation mußte den Erfolgszug der Gruppe negativ beeinflussen. Keine von diesen drei Singles wurde deshalb ein ganz großer Treffer – sie kamen auf Platz 29, 21 und 52.

Bumble Bee erwies sich als der letzte wirkliche Hit für die Searchers auf unserer Seite des großen Teichs. Nach *Goodbye My Lover* kämpfte sich noch ein lahmes Liedchen, *He's Got No Love*, mit Mühe auf Platz 79 vor, wo ihm dann endgültig die Puste ausging (in England kam es immerhin auf den zehnten Platz), und das verhältnismäßig unscheinbare *Don't You Know Why* kam noch nicht einmal mehr in die Top 100. Die folgende Veröffentlichung, der Identitätskrisen-Folkrokker *Take Me For What I'm Worth*, hätte beinahe verlorenes Terrain wieder wettgemacht, blieb dann aber auf Platz 74 hängen.

Zwar war ihre große Zeit vorüber, aber die Searchers machten weiter und brachten in unregelmäßigen Abständen weitere Singles heraus. Im Mai 1966 landeten sie in England mit der Stones-Nummer *Take It Or Leave It* einen kleineren Hit, und im Herbst des gleichen Jahres drang eine Cover-Version des Hollies-Stücks *Have You Ever Loved Somebody* bis an die Ränder der britischen und amerikanischen Charts vor. Dann kam 1967 noch ein lustiges, wenn auch nicht besonders gehaltvolles Stückchen namens *Popcorn Double Feature*, eine Cover-Version von *Western Union* von den Five Americans, eine um ein Jahr verschobene Veröffentlichung des Brenda-Lee-Songs *Sweet Nothing* und eine Single namens *Umbrella Man* – und dann folgte das Schweigen im Walde.

Doch im Herbst 1971 tauchten die Searchers auf dem Label RCA mit *Desdemona* wieder in den Top 100 auf – so ungefähr auf Platz 94. Es handelte sich immer noch um dieselbe Gruppe. In den sechs Jahren, seit Tony Jackson die Searchers verlassen hatte, war nur ein weiterer gegangen (Chris Curtis). Trauriger weise handelte es sich bei dem Stück um ein nichtssagendes modernes Briten-Pop-Stückchen, irgendwo ganz annehmbar, aber auch nicht so, daß es einen vom Stuhl gerissen hätte, und ohne wirkliche Anklänge an ihre früheren Aufnahmen. Anfang 1972 brachten sie dann noch eine Single heraus, *Love Is Everywhere/And a Button*, beides entschieden bessere und sehr hübsch mit Folk-Elementen aufgepeppte Nummern. Eine weitere Single, *Sing Singer Sing*, brachte es in Bangkok im September 1972 in die dortigen Top Twenty, und zur Zeit ist in England auch wieder eine neue LP auf dem Markt. Jedenfalls machen die Searchers ungebrochen weiter, und es sind sogar Gerüchte im Umlauf, daß sie irgendwann 1973 zusammen mit anderen Gruppen aus der großen Zeit der britischen Invasion eine Revival-Package-Tournee machen werden.

Historisch gesehen sind die Searchers den unzähligen Gruppen zuzurechnen, die im Kielwasser der Beatles aus der Anglomanie jener Jahre Profit schlugen, ein paar Hits landeten und bald wieder verschwanden. Dennoch gebührt ihnen ein fester und dauerhafter Platz in der Rock-Geschichte der sechziger Jahre: Sie hatten einen unverwechselbaren Sound, erstklassige Harmonien und jene schon beim ersten Ton identifizierbaren Gitarren-Intros. Und sie brachten in ihrer großen Zeit eine lange Reihe wahrhaft denkwürdiger Singles zuwege. Ihre Leistung war aller Ehren wert, und sie sollte nicht in Vergessenheit geraten.

DISCOGRAPHIE

1963: Sweets for my sweet/It's all been a dream* Pye 7N 15533 (D-Vogue DV 14072)
1963: Sweet nothin'/What'd I say   Philips BF 1274 (D-Philips 345592)
1963: Sugar and spice/Saints and searchers Pye 15566 (D-Vogue DV 14093)
1963: Sugar and spice/sure know a lot about love Pye 15566
1964: Needles and pins/Saturday night out Pye 15594 (D-Vogue 14119)
1964: Don't throw your love away/I pretend I'm with you* Pye 15630 (D-Vogue DV 14147)
1964: Someday we're gonna love again/No one else could love you* Pye 15670
1964: When you walk in the room/I'll be missing you* Pye 15694 (D-Vogue DV 14211)
1964: What have they done to the rain/This feeling inside Pye 15739
1965: Goodbye my love/Till I met you*   Pye 15794 (D-Vogue DV 14328)
1965: He's got no love/So far away*   Pye 15878 (D-Vogue DV 14379)
1965: When I get home*/I'm never coming back* Pye 15950 (D-Vogue DV 14421)
1965: Take me for what I'm worth/Too many miles Pye 15992 (D-Vogue   )
1966: Take it or leave it*/Don't hide it away* Pye 17094 (D-Vogue   )
1966: Have you ever loved somebody/It's just the way* Pye 17170 (D-Vogue HT 300033)
1967: Popcorn double feature*/Lovers*   Pye 17225
1967: Western union*/I'll cry tomorrow*   Pye 17308 (D-Vogue   )
1967: Secondhand dealer*/Crazy dreams*   Pye 17424 (D-Vogue   )

1968: Umbrella man*/Over the weekend* Liberty 15159 (D-Liberty 15159)
1968: Shoot 'em up baby*/Suzanna*   Liberty 15202 (D-Liberty 15202)
1969: Kinky Kathy Abernathy*/Suzanna* Liberty 15240 (D-Liberty 15240)
1971: Desdemona/The world is waiting for tomorrow* RCA 2057 (D-RCA 74–16084)
1971: Love is everywhere*/And a button*   RCA 2139
(NB: «And a button» ist der erste Song der Searchers der länger als 5 Min. ist!)
1972: Sing singer sing*/Come on back to me* RCA 2231
1972: Needles and pins//When you walk in the room/Come on back to me   RCA 2248
(NB: Neue Einspielungen)
1972: Vahevala*/Madman*   RCA 2288
1973: Spicks and specks*/Solitaire*   RCA 2330
(NB: Die Searchers haben einen 2. Frühling auf Sire Records 1979–82)

Abweichende deutsche Singles:
1963: Sweets for my sweet/Listen to me D-Philips 345606
1963: Sick and tired/Led in the game D-Philips 345621
1963: Sugar and spice/Sweets for my sweet D-Vogue DV 12453
1963: Money/Hungry for love   D-Vogue DV 14111
1963: Süß ist sie*/Liebe*   D-Vogue DV 14116
1964: Tausend Nadelstiche*/Farmer John* D-Vogue DV 14130
1964: I sure know a lot about love/Don't you know   D-Star-Club 158500
1964: Someday we're gonna love again/Alright D-Vogue DV 14176
1964: Love potion no. 9/What have they done to the rain   D-Vogue DV 14277

1965: Verzeih my love*/Wenn ich dich seh*
　　　　　　　　　　　　　　D-Vogue DV 14338
1965: Farmer John/Tricky Dicky
　　　　　　　　　　　　　　D-Vogue DV 14365
1965: Bumble bee/If I could find someone
　　　　　　　　　　　　　　D-Vogue PV 15206
1966: I'm ready/Don't you know why
　　　　　　　　　　　　　　D-Vogue DV 14458
1972: Needles and pins/When you walk in the room　　　　　　　　D-RCA 74–16205
(NB: Beides sind neue Aufnahmen)

EPs:
1963: «*Ain't gonna kiss ya*» Ain't gonna kiss ya/Farmer John//Love potion no. 9/Alright
　　　　　　　　　　　　　　Pye NEP 24177
1963: «*Sweets for my sweet*» Sweets for my sweet/It's all been a dream*//Since you broke my heart/Money　　　　Pye NEP 24183
1964: «*Hungry for love*» Hungry for love/Don't cha know//Saturday night out/Saints and searchers　　　　　　　Pye NEP 24184
1964: «*The Searchers play the System*» The system/This empty place//Sea of heartbreak/Can't help forgiving you　　　Pye NEP 24201
1964: «*When you walk in the room*» When you walk in the room/I'll be missing you//Some day we're gonna love again/No one else could love me
　　　　　　　　　　　　　　Pye NEP 24204
1965: «*Bumble Bee*» Bumble Bee/Everything you do//Magic potion/If I could find someone
　　　　　　　　　　　　　　Pye NEP 24218
1965: «*Searchers '65*» What have they done to the rain/This feeling inside*//Goodbye my love/Till I met you*　　　　　Pye NEP 24222
1965: «*Four by four*» Till you say you'll be mine/I don't want to go on without you//Everybody come and clap your hands/You wanna make her happy　　　　Pye NEP 24228
1966: «*Take me for what I'm worth*» Take me for what I'm worth/Too many miles//Take it or leave it*/Don't hide it away*　　　Pye NEP 24263

Abweichende deutsche EPs:
1963: «*Hully gully*» Hully gully/Listen to me//Sweets for my sweet/Sweet nothin's
　　　　　　　　　　　　　　D-Philips PE 423469

1964: «*Sugar & spice*» Sugar and spice/Saints and searchers//Unhappy girls/Ain't that just like me　　　　　　　D-Vogue PNV 24112
1964: «*Some other guy*» Some other guy/Since you broke my heart//Don't you know/Hungry for love　　　　　　　D-Vogue PNV 24114
1964: «*Needles and pins*» Needles and pins/One of these days//Saturday night out/Ain't gonna kiss you　　　　　　　D-Vogue PNV 24116

Verschiedene:
1965: «*C'est arrivé comme ça*» C'est arrivé comme ça*/C'est de notre age*//Mais c'était un rêve*/Ils la chantaient*　　F-Vogue PNV 24121

LPs:
1963: «*Meet the Searchers*»　　　　Pye NPL 18086
1963: «*Sugar and spice*»　　　　　Pye NPL 18089
1964: «*It's the Searchers*»　　　　Pye NPL 18092
　　　　　　　　　　　　　　(D-Vogue LDV 17008)
1965: «*Sounds like the Searchers*» («The Searchers»)　　　　　　　　　Pye NPL 18111
　　　　　　　　　　　　　　(D-Vogue LDVS 17035)
1965: «*Take me for what I'm worth*»　Pye NPL 18120

1966: «*Smash Hits Vol 1*»　　Pye-Marble Arch 673
1967: «*Smash Hits Vol 2*»　　Pye-Marble Arch 689
1968: «*Smash Hits Vol 3*»　　Pye-Marble Arch 704
1970: «*History*» (2 record set)　Pye LDVS 17200
1972: «*Needles and pins*»　　　　Hallmark 203
1972: «*Second take*»　　　　　　RCA SF 8298
　　　　　　　　　　　　　　(D-RCA 1–8009)

Abweichende deutsche LPs:
1963: «*Sweets for my sweet – The Searchers live at the Star-Club*»　　　　D-Philips P 48052
1964: «*Needles and pins*» (NB: Mit 5 Beatles-Covers von Jan & the Zodiacs unter dem Namen The Searchers veröffentlicht)
　　　　　　　　　　　　　　D-Vogue LDV 17004
1972: «*Attention!*»　　　　　D-Fontana 6434122

Verschiedene:
1962: Beautiful dreamer/Sweet nothin'/Shakin' all over auf «*Twist im Star-Club*»–Compilation-LP　　　　　　　　　Philips BL 7578
　　　　　　　　　　　　　　(D-Philips 48036)

The Swinging Blue Jeans

Von Greg Shaw

Die Swinging Blue Jeans trafen im März 1964 mit *Hippy Hippy Shake* ins Schwarze, einem der ganz großen Einzelhits aller Zeiten. Es war wahrhaftig eine große Aufnahme, aber die nächste Veröffentlichung, *Good Golly Miss Molly* brachte es nur bis auf Platz 45, und das war so ungefähr auch schon alles, was man in Amerika je von den Swinging Blue Jeans gehört hat.

Sie waren eine der ersten Liverpooler Beatgruppen. Nach der Gründung 1960 gaben sie den «Trad» zugunsten eines gradlinigen, von Little Richard inspirierten Rock auf. Von allen frühen Merseybeat-Gruppen, deren Platten ich gehört habe, kamen nur sie – zusammen mit Faron's Flamingoes und ganz wenigen anderen Gruppen – der Fülle und der ungezügelten Energie der Beatles nahe. Ihr Sound war purer Merseybeat, wie ich ihn verstehe.

Hippy Hippy Shake ist in jeder Version ein phantastisches Stück, aber das Original ist nach wie vor kaum zu schlagen. Auch *Good Golly Miss Molly* ist ein gutes Beispiel dafür, wie der Merseybeat einen anscheinend verschlissenen Song in einen Diskotheken-Knüller verwandeln konnte. Nach diesen beiden Veröffentlichungen schienen die Swinging Blue Jeans ernstzunehmende Konkurrenten der übrigen britischen Gruppen zu sein, die scharenweise auf den amerikanischen Markt kamen, und gut im Rennen zu liegen.

Es kam auch ein Album von ihnen heraus, ein Album, von dem ich glaubte, daß ich es hassen würde, nachdem man mir jahrelang erzählt hatte, wie lausig es sei. Aber als ich es vor ungefähr einem Jahr aufgetrieben hatte, liebte ich es von Anfang an heiß und innig. Sicher – es enthält auch ein paar Luschen wie *Angie*, *Think Of Me* und eine armselige Version von *Save the Last Dance For Me*, aber was wiegt das schon gegen die beiden Hits, eine ordentliche Origineinspielung von *It's Too Late Now* und drei aufeinanderfolgenden phantastischen Rock-Nummern auf der zweiten Seite: *Shaking Feeling*, ein wilder Upbeat-Titel und ebenfalls eine Originalaufnahme, ein merseyfiziertes *Shake Rattle & Roll* und eine gute Version von *Shakin' All Over*. Das sind vier «Shakes» hintereinander, wenn man *Hippy Hippy Shake* mitrechnet, und wenn sie in dieser Tour weitergemacht hätten, wie es die Kinks mit ihren «K»-Titeln gehalten haben, und eine ganze Reihe von «Shake-»Titeln produziert hätten, und wenn sie vielleicht am Schluß als Höhepunkt einen Sampler mit ihren «Great Shakes» herausgebracht hätten, was für ein Erbe hätten sie uns hinterlassen!

Aber irgendwie lief es für die Swinging Blue Jeans schief. Ihre dritte Single *You're No Good* (von Clint Ballard) war etwas langsamer, hatte aber immer noch ziemlich viel Biß. Sie war besser als alles von Gerry & the Pacemakers, aber sie kratzte die amerikanischen Charts kaum an, obwohl sie in England bis auf Platz fünf kletterte.

Vielleicht war das Ganze ein Management-Problem. Ich kann mich des Eindrucks nicht erwehren, daß sie unter Brian Epstein viel besser abgeschnitten hätten. Ihre Musik war jedenfalls bestimmt nicht dran schuld. Ihre nächste Veröffentlichung, *Tutti Frutti*, war wie alle folgenden Erscheinungen – Gott sei Dank waren es noch viele – ein Flop. Ein weiterer Song von Clint Ballard, *It Isn't There*, klingt wie ein Hit, wurde aber keiner. Im Lauf der Zeit wurde ihre Musik glatter, raffinierter und kommerzieller (was beispielsweise an der ausgezeichneten 1966er Nummer *What Can I Do Today* deutlich wird). Ihr *Rumors, Gossip, Words Untrue* und dessen B-Seite *Now the Summer's Gone* hörte sich wie eine seltsame Mischung aus Merseybeat und Beach Boys an, komplett mit Brian-Wilson-Harmonien und allem Drum und Dran, und auf der folgenden Veröffentlichung, *Tremblin'* (ihrer letzten US-Single), klingen sie nervtötend nach den Hollies, vielleicht wegen ihres Sängers Terry Sylvester, der vor kurzem von den Escorts zu ihnen gestoßen und schon wieder drauf und dran war, zu ebendieser Gruppe weiterzuwechseln.

In den Annalen der Rock-Geschichte kommen die Swinging Blue Jeans schändlich kurz weg! Ihre Platten sind heute kaum noch aufzutreiben, doch sieht es kaum danach aus, daß sie noch ein Ramsch-Revival erleben, wie es den Troggs vor kurzem vergönnt gewesen ist. Zu schade.

DISCOGRAPHIE

The Swinging Blue Jeans:
Singles:
1963: It's too late now/Think of me — HMV 1174
1963: Do you know/Angie — HMV 1206
1963: Hippy Hippy shake/Now I must go — HMV 1242
(D-Electrola 22657)
1964: Good golly Miss Molly/Shakin' feeling — HMV 1273
(D-Electrola 22693)
1964: You're no good/Don't you worry about me — HMV 1304
(D-Electrola 22744)
1964: Promise you'll tell her*/It's so right — HMV 1327
(D-Electrola 22793)
1964: It isn't there*/One of these days* — HMV 1375
1965: Make me know you're mine*/I've got a girl* — HMV 1409
(D-Electrola 22955)
1965: Crazy 'bout my baby*/Good lovin'* — HMV 1477
1966: Don't make me over*/What can I do today* — HMV 1501
1966: Sandy*/I'm gonna have you* — HMV 1533
1966: Rumours, gossip, words untrue*/Now the summer's gone* — HMV 1564
1967: Tremblin'*/Something's coming along* — HMV 1596
(D-Electrola 23550)
1967: Don't go out into the rain*/One woman man* — HMV 1605

Abweichende deutsche Singles:
1964: Good golly Miss Molly/Das ist prima — D-Electrola 22734 & D-Columbia C 22734
1964: Tutti Frutti/Das ist vorbei* — D-Columbia C 22870
(NB: Good golly Miss Molly und Tutti Frutti haben beide einen deutschen Text)
1968: Hippy Hippy shake/Lawdy Miss Clawdy — D-Electrola 23607

EPs:
1963: «Shake» Hippy hippy shake/Shaking all over// Shake, rattle and roll/Shakin' feeling — HMV EG 8850
1964: «You're no good Miss Molly» You're no good/ Don't you worry about me//Good golly Miss Molly/Angie — HMV EG 8868

LPs:
1964: «Blue Jeans a-swinging» — HMV CLP 1802

Abweichende deutsche LPs:
1964: «Shaking time» — D-Electrola E 83716
1965: «Hey hey hey hey – live aus dem Cascade Club in Köln» — D-Electrola SME 83927

Verschiedene:
1964: Wasting time auf «Hippy Hippy Shake»-LP — US-Imperial 9261

Als **Ray Ennis & the Blue Jeans:**
1968: What have they done to Hazel*/Now that you've got me* — Columbia DB 8431

Als **The Blue Jeans:**
1969: Sandfly*/Hey Mrs housewife* — Columbia DB 8555

Als **Music Motor:**
1970: Happy I am*/Where going* — Deram DM 282

Billy J. Kramer

Von Tom Bingham

Von der britischen Invasion mit am besten in Erinnerung geblieben sind die Bilder vom Auftritt von Billy J. Kramer in der «Ed Sullivan Show». Wie üblich war das Publikum voller kreischender Teenyboppers, die ihrer Verzückung und Verehrung – offensichtlich auf Kommando und an unmotivierten Stellen – lautstarken Ausdruck gaben. Und inmitten des ganzen Trubels stand ein scheuer, schwach lächelnder Briten-Jüngling, der tapfer weitersang und so tat, als ginge ihn der ganze Rummel um ihn herum gar nichts an.

Das war 1964, und die britischen Beatgruppen beherrschten die Szene. «Gruppe», das war damals das Zauberwort. Selbst wenn ein Briten-Act dieser ersten Welle als Star plus Begleitgruppe firmierte, wie etwa Gerry & the Pacemakers, war es ein Muß, den Gruppencharakter herauszustreichen. Und obwohl er im allgemeinen auch gehörig herausgestrichen wurde, habt ihr von den Dakotas so gut wie nichts gesehen oder gehört, oder? Sicher – sie waren auf den Platten zu hören, aber sie zählten eigentlich nicht. Wenn sich Kramer wesentlich länger gehalten hätte, wäre er, und das ist so sicher wie das Amen in der Kirche, bestimmt in Streicherklängen ersoffen und die Dakotas damit noch mehr in den Hintergrund abgedrängt oder völlig abgeschafft worden. Sie werden bezeichnenderweise auf keinem der drei US-Alben genannt und ebensowenig in sämtlichen Presseberichten über Kramer, die ich gelesen habe.

Kramer, der aus Liverpool stammt, hatte Verbindungen zu einer anderen – und etwas besser bekannten – Gruppe, den Beatles, die ihn mit ein paar Songs belieferten (einschließlich des ersten seiner drei englischen Hits, *Do You Want to Know a Secret* im Mai 1963, *Bad to Me* und *I'll Keep You Satisfied*, allesamt monströse Erfolge). Mit den Beatles hatte er den Manager (Brian Epstein) und den Produzenten (George Martin) gemeinsam. Aber wie auch im Fall von Cilla Black übertrug die Beatles-Magie in den USA sich nicht auf Kramer, und er verschwand nach einer kurzen Erfolgszeit schnell wieder aus den Charts.

Ein möglicher Grund für seinen ziemlich schnellen Abgang war seine Nichtbetonung nicht etwa nur des Gruppen-Images, sondern auch des «Beat» als solchem. Selbst mittelschnelle und schnelle Songs ging er wie eine Ballade an. Er konnte sein balladeskes Phrasing und Gefühl für Timing nie ganz überdecken. Man höre sich zum Beispiel das mittelschnelle *From the Window* an – ziemlich romantisch, oder nicht? Er konnte schon mal auf die Tube drücken – wie bei *When You Walk in the Room* –, aber auch das klang immer noch höflich, harmlos und «akzeptabel».

Dieser Hang zur Ballade bestimmte auch die Auswahl der Oldies, die er sich vornahm. Jede britische Gruppe bot uns damals abgewandelte Versionen bekannter und beliebter Stücke von Künstlern wie Berry, Perkins oder Penniman an. Anscheinend hielt es George Martin für klug, daß sich auch Kramer an diesen Trend anhängte, und auf der ersten LP finden sich denn auch Titel wie *Great Balls of Fire* und *Da Doo Ron Ron* (!). Das zweite Album brachte uns dafür «Klassiker» des Rock 'n' Roll wie *The Twelfth of Never* und *Anything That's Part of You*. Und auf der dritten LP finden wir *Twilight Time* und *Under the Boardwalk*, nicht gerade Titel, die einen vom Stuhl reißen.

Das Album «Little Children» vom Juli 1964 habe ich nie gehört, aber ich möchte doch annehmen, daß es den Sound brachte, der auf den anderen beiden entwickelt worden war. Auf ihm war *Do You Want to Know a Secret* zu finden, der Titel, mit dem sich Kramer beim amerikanischen Publikum eingeführt hatte, bevor einige Monate darauf das Beatles-Fieber voll ausbrach, und außerdem die Doppel-Hit-Single, die, wie es damals aussah, Kramer auf Dauer in den USA etablieren würde: *Little Children/Bad to Me*. Seine vierte amerikanische Veröffentlichung, *I'll Keep You Satisfied*, ist ebenfalls auf der ersten LP zu finden.

Letzteres Stück taucht unvermutet auch als Ko-Titelsong seines zweiten Albums vom Oktober 1964 auf, «I'll Keep You Satisfied/From a Window» – eine Kombination, die mehr als nur ein paar undruckbare Witze produziert hat. Die Platte fängt mit ziemlich hartem Rock 'n' Roll an, mit Versionen von *Satisfied*, dem oft aufgenommenen *I Call Your Name*, das vor dem ziemlich starken Gitarrensolo ein heißes Piano-Break bringt, und dazu noch eine ziemlich dürftige Upbeat-Version des Stephan-Foster-Titels *Beautiful Dreamer*. *Twelfth of Never* ist schwach, läßt sich aber anhören, *Sugar Babe* ist das wildeste Stück, das ich ihn je habe singen hören (selbst wenn er in der zweiten Strophe beinahe wieder in seinen Balladen-Stil verfällt), und die erste Seite endet mit einem kurzen (1:10) Lennon-McCartney-Calypso, *I'll Be On My Way*, der besten Einspielung auf dieser Seite.

Höhepunkt der Seite zwei ist das typische Lennon–McCartney-Stück *From a Window*, mit großartiger Phrasierung eines guten Texts, getragen von einer starken Melodie. Dieses Stück, das auch von Chad & Jeremey als Single herausgebracht wurde, schien dazu bestimmt, auf schnellstem Wege zum Standard zu werden, ist aber heute kaum noch zu hören. Weitere Tracks: ein sehr melodiebetontes *Second to None*, eine schwache Presley-Imitation bei *Anything That's Part of You*, ein mit unsinnigen Gimmicks geschlagenes *Yes* und der Titel *Still Sisters*, ein Vorläufer des dritten Albums, der Kramer in einer tieferen Stimmlage zeigt, aber von unangebrachten und unangenehmen Vokal-Tricks verdorben wird. Das Album endet (zur allgemeinen Überraschung) mit einem Instrumental der Dakotas. *The Cruel Surf*, das starke Shadows-Anklänge aufweist, ist sogar das beste Stück der ganzen LP und einer der besten Surf-Instrumentals aller Gruppen und aller Länder. Das Stück, das ursprünglich *The Cruel Sea* hieß, aber mit Blick auf den amerikanischen Markt in der Hoffnung umbenannt wurde, sich dort an den Surf-Instrumental-Boom anhängen zu können, war Ende 1963 ein großer Hit in England und wurde in den USA als Single auf den Markt gebracht, aber ohne Erfolg.

«Trains and Boats and Planes» vom Dezember 1965 (also über ein Jahr später erschienen) ist ein viel besseres

Kramer-Album. Seine Stimme ist jetzt tiefer und um etliches stärker, und obwohl ein paar von den Songs durch und durch trivial sind, ist sein Vortrag gut genug, um das wieder auszugleichen. Auf dem Titel-Track sind zum ersten (und bei den LPs zum letzten) Mal Streicher eingesetzt, und es ist ein guter Song, wie es Bacharach/David-Songs so an sich haben; und er deutet die Richtung an, in die Kramer marschieren wollte. *Mad Mad World* ist typisch für diese Platte, eine mittelschnelle Ballade mit romantischer Phrasierung vor einem gemäßigten Hard-Rock-Hintergrund. *When You Walk in the Room* ist die härteste Einspielung der ganzen LP und kommt ganz ordentlich rüber. *Don't Do It No More* klingt wie ein typischer 64er Beatles-Song, nur daß gar keine Beatles-Songs auf dieser Platte zu finden sind. Damit hätte man mich jederzeit reinlegen können. Die letzten beiden Tracks, *Tennessee Waltz* und *Irresistible You*, sind mit entsetzlichem Weibergekreische garnierte «Live»-Aufnahmen; wenn auf diesen Tracks irgend etwas Bemerkenswertes geschehen sein sollte, wird es von dem Krach völlig zugedeckt. Trotzdem – vorstellen kann ich mir Kramer schon, wie er da steht und unbeeindruckt von alledem singt.

Je besser sein Gesang wurde, desto professioneller wurde der Sound der

Platten. Das vergleichsweise raffinierte Album «Trains and Boats and Planes» führte diesen neuen Kramer-Sound ein, der in den USA nie richtig Fuß fassen konnte. Solange er leichtgewichtige Teenage-Rock-Stücke gesungen hatte, konnte er so tun, als ob es sich um eine der so beliebten «Gruppen» handelte, und sich damit seine Popularität bewahren. Aber als er sich auch im gesetzteren Erwachsenen-Genre versuchte, ließen ihn seine amerikanischen Fans im Stich. Anscheinend hatte er in England genug Statur gewonnen, um seine eigene Fernsehshow noch einige Jahre über die Runden zu retten und noch etliche Singles herausbringen zu können, von denen zumindest eine ganz amüsant war (*Tom Of Tuxley Toymaker*, das 1967 von den Bee Gees für ihn geschrieben wurde). Das letzte, was ich von ihm gehört habe, und das ist schon länger her, war, daß Kramer in England und Südafrika durch Nachtklubs und Kabaretts tingelt. Allerdings ohne das Gekreische der Mädchen.

Billy J. Kramer war nicht gerade der beste Sänger der Welt, aber er machte immerhin stetige Fortschritte. In den anderthalb Jahren, in denen er in den USA populär war, hat er einige exzellente Singles und drei ziemlich gemischte LPs herausgebracht. Der Grund, warum ihn die kreischenden Mädchen völlig kalt ließen, war vielleicht, daß er sie nur als Sparringspartner für eine zukünftige Karriere als Nachtklub-Star (à la Tom Jones) betrachtete. Seine Platten lassen dies als plausible Vermutung erscheinen. Aber wie dem auch gewesen sein mag – 1964 war einfach kein Platz da für einen britischen Solosänger, sosehr er uns auch versprechen mochte, «uns vom Fenster aus zu befriedigen».

DISCOGRAPHIE

Billy J. Kramer and the Dakotas (bis 1968)

Singles:
- 1963: Do you want to know a secret*/I'll be on my way*   Parlophone R 5023 (D-Odeon O 22484)
- 1963: Bad to me*/I call your name   Parlophone R 5049 (D-Odeon O 22587)
- 1963: I'll keep you satisfied*/I know   Parlophone R 5073
- 1964: Little children*/They remind me of you*   Parlophone R 5105
- 1964: From a window*/Second to none*   Parlophone R 5156
- 1965: It's gotta last forever*/Don't you do it no more*   Parlophone R 5234
- 1965: Trains and boats and planes*/That's the way I feel*   Parlophone R 5285
- 1965: Neon city*/I'll be doggone*   Parlophone R 5362
- 1966: We're doing fine*/Forgive me*   Parlophone R 5408
- 1966: You make me feel like someone*/Take my hand*   Parlophone R 5482

Als **Billy J. Kramer:**
- 1967: Sorry*/Going going gone*   Parlophone R 5552
- 1967: Town of Tuxley toymaker part 1*/Chinese girl*   Reaction 591014 (D-Polydor 59075)
- 1968: Colour of my love*/I'm running away*   MGM 1474
- 1968: 1941*/His love is just a lie*   Nems 56–3396
- 1968: A world without love*/Going through it*   Nems 56–3635

EPs:
- 1963: «*The Kramer hits*» Do you want to know a secret*/I'll be on my way*//Bad to me*/I call your name   Parlophone GEP 8885
- 1963: «*I'll keep you satisfied*» I'll keep you satisfied*/I know//Dance with me/It's up to you   Parlophone GEP 8895
- 1964: «*I'll keep you satisfied no. 2*» Little children*/They remind me of you*//Beautiful dreamer/I call your name   Parlophone GEP 8907
- 1964: «*From a window*» From a window*/Second to none*//Dance with me/The twelfth of never   Parlophone GEP 8921
- 1965: «*Billy J. plays the States*» Sugar babe*/Twilight time*//Tennessee waltz*/Irresistible you*   Parlophone GEP 8928

LPs:
- 1964: «*Listen*»   Parlophone PMC 1209 (D-Odeon SMO 84011)

Verschiedene:
- 1965: «*Trains and boats and planes*» (NB: Enthält eine Reihe von in England nicht veröffentlichten Liedern)   US-Imperial LP 12291
- 1965: «*Trains and boats and planes*» (NB: Enthält noch 2 weitere in England nicht veröffentlichte Lieder.)   CAN-Capitol T 6061

The Dakotas solo:

Singles:
- 1963: The cruel sea/The millionaire   Parlophone R 5044
- 1963: Magic carpet/Humdigger   Parlophone R 5064
- 1964: Oyeh/My girl Josephine   Parlophone R 5203
- 1967: I'm 'n' 'ardworking Barrow boy/71 lbs. of potatoes   Page One 018
- 1968: Can't break the news/The spider and the fly   Philips 1645

EPs:
- 1963: «*The Dakotas*» The cruel sea/The millionaire//Magic carpet/Humdigger   Parlophone GEP 8888

Gerry and the Pacemakers

Von Mike Saunders

Gerry & the Pacemakers haben nicht ein einziges gutes Album gemacht und waren als Band *an sich* eher schauderhaft. Normalerweise werden sie in einem Atemzug mit so platten Kommerzialisierern der Briten-Invasion genannt wie Herman's Hermits und Freddie & the Dreamers. Aber diese Einschätzung ist, wenn man mich fragt, denn doch zu unfair. Gegen alle Vorurteile mag ich Gerry & the Pacemakers doch irgendwie. Die meisten von ihren Singles waren Musterbeispiele für den Mersey-Sound und, alles in allem, gar nicht mal *so* schlecht. Sie fingen Ende der fünfziger, Anfang der sechziger Jahre an und landeten im April 1963 mit *How Do You Do It* einen Nummer-eins-Hit, dem sie einen weiteren Charts-Spitzenreiter folgen ließen, *I Like It* – beides unschuldige und gefällige, schnelle Merseybeat-Nummern. Dann wandten sie sich den Balladen zu und kamen mit der dritten Veröffentlichung nacheinander, *You'll Never Walk Alone* von den Carousels, wieder auf den ersten Platz der Charts. Dann kehrten sie zum Beat zurück und landeten mit *I'm the One* nur auf Platz zwei. Im Sommer 1964 legten sie dann mit der Ray-Charles-Ballade *Don't Let the Sun Catch You Crying* den Grund für ihre Popularität in den Staaten und kassierten mit *How Do You Do It* und *I Like It* zwei schnelle Erfolge – beide Titel schafften es in die amerikanischen Top Twenty.

Dann kam *Ferry Across the Mersey*, geschrieben von Gerry Marsden. Ihr erster Versuch, eigenes Material auf einer A-Seite zu verwenden, war eine ganz nette Ballade. Die Scheibe wurde ein enormer Erfolg (Platz zehn in England und den USA), woraufhin die Gruppe einen Film gleichen Namens machte. Im Vergleich zum durchschnittlichen Rock-Film von 1965 (etwa den schrecklichen Produktionen mit der Dave Clark Five oder Freddie & the Dreamers) war «Ferry Across the Mersey» ein respektables Stück Unterhaltung. Im Zentrum der Handlung steht ein Krieg der Bands, in dem sie auf Leben oder Tod um Starruhm und Erfolg kämpfen. Der Film endet damit, daß die triumphierenden Pacemakers durch ihre neue Single *It's Gonna Be Alright* fetzen, einen großen Leichtgewichts-Rocktitel, der von Gerry persönlich geschrieben wurde. Damals war das für mich eine ziemlich aufregende Platte – und heute ist sie immer noch gut. Ihr wißt jedenfalls, was ich meine: Die Jungs spielen ihren neuen Titel, der auch wieder ein großer Hit wird ...

Was aber nicht passierte. *It's Gonna Be Alright* schaffte sich nur mit Mühe und Not an die amerikanischen Top Thirty ran, und das bedeutete für Gerry & the Pacemakers das Aus. Danach hatten sie in den USA nie wieder einen großen Hit. In England kamen ihre Singles übrigens in anderer Reihenfolge heraus. *It's Gonna Be Alright* war dort schon ein halbes Jahr vor der US-Version erschienen und hatte sich als ihr bis dahin schlimmster Blindgänger erwiesen. *Ferry Across the Mersey*, ebenfalls einen Monat früher als in den USA erschienen, kam immerhin auf den siebten Platz, aber *I'll Be There*, wieder Monate *nach* der US-Single erschienen, schnitt erbärmlich ab, und die letzte Platte, die sie in den englischen Charts hatten, war *We'll Walk Hand in Hand* im Dezember 1965.

In den USA bildeten drei reinrassige Balladen den Schwanengesang für die Gruppe; *You'll Never Walk Alone*, *Give All Your Love to Me* und *Walk Hand in Hand*, die schluckzessive schlechter liefen; die letzte von den dreien kam gar nicht mehr in die Charts. Ein Upbeat-Trivialstückchen namens *La La La* kam Anfang 1966 gerade noch an die Top 100 heran, und ein Pop-Song, *Girl on a Swing*, schaffte es im Oktober des gleichen Jahres, ein letztes Mal unverdient in die amerikanischen Top Thirty. Kurz danach zerbrach die Gruppe; Gerry machte ein paar Solo-Aufnahmen und zog anschließend die übliche «der berühmte Sowieso von der Gruppe Sowieso»-Routine in irgendwelchen Kabaretts ab. Und das war's dann für diese Gruppe, die einmal hinter den Beatles mit den Dave Clark Five um den zweiten Platz in der Gunst des amerikanischen Publikums gekämpft hatte.

Ich kann mich übrigens nicht mehr daran erinnern, ob die Pacemakers den Krieg der Bands gewonnen oder verloren haben. Ich glaube, sie hätten ihn verloren, selbst wenn ihre Mammis im Publikum gesessen und kräftig mitgekreischt hätten.

DISCOGRAPHIE

1963: How do you do it*/Away from you*
Columbia DB 4987
(D-Columbia C 22415)
1963: I like it*/It's happened to me*
Columbia DB 7041
1963: You'll never walk alone/It's alright*
Columbia DB 7126
1964: I'm the one*/You've got what I like*
Columbia DB 7189
1964: Don't let the sun catch you crying*/
Show me that you care* Columbia DB 7268
1964: It's gonna be alright*/It's just because*
Columbia DB 7353
(D-Columbia C 22808)
1965: Ferry cross the Mersey/You you you
Columbia DB 7437
1965: I'll be there/Baby you're so good to me*
Columbia DB 7504
1965: We'll walk hand in hand/Dreams*
Columbia DB 7738

1966: La la la*/Without you* Columbia DB 7835
1966: Girl on a swing*/Fool to myself*
Columbia DB 8044

Abweichende deutsche Singles:
1965: Pretend*/Why oh why*
D-Columbia C 22929

Verschiedene:
1965: It's gonna be alright*/*Skinnie Minnie**
US-Laurie 3293
1966: Girl on a swing*/*The way you look tonight**
US-Laurie 3354
1967: Looking for my life*/*The big bright green pleasure machine*
US-Laurie 3370

EPs:
1963: *«How do you do it?»* How do
you do it?*/Away from you*//I like it*
It's happened to me* Columbia SEG 8257
1964: *«I'm the one»* I'm the one*/
You've got what I like*//You can't fool me*/
Don't you ever Columbia SEG 8303
1964: *«Don't let the sun catch you crying»* Don't let the sun catch you crying*/
Show me that you care*//Summertime/
Where have you been Columbia SEG 8346
1964 *«It's gonna be alright»* It's gonna
be alright/It's just because*//Maybellene/
You're the reason Columbia SEG 8367
1965: *«Gerry in California»* Skinnie
Miss Lizzy*/My babe*//Away from you*/
What'd I say* Columbia
1965: *«Ferry cross the Mersey»* It's gonna
be alright/I'll wait for you//You you
you/Ferry cross the Mersey
Columbia
1965: *«Rip it up»* Rip it up*/Reelin'
and rockin'*//Whole lotta shakin'
goin' on You win again*
Columbia SEG 8426

LPs:
1963: *«How do you like it?»* Columbia SX 1546
1965: *«Ferry cross the Mersey»* Columbia
[N. B. Soundtrack zum gleichnamigen Film mit neuen Stücken von Gerry and the Pacemakers und je einem Stück von Cilla Black, The Fourmost and The George Martin Orchestra]

Liverpool Leftovers

Von Greg Shaw

1962 gab es in Liverpool schätzungsweise über dreihundert aktive Gruppen. 1964 lag ihre Zahl wahrscheinlich näher an tausend. Es wäre witzlos, sie alle aufzählen zu wollen; ich habe mich statt dessen dafür entschieden, mich nur mit denjenigen zu befassen, die irgendwann einmal eine Platte aufgenommen haben, und von denen war ohnehin nur ein Bruchteil gut. Bill Harry, der ehemalige Herausgeber von «Merseybeat», schätzt (in seinem ein Jahrzehnt später in «Let It Rock», zweite Ausgabe 1972, erschienenen ausgezeichneten Artikel über die Liverpooler Szene), daß von den Liverpooler Gruppen insgesamt nicht mehr als zweihundert Platten aufgenommen wurden, einschließlich derjenigen, die in Deutschland eingespielt wurden, und daß viele davon nie erschienen sind.

Im allgemeinen waren die besten Liverpooler Gruppen diejenigen, die schon in den ersten Tagen der Merseybeat-Explosion von den großen Plattenfirmen geschnappt wurden. Die übrigen landeten bei diversen kleineren Labels, und obwohl die meisten von ihnen in den Staaten auf den Markt kamen, sind diese Platten heute extrem schwer aufzutreiben. Die Ausnahme bilden zwei Sampler, die von Ember und Oriole vor Ort aufgenommen wurden, letzterer als Zusammenschnitt von zwei englischen zu einer für den amerikanischen Markt aufbereiteten LP. Das Ember-Album vereinte Earl Preston's Realms, die Michael Allen Group und die Richmond Group, alle live im «Cavern» mitgeschnitten und vom örtlichen Spitzen-DJ Bob Wooler angesagt. Die ganze Angelegenheit ist ziemlich mittelmäßig. Die Scheibe erschien hier bei uns auf Capitol (2544) unter dem Titel «Where It All Began». Eine viel bessere Live-Aufnahme aus dem «Cavern», ebenfalls Wooler-Ansagen, ist nur in England erschienen. Auf «At The Cavern» (Decca LK 4597) sind die Big Three, die Marauders, die Fortunes, Beryl Marsden, die Dennisons, Heinz, Dave Berry & the Cruisers, Lee Curtis & the All Stars und Bern Elliott & the Fenmen zu hören.

Der beste Liverpool-Sampler von allen – und außerdem noch am ehesten zu finden, wenn man gründlich genug sucht – ist aber «The Exciting New Liverpool Sound» (Columbia

CL 2172), der aus den in England von Oriole veröffentlichten LPs der Reihe «This Is the Mersey Beat» zusammengestellt wurde. Er beginnt mit einer gesprochenen dreiminütigen Einführung in die Mersey-Szene und leitet dann über zu *Let's Stomp* von Faron's Flamingos, einem der wildesten instrumentalen Liverpool-Rocker. Sonny Webb & the Cascades, die ihre Musik als «Rockabilly» bezeichneten, tragen drei gute Songs bei, *You've Got Everything, Border of the Blues* und *Who Shot Sam*, den Klassiker von George Jones. Die Del Renas sind mit *Sigh, Cry, Almost Die* und *When Will I Be Loved* vertreten. Die Anklänge an die Everly Brothers sind kein Wunder. Mark Peters & the Silhouettes bringen den gefälligen Rock-Titel *Someday*, und abgerundet wird das Ganze von Earl Preston & the T.T.s, die sich bei *All Around the World* (von Little Richard) besser anhören als die Realms, sowie von Rory Storm & the Hurricanes, die sich erbarmungslos an *I Can Tell* vergreifen. Nach diesem Song zu urteilen, konnte Storm überhaupt nicht singen, was ihre langjährige Beliebtheit in Liverpool eher rätselhaft erscheinen läßt.

Ebenfalls auf diesem Album zu hören sind zwei Songs von Ian & the Zodiacs, denen es zu unserem Glück gelang, eine eigene LP herauszubringen (die – seltsam genug – nur in den USA und Deutschland veröffentlicht worden ist). Es war eine harmoniebewußte Gruppe, die vom Sound her den Searchers sehr nahe stand. Sie wurde ziemlich spät gegründet (1963) und hatte ihren Start im «Star-Club». Sie kombinierte ein Interesse an den Everly Brothers und Bacharach/David mit einer soliden Rhythmusgruppe und einem guten

Gitarrenspiel, woraus viele exzellente Aufnahmen resultierten. Ihre LP (Philips PHS 600–176, eine der wenigen echten Stereo-Einspielungen dieser Zeit) ist ein Klassiker und eines meiner Lieblings-Alben; es enthält ein Arrangement von *Good Morning Little Schoolgirl*, das ihnen die Yardbirds ein Jahr später schamlos klauten, ein ausgezeichnetes *Rockin' Robin*, eine gute Rock-Nummer namens *Jump Back*, eine hörenswerte Version von *Hard Day's Night*, ein ordentliches *Baby, I Need Your Lovin'* und ihre zwei Beinahe-Hit-Balladen *This Empty Place* und *The Crying Game* (auch für Dave Berry ein Hit), dann die solide Beat-Nummer Clarabella und einen unglaublich guten, Pop-Hit-verdächtigen Jagger/Richard-Song, der auch von den Mighty Avengers aufgenommen wurde und so gut wie das Beste von den Searchers ist: *So Much In Love With You*. Eine geradezu unheimliche Ähnlichkeit. Und nicht nur das: Ian & the Zodiacs hatten weitere Singles, die nicht auf dem Album zu finden sind, etwa das von Jerry Lee Lewis geschriebene *Livin' Lovin' Wreck* (Philips 40244).

Eine weitere ausgezeichnete Mersey-Gruppe waren die Escorts, die schon vor den Beatles lokale Hits verbuchen konnten. Ihr *Dizzy Miss Lizzy* ist zwar nicht die beste Version, aber sie rockt. Sie hatten nur ein paar Veröffentlichungen, bevor Terry Sylvester die Gruppe Anfang 1966 verließ, um zu den Swinging Blue Jeans zu wechseln und von dort zu den Hollies zu gehen (wo er heute noch ist), und eine LP brachten sie nie raus, doch sind bei uns zumindest zwei Singles von ihnen erschienen (auf Fontana), nach denen zu suchen sich lohnt. Eine Erwähnung wert sind auch die Cry-

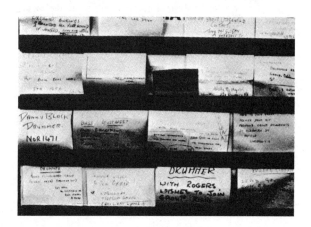

in' Shames (nicht zu verwechseln mit den Cryan Shames, einer US-Gruppe aus Chicago, die auf Destination ungefähr um dieselbe Zeit – 1966 – *Sugar and Spice* herausbrachte). Obwohl sie nur zwei Singles gemacht haben, sind sie wegen ihres reich strukturierten frühen Moodies-Sounds von *Please Stay* (einem alten Drifters-Song) unvergessen, sicherlich eine der unvergänglichen Produktionsleistungen von Joe Meek. Auch die B-Seite ist eine echte Überraschung – ein Punk-Rock-Song auf der Basis eines Dylan-Stücks von dessen LP «Highway 61».

Von den größten Mersey-Gruppen hatten nicht nur wenige außerhalb von Liverpool Erfolg, es waren nach meiner Meinung auch nur wenige davon wirklich gut. Die vielgerühmten Big Three haben mit dem *Cavern Stomp* eine Lokal-Hymne aufgenommen und hatten mit *Some Other Guy* auf Decca einen kleineren Hit, aber ihre Platten klingen für mich steif und leblos und sind überdies noch sehr schlecht gesungen. Die Gruppe machte im Lauf der Jahre viele Umbesetzungen durch und umfaßte zeitweise viele in der Liverpooler Szene bekannte Musiker. Von der ursprünglichen Besetzung (die soeben auf der englischen Polydor eine schauderhafte Reunion-LP herausgebracht hat) wurde Adrian Barber der Produzent der Vanilla Fudge, und Jonny Gustafson ging zu den Merseybeats.

Auch die Merseybeats sind eine Gruppe, die mich kalt läßt. Sie waren mindestens von 1963 bis 1968 zusammen, machten ein Album, das in den USA nicht veröffentlicht worden ist, und außerdem massenhaft Singles. Sie waren auch eine von diesen Gruppen, deren Besetzung sich laufend änderte, und brachten keine einzige wirklich hervorragende Platte zuwege. Immerhin aber hatten sie die ersten englischen Versionen von *Mr. Moonlight* und *Fortune Teller*, und deswegen sollen sie hier in Gottes Namen auch genannt werden.

Die Fourmost lieferten dürftige Versionen von Beatles- und Coasters-Stücken, und ihre Platten werden heute, bezogen auf ihren künstlerischen Wert, viel zu teuer gehandelt, weil sie eine Epstein-Gruppe waren und ein paar Lennon/McCartney-Songs aufgenommen haben, die sonst niemand eingespielt hat. Die vielgepriesenen Undertakers sind ein weiteres Beispiel für die schlimmste Seite der Liverpooler Szene. Nur daß Jackie Lomax bei ihnen mitmachte (der so oder so von Glück sagen konnte, wenn er überhaupt mal eine anständige Scheibe zusammenbekam), kann doch nicht Grund genug sein für die Legendenbildung, die sich um diese Gruppe vollzogen hat! Sie hat insgesamt drei Singles hinterlassen – unkonzentrierte, entfernt Beat-ähnliche Kopien amerikanischer R&B-Hits von den Coasters, Barrett Strong und anderen. Kaum der Mühe wert, sich das anzuhören – besonders unter dem Aspekt, daß Liverpool ja auch Gruppen wie die Chants zu bieten hatte, die zwar wohl Schwarze waren, aber trotzdem einen guten Pop-Riecher und einen an Phil Spector gemahnenden Sound hatten, wie sich auf *She's Mine* zeigt. Und dazu hatten sie eine echte Begabung für R&B.

Die Mojos haben eine ganz ausgezeichnete Platte gemacht (*Everything's Alright*) und mit Versionen von *Seven Daffodils* und *They Say* Hits gelandet. Die Mojos konnten wild und ungebärdig sein wie bei *Everything's Alright*, aber auch so süßlich, wie es ihnen gerade einfiel, und die meisten ihrer Platten waren genaugenommen Balladen. Alle aber waren auf ihre Weise hörenswert. Eine weitere wichtige Gruppe waren die Koobas, eine der ersten «Cavern»-Gruppen, in deren Reihen kein anderer mitwirkte als Tony Stratton-Smith. Obwohl sie lange Jahre aktiv waren und mit *The First Cut Is the Deepest* (einem Song von Cat Stevens, der auch von P.P. Arnold und erst vor kurzem von Keith Hampshire aufgenommen wurde) 1968 einen kleineren Hit landeten und sich schon 1965 mit *Take Me For a Little While* das Recht verdient hatten, mit den Beatles auf Tournee zu gehen, brachten sie es erst 1969 zu einem eigenen Album, zu einer Zeit, als sie ihre besten Tage längst hinter sich hatten.

Viele weitere Liverpooler Gruppen haben, das versteht sich von selbst, ebenfalls Platten aufgenommen, aber keine, die in irgendeiner Weise eine nachhaltige Wirkung gehabt hätten oder auf dieser Seite des Mersey noch aufzutreiben wären. Letzten Endes war es die Frische und Begeisterung der Liverpooler Gruppen, wie sie sich in der besseren Musik der wenigen wirklich erfolgreichen Gruppen ausdrückte, die den bleibenden Beitrag dieser Stadt zum Rock 'n' Roll darstellt.

Manchester

Von Greg Shaw

Nach dem Erfolg des Liverpool-Sounds begannen die Plattenfirmen, nach anderen Städten im englischen Norden Ausschau zu halten, die sie mit einem neuen Sound vermarkten konnten, ganz in der Art, wie die amerikanische Plattenindustrie 1968 einen «Boss-Town-(Boston-)Sound» aus der Retorte schöpfen wollte. Die meisten Gruppen, auf die sie bei ihrer Suche stießen, waren in London und Umgebung ansässig, aber auch ein paar von den anderen größeren Städten hatten eine eigene Szene, die ein bißchen was zu bieten hatte.

Newcastle schenkte uns die Gamblers, die Quiet Five, Shorty & Them und noch ein paar andere Gruppen. Birmingham wurde als Heimat der Moody Blues, der Rockin' Berries, von Denny Laine & the Diplomats, der Uglies, von Mike Sheridan & the Nightriders (aus denen die Move hervorgingen), der Spencer Davis Group, der Cheetahs, der Redcaps und einer ganzen Reihe weniger bedeutender Gruppen bekannt, die auf dem Sampler-Album «Brum Beat» (Decca LK 4598-E) versammelt sind.

Es war jedoch Manchester, das Liverpool auf dem Weg zum Ruhm folgen sollte. Die der Heimat des Merseybeat am nächsten gelegene Großstadt war zufällig auch die Heimat einiger der bedeutendsten britischen Gruppen außerhalb von Liverpool und London. Neben den Hollies, Wayne Fontana & the Mindbenders und Freddie & the Dreamers gab es dort noch viele weitere exzellente, wenn auch weniger bekannte Gruppen.

Die Country Gentlemen unter Führung von Peter Cowap beispielsweise spielten eine klassische Upbeat-Version des Folksongs *Greensleeves* ein, die 1963 zu einem respektablen Hit wurde. Cowap trat später bei den Herman's Hermits an die Stelle von Peter Noone. Die Toggery Five waren alles andere als toll, aber sie brachten eine ausgezeichnete und dichte Version von *Bye Bye Bird* zuwege, die sie vermutlich aus dem Repertoire der Moodies geklaut hatten, und außerdem eine auf Them-Sound gestylte, billige Ballade, *I'm Gonna Jump*.

Wenn Mike Rabin & the Demons aus Manchester kamen (aber das wußte keiner, den ich danach gefragt habe), dann kann ihr *Head Over Heals* ebenfalls zu dieser Liste hervorragender, aber vergessener Aufnahmen aus Manchester gezählt werden. Die Four Just Men (auch mitunter bekannt als Just Four Men) waren eine gute, nach Liverpool klingende Gruppe mit einer erstklassigen Platte, *Things Will Never Be the Same*, und etlichen weiteren Singles. Alle oben erwähnten Songs kann man auf einem vergriffenen Album (von angeblich nur) «Freddie & the Dreamers» versammelt hören (Tower 5003-A). Eine weitere Gruppe aus Manchester, die Hellions, brachten es nur zu einer einzigen US-Single – auf Kapp –, die *Shades of Blue* hieß und 1965 von Dave Mason und Jim Capaldi geschrieben wurde.

Manchester hatte keinen unverwechselbaren Sound, soweit ich das beurteilen kann – die Platten, die ich gehört habe, sind stark Mersey-orientiert, mit soliden Rock-Backings und guten Arrangements. Manchester, das vielleicht keine «Szene» wie in Liverpool oder London aufzuweisen hatte, hat trotzdem einige der besten Aufnahmen dieser Zeit hervorgebracht.

The Hollies

Von Mike Saunders

Obwohl in einigen Fällen nicht der Rede wert, war eine große Zahl der Cover-Versionen, die die Hollies einspielten, wirklich recht erfolgreich – und gelegentlich nichts weniger als phantastisch, wofür ihre unglaubliche Cover-Version des Eyle-Sands-Songs *I Can't Let Go* (Imperial 66158) das überragende Beispiel bildet, der in seiner ursprünglichen Form eine ziemlich mittelmäßige Angelegenheit war.

Das erste amerikanische Album der Hollies, «Here I Go Again», besteht fast ausschließlich aus Rock 'n' Roll-Oldies, die ihnen nur zum Teil gelungen sind. *Stay* beispielsweise mag ich, weil es rockt und wirklich ein Zacken schneller ist als das Original von Maurice Williams; *Do You Love Me* ist auch gut, weil sie es so albern bringen. *Rockin' Robin* ist eine große interpretatorische Leistung, wozu das phantastische Schlagzeug von Elliott einiges beiträgt, und *You Better Move On* und *Talking Bout You* sind auch okay; aber *Lucille* und *Memphis* sind nicht gut. Die erfolgreichsten Einspielungen auf dem Album sind – was nicht überraschen kann – die Stücke, die einen Stich ins Kommerzielle, einen Schlag zum Pop hin haben: *Here I Go Again* und *Just One Look* sind fetziger, ausgezeichneter Rock 'n' Roll. Letztgenanntes Stück ist besonders interessant, weil sie da einen von Doris Troy mit unnachahmlich rauher Stimme gesungenen Quasi-R&B-Hit genommen, auf Touren gebracht und in ein fetziges Hollies-Rock-Stück verwandelt haben. Das eine Stück auf der LP, das sie selber verfaßt haben, *Keep Off Of That Friend Of Mine*, liegt auch auf dieser Pop-Linie, und es ist geradezu mit Händen zu greifen, wieviel besser diese Sorte Material zu den Stimmen der Hollies paßt. Und dann das letzte Stück, der Ausklang des Albums – *It's Only Make-Believe* von Conway Twitty – erinnert einen an die alten Last-Dance-Balladen der Teenager-Bands bei den Schulabschlußbällen in der High School. «Here I Go Again» ist, wenn es auch nicht übermäßig erfolgreich war, definitiv ein großartiges Album.

Zwischen dieser LP und ihrem zweiten amerikanischen Album liegt ein erheblicher Abstand (es hatte sie ganz einfach viel Zeit gekostet, hier bei uns wieder einen Hit zu landen), aber wie sich in der Zwischenzeit ihr Stil weiterentwickelt hat, das wirft einen einfach um. Das Album, um das es sich handelt, ist natürlich «Hear! Hear!» und eines der besten der Briten-Invasion überhaupt. Der Pop-gefärbte Rock 'n' Roll-Stil, der sich schon auf ihrem ersten Album angedeutet hatte, ist hier auf seinem Höhepunkt angelangt, und er haut voll hin. *I'm Alive, Put Yourself (In My Place), Look Through Any Window, When I Come Home To You, So Lonely, I've Been Wrong* und *Too Many People* – alle sind in diesem Stil gehalten und liegen in der Qualität zwischen einigermaßen gut bis hervorragend. Dieser Stil ist männlich und packend und, wenn sie es damit übertreiben, fast ein bißchen lächerlich, aber was das Album zu einer rundum befriedigenden Angelegenheit macht, sind die Songs, die die LP beschließen. Man stelle sich vor: eine großartige Rock-Version des Impressions-Stücks *You Must Believe Me* von den Hollies! Und dann ein unglaublich schnelles *Lawdy Miss Clawdy*, ein passables *Down the Line* – und damit hat es sich für dieses Album mit den harten Nummern. Denn dann kommt *Very Last Day*, ein Folk-Rock-angehauchtes Stück, das es aber voll bringt. Zum Schluß dann noch ein wunderhübsches *That's My Desire* mit perfekten Hollies-Harmonien («Sherry, I love you so-woh-woh»). «Hear! Hear!» hat zwar seine Grenzen, ist manchmal auch ein bißchen verschroben und obendrein so höhenlastig aufgenommen, daß manche meinen, es lohne sich nicht, genauer hinzuhören; aber es ist trotz allem das beste frühe Hollies-Album, das den Fliegengewicht-Rock 'n' Roll-Stil dieser Gruppe in allen Aspekten zeigt.

«Beat Group», das nächste Album, hat mit *I Can't Let Go* einen großen Hollies-Hit aufzuweisen, aber sonst handelt es sich meistenteils um Mist. Wenn man von ein paar guten Aufnahmen auf der ersten Seite absieht, ist die LP alles in allem eine Pleite. «Bus Stop» dagegen ist definitiv ein gutes Album, wenn es auch wild aus allen englischen Hollies-Alben zusammengestoppelt worden ist. Die Rock 'n' Roll-Cuts aus ihrer ersten englischen LP sind überraschend gut: *Watcha Gonna Do 'Bout It*, *Candy Man* und *Little Lover*. Auch *Sweet Little Sixteen* ist gelungen, und *Mickey's Monkey* ist erstaunlich, wenn man bedenkt, daß diese Version von den Hollies stammt. Wie bei ihren anderen rundum gelungenen Interpretationen unterscheidet sich dieses Stück erheblich von der Originalaufnahme, vor allem durch mehr Dichte und dadurch, daß es viel mehr rockt. Die allerbesten Aufnahmen von «Bus Stop» sind aber die später entstandenen, ausgefeilteren und melodischeren Songs, *Baby, That's All* zum Beispiel, dann *Don't Run and Hide*, *Oriental Sadness* und *Bus Stop*, ein großer Rock-Hit, bei dem die Post nun aber einmal wirklich abgeht. Doch das trifft nicht nur auf den Titel-Track zu, sondern auch auf alle anderen Rock-Titel dieser LP. Fazit: rundum gelungen.

Nach «Bus-Stop» gingen die Hollies dazu über, nur noch eigenes Material zu verwenden, und die folgende LP «Stop Stop Stop» ist absolut schrecklich (teilweise wegen ihres Banjo-Ticks; sie setzen es auf der ganzen LP ein – erinnert sich noch jemand an das Banjo von *Stop Stop Stop*?). Es sah ganz danach aus, als ob die Hollies jetzt in die zweite Phase ihres Wirkens eingetreten wären, und das heißt im Klartext, daß es eine ganze Weile weiter bergab ging (der überaus markante Tiefpunkt war mit ihrem entsetzlichen «King Midas In Reverse»-Album erreicht, auf dem sie mit Sitars, Art Rock und diesem ganzen Klimbim herummurksen, aber irgendwie haben sie auch das überlebt und weitergemacht (und ihren Gesang durch die Ersetzung von Graham Nash durch Terry Sylvester erheblich verbessert). Und 1970 schenkten sie uns dann das superbe Album «He Ain't Heavy».

Das Veröffentlichungsprofil der Hollies ist uneinheitlich – manchmal hinterlassen sie einen starken Eindruck, manchmal aber eben auch nicht. Neben ihrer großen gesanglichen Leistung sticht im instrumentellen Bereich vor allem Bobby Elliott hervor, einer der am meisten unterschätzten Rock-Schlagzeuger der Briten-Invasion. Schlagzeug-Fans sollten daher noch mal genauer hinhören. Allerdings ist seine großartige Leistung nur auf ihren frühen Alben auf Imperial zu bewundern. Elliott hatte maßgeblichen Anteil daran, den Instrumentalsound der Hollies bei den Plattenaufnahmen zusammenzuhalten; den Gitarren mangelte es in der Regel an Power, und der Bass war meistens zu schwach auf der Brust – doch die Drums waren durch und durch Rock 'n' Roll. Aber das Wichtigste und Beste an den Hollies war ihr Gesang, und als sie ihn schließlich perfektioniert hatten, anscheinend so um 1965, war er einfach phantastisch. Bis heute sind sie eine der besten Gesangsgruppen der Rock-Geschichte geblieben.

Die Hollies hatten eine verdammt schwere Zeit, bis ihnen der Durchbruch in Amerika gelang. Ich kann mich noch ganz gut an die Zeit erinnern, als *I'm Alive* und *Look Through Any Window* 1965 Underground-Hits waren, Singles, die sich in den «Billboard-Charts» auf den Plätzen 100 bis 130 auf Tauchstation versteckten und die man damals höchstens ein- oder zweimal im Radio zu hören bekam. Trotzdem hat sich *Look Through Any Window* schließlich doch noch zu einem Hit gemausert und sich unter die ersten 50 vorgearbeitet; daraufhin traten die Hollies in «Hullabaloo» auf und durften den Song dort spielen. Und es war ganz bestimmt eine der aufregenden Singles dieser Zeit. Nach einem weiteren kleineren Hit mit *I Can't Let Go* schafften die Hollies dann mit *Bus Stop* einen wirklich großen Erfolg und heimsten danach in den USA eine ganze Reihe von Single-Hits ein. Unglücklicherweise kam der Durchbruch mit Bus Stop gegen Ende ihrer ersten Periode und war zugleich ihr letzter wirklicher Rock-Titel. Danach wurden sie sanfter, wandelte sich ihr ganzer Stil. Hätten die Hollies 1964/65 in den USA ein paar Hit-Singles gelandet, dann hätten sie diese Chance ganz bestimmt genutzt.

Ein Nachtrag zu den Hollies

Von Ken Barnes

Noch ein paar Background-Informationen: Allan Clarke und Graham Nash waren schon 1959 als Gesangsduo als Two Teens oder Ricky&Dane in Manchester und Umgebung aktiv. Schließlich gründeten sie zusammen mit Don Rathbone an den Drums und dem Bassisten Eric Haydock eine Gruppe, der sie den Namen The Deltas gaben. Kurz danach gelang es ihnen, den örtlichen Spitzengitarrero Tony Hicks in die Band zu locken, wonach sie sich in Hollies umbenannten, nach dem in England beliebten Weihnachtsschmuck (und *nicht* nach Buddy Holly, wie allgemein geglaubt wird). Rathbone schied ungefähr Mitte 1963 wieder aus, als ihre erste Scheibe herauskam, und wurde durch Bobby Elliott von Shane Fenton & His Fen-Tones ersetzt. Haydock kehrte der Gruppe 1966 verbittert den Rücken; eine Zeitlang galt er als Nachfolger von Pete Quaife bei den Kinks, dann machte er eine eigene Gruppe auf, die erfolglos blieb, worauf er von der Szene verschwand; er wurde durch Bernie Calvert von den Dolphins ersetzt.

Die erste Hollies-Single war eine Cover-Version des Coasters-Titels *Ain't That Just Like Me* (später ein kleinerer Hit für die Searchers); für meine Ohren klingt das Stück ziemlich zweitklassig, wenn auch die Begeisterung der Gruppe unüberhörbar ist. Die Scheibe kam nicht in die Top 30, doch schon die nächste Veröffentlichung, *Searchin'* (wieder eine Coasters-Anleihe), kam im Herbst 1963 auf Platz 15, obwohl sie noch lahmarschiger war. *Stay* kam im Januar 1964 in die Top Ten und bildete den Auftakt zu einer spektakulären Serie von Top-Ten-Hits über ganze zwei Jahre hinweg (einschließlich in den USA ziemlich unbekannter Titel wie *We're Through*, der später auch auf «Bus Stop» wiederauftauchte, und des hervorragenden *Yes I Will*, das bei uns hier nur als Single herauskam, aber später unter dem Titel *I'll Be True to You* auch von den Monkees aufgenommen worden ist). Ihre Glückssträhne riß gegen Ende 1965 ab, als ihre umstrittene Version von *If I Needed Someone* erschien (George Harrison war zutiefst enttäuscht von der Leistung der Gruppe und ließ das auch drucken). Andererseits äußerten Pop-Blätter wie das «Music Echo» die Ansicht, der Song selber tauge nichts, und die Hollies hätten aus ihm herausgeholt, was überhaupt herauszuholen gewesen sei. Alles in allem möchte ich meinen, daß George Harrison recht hatte – es ist eine merkwürdig leblose Version, und Allan Clarke hat später eingeräumt, die Gruppe hätte mit der Aufnahme dieses Titels einen Fehler gemacht. *Yes I Will* kam gerade noch in die Top Twenty. Ihr nächstes Stück, *I Can't Let Go*, kam jedoch bereits wieder auf Platz eins, und ihre Glückssträhne in England setzte sich – bis auf einen kleineren Ausrutscher, *King Midas In Reverse*, das nur auf Platz 19 kam – bis ins Frühjahr 1972 fort, als *The Baby* nicht ganz an die Top Twenty herankam und dann das Zeitliche segnete; ihr größter US-Hit, *Long Tall Woman*, kam nicht einmal in die britischen Top Forty, und ihre weitere Zukunft dort ist eher zweifelhaft.

Die Hollies haben übrigens ein Album aufgenommen, das nie in den USA erschienen ist: «In The Hollies' Style» (später als Billigplatte unter dem Titel «Vintage Hollies» nochmals auf den Markt geworfen). Es scheint irgendwo zwischen ihrer ersten LP und «Hear! Hear!» entstanden zu sein und bietet eine erlesene und begnadete Version von *Too Much Monkey Business*, eine geschmackvolle Interpretation des von Beety Everett geschriebenen *It's In Her Kiss*, ein Medley aus *Nitty Gritty* und *Something's Got a Hold on Me* sowie sieben durchweg ordentliche Kompositionen von L. Ransford, von denen *Time For Love* die beste ist. Ein anständiges Album also.

Während ich mit Mike alles in allem in der Einschätzung des frühen Materials der Hollies einiggehe, meine ich, daß er ihre Leistung in ihrer «glatteren» mittleren Periode in ziemlich ärgerlicher Art und Weise heruntermacht. «Stop Stop Stop» beispielsweise halte ich für eine ganz annehmbare Platte voll besten Pop-Materials im Hollies-Stil (wie etwa dem Hit *Pay You Back With Interest*, *Suspicious Look In Your Eyes* und *Peculiar Situation*). Und die nächsten beiden LPs sind – speziell in ihrer ungekürzten britischen Form – in meinen Augen Höhepunkte des eklektischen und bei der Produktion aus dem Vollen schöpfenden 67er Pop-Rock (der hauptsächlich in den Spuren der Beatles wandelte), und sie sind meiner Meinung nach so ziemlich für jeden ein großer Genuß – die wildesten Gegner ebendieses 67er Pop-Rock ausgenommen.

«Evolution» war das konventionellere von diesen beiden Alben; es enthält eine Reihe geradezu archetypischer Hollies-Popsongs (*You Need Love, When Your Light's Turned On, Have You Ever Loved Somebody* – von den Hollies zunächst für die Searchers geschrieben und von ihnen zum Hit gemacht) und daneben ein paar gute Beispiele, daß sie sich auch an schwierigeres Material herantrauten, sowohl vom Text her (*Rain On the Window, Games We Play*) wie in musikalischer Hinsicht (das brillante Hardrock-Stück *Then the Heartaches Begin* und *Lullaby to Him*, das den Tremolo-Effekt einführte, den später Tommy James für *Crimson & Clover* genutzt hat).

«Butterfly» («King Midas»/«Dear Eloise» in den Staaten) ist stilistisch abwechslungsreicher; bei *Try It, Elevated Observations* und *Postcard* sind (in der britischen Abmischung) diverse elektronische Effekte eingesetzt; *Maker* hört sich ziemlich indisch an, und das eigentlich ganz hübsche *Butterfly* bekam ein bombastisches Orchester-Arrangement verpaßt. Das alles ist eigentlich ganz annehmbar, wenn man von ein paar ungelenken Lyrics im 67er Stil und ein paar trivialen und ärgerlichen Nummern wie *Away Away Away* und *Wish You a Wish* absieht, speziell in der Kombination mit großartigen und geradlinigen Pop-Rock-Nummern wie *Step Inside, Dear Eloise*, dem wunderhübschen *Pegasus* und dem im üppigen Spector/Walker Bros.-Produktionsstil gehaltenen Titel *Would You Believe*.

Diesen beiden LPs folgten etliche schöne Singles, *King Midas in Reverse*, *Jennifer Eccles* und die nur in den USA erschienenen *Do the Best You Can* und *Listen to Me*. Unmittelbar vor Erscheinen letzterer verließ Graham Nash die

Gruppe und wurde von Terry Sylvester ersetzt. Ihre nächste LP war «Hollies Sing Dylan», ein Projekt, das sehr viel Vergnügen machen kann, wenn man nicht gerade Dylan-Purist ist (wenn es überhaupt noch welche gibt). Die nächste Single der Gruppe aus der Zeit nach dem Ausscheiden von Graham Nash, das unterdurchschnittliche *Sorry Suzanne*, wies immerhin eine wunderbare Clarke-B-Seite auf – *Not That Way At All*. Die Single danach, *He Ain't Heavy, He's My Brother*, führte die Hollies wieder zu amerikanischem Ruhm. Das folgende Album, «Hollies Sing Hollies», es erschien zuerst in England und wurde in den USA um zwei Nummern gekürzt veröffentlicht (darunter war auch *Soldier*, ein gepfefferter Anti-Kriegs-Song, der bei uns nie erschienen ist). Es ist ein solides Album, eine Rückkehr zu einer konventionelleren Pop-Orientierung, aber dafür zum größten Teil aus erstklassigem und zeitlosem Material bestehend (Höhepunkte: *Why Didn't You Believe, Don't Give Up Easily, Goodbye Tomorrow* und *Marigold/ Gloria Swansong*, die in der amerikanischen Fassung fehlten, aber auf der nächsten LP dann doch noch erschienen).

Zu den Singles, die danach kamen, zählen zwei ihrer besten, die herrliche Ballade *I Can't Tell the Bottom From the Top* (vom April 1970) und deren fesselnde Rückseite, *Mad Professor Blyth*, und dann der Rock-Titel *Hey Willy* (im Mai 1971). Dazwischen lagen die leicht unterdurchschnittlichen Scheiben *Gasoline Alley Bred* und (jedoch nur in den USA erschienen) *Survival of the Fittest*, das aus ihrer LP «Confessions of the Mind» ausgekoppelt wurde (in den USA erschien sie unter dem Titel «Moving Finger»). Dieses Album war wahrscheinlich ihr bis dato schlechtestes, mit drittklassigem Original-Material (zwei der schlimmsten Titel erschienen auf der amerikanischen Fassung erst gar nicht und wurden durch *Marigold* ersetzt, was das Niveau wenigstens etwas anhob). Dennoch waren *Survival, Man Without a Heart*, das sentimentale, fast schon schwülstige *Too Young to Be Married* und *Frightened Lady* ausgezeichnet, und es ist eine durchaus vergnügliche LP.

Die nächste LP, «Distant Light», war im ganzen sogar noch schwächer, die Harmonien wurden einfacher, aber das Ganze wurde durch zwei starke amerikanische Singles gerettet, das rockende *Long Cool Woman* und *Long Dark Road*, aber ebensosehr durch *Little Thing Like Love* und *To Do With Love*. Kurz nach Erscheinen des Albums machte sich der Lead-Sänger Allan Clarke aus dem Staub, um einen Alleingang zu versuchen (er nahm einige Zeit darauf eine generell enttäuschende LP auf), und Mikael Rickfors von der schwedischen Gruppe Bamboo trat an seine Stelle. Rickfors veränderte das vokale Gesamtbild der Gruppe mit seiner großen und erdigen Stimme um einiges, was sich an der Single *The Baby* studieren läßt, die aber immer noch recht ordentlich ist, wie auch die konventioneller klingende B-Seite *Granny*. *Long Cool Woman* wurde aus «Distant Light» ausgekoppelt und ein amerikanischer Superhit; die LP wurde daraufhin auch bei uns auf den Markt geworfen und damit ihrem neuesten Album, «Romany», ein empfängliches Publikum gesichert, einer Platte, die bis auf ein paar ärgerlich breitgewalzte balladeske Protzereien von Rickfors recht gut ist – eine Mischung aus Rock-Stükken (speziell *Won't We Feel Good*) und mehr melodischem Material (etwa dem Titeltrack), die nun wirklich mit Geschmack gemacht sind. Es sieht so aus, als ob die Hollies noch auf Jahre hinaus mit guten Scheiben aufwarten könnten.

DISCOGRAPHIE

Singles:
1963: Ain't that just like me*/Hey,
 what's wrong with me*   Parlophone R 5030
1963: Searchin'*/Whole world over*
     Parlophone R 5052
1963: Stay/Now's the time*   Parlophone R 5077
 (D-Odeon O 22676)
1964: Just one look/Keep off that friend of mine
 Parlophone R 5104
 (D-Odeon O 22708)
1964: Here I go again/Baby that's all*
 Parlophone R 5137
1964: We're through*/Come on back*
 Parlophone R 5178
1965: Yes I will*/Nobody*   Parlophone R 5232
1965: I'm alive/You know he did*
 Parlophone R 5287
 (D-Odeon O 23017)
1965: Look through any window/So lonely*
 Parlophone R 5322
 (D-Odeon O 23030)
1965: If I needed someone*/I've got a way of my
 own   Parlophone R 5392
1966: I can't let go/Running through the night*
 Parlophone R 5409
 (D-Odeon O 23179)
1966: Bus top/Don't run and hide*
 Parlophone R 5469
 (D-Odeon O 23235)
1966: Stop stop stop/It's you   Parlophone R 5508
 (D-Odeon O 23317)
1967: On a carousel/ All the world is love
 Parlophone R 5562
 (D-Hansa 19338)
1967: Carrie Ann/Signs that will never change
 Parlophone R 5602
 (D-Hansa 19540)
1967: King Midas in Reverse/
 Everything is sunshine   Parlophone R 5637
 (D-Hansa 19702)
1968: Jennifer Eccles/Open up your eyes*
 Parlophone R 5680
1968: Listen to me/ Do the best you can
 Parlophone R 5733
1969: Sorry Suzanne/Not that way at all*
 Parlophone R 5765
 (D-Hansa 14269)
1969: He ain't heavy, he's my brother/Cos you like to
 love me   Parlophone R 5606
 (D-Hansa 14423)
1970: I can't tell the bottom from the top*/
 Mad Prof. Blyth*   Parlophone R 5837
 (D-Hansa 14556)

1970: Gasoline Alley bred/Dandelion wine*
 Parlophone R 5862
 (D-Hansa 14669)
1971: Hey Willy*/Row the boat together*
 Parlophone R 5905
 (D-Hansa 10197)
1972: Long cool woman/Cable car
 Parlophone R 5939
1972: The baby*/Oh Granny*   Polydor 2058199
 (D-Hansa 10901)
1972: Magic woman touch/Indian girl*
 Polydor 2058289

Abweichende deutsche Singles:
1966: Very last day/Too many people
 D-Odeon O 23275
1967: Pay you back with interest/
 Peculiar situation   D-Odeon O 23535
1967: High classed/What's wrong
 with the way I live   D-Odeon O 23581
1968: Dear Eloise/Away away away   D-Hansa 19860
1968: Jennifer Eccles/Try it   D-Hansa 14009
1968: Do the best you can/Like any
 time before   D-Hansa 14093
1968: Listen to me/Blowin' in the wind
 D-Hansa 14161
1969: I'll be your baby tonight/I shall be released
 D-Hansa 14366
1970: Frightened lady/Too young to me married
 D-Hansa 14801
1972: Long cool woman/The life I've led
 D-Hansa 10901
1972: Don't leave the child alone*/
 Blue in the morning*   D-Hansa 12541
1972: Out on the road/ A better place
 D-Hansa 13676

Verschiedene:
1966: Non prego per me*/Devi avere
 fiducia in me*   I-Parlophone QMSP 16402
1966: Kill me quick*/We're alive
 I-Parlophone QMSP 16410

EPs:
1963: «*The Hollies*» Ain't that just like me*/
 Rockin' Robin/What kind of love*///
 Whatcha gonna do about it/When I'm not
 there*   Parlophone GEP 8909
1964: «*Just one look*» Just one look*/
 Keep off that friend of mine*/I'm talkin'
 'bout you*/Lucille*   Parlophone GEP 8911
1964: «*Here we go again*» Here I go again*/Baby
 that's all*//You better move on*/Memphis*   Parlophone GEP 8915

1964: *«We're through»* We're through*/Come on back*//What kind of boy/
You'll be mine   Parlophone GEP 8927
1965: *«In the Hollies style»* Too much monkey business/To you my love//
Come on home/What kind of boy
     Parlophone GEP 8934
1965: *«I'm alive»* I'm alive*/You know he did*//Honey and wine*/Mickey's monkey
     Parlophone GEP 8942
1966: *«I can't let go»* I can't let go/
Look through any window*//
I've got a way of my own/So lonely*
     Parlophone GEP 8951

LPs:
1964: *«Stay with the Hollies»*   Parlophone MC 1220
1964: *«In the Hollies style»*   Parlophone PMC 1235
     (D-Odeon SMO 73813)
1965: *«The Hollies»* *«The Hollies days»*
     Parlophone PMC 1261
     (D-Odeon SMO 74315)
1966: *«Would you believe?»*   Parlophone PMC 7008
     (D-Odeon SMO 74160)
1966: *«For certain because»*   Parlophone PMC 7011
     (D-Odeon SMO 74221)
1967: *«Evolution»*   Parlophone PMC 7021
     (D-Hansa 76307)
1967: *«Butterfly»*   Parlophone PMC 7039
     (D-Hansa 77133)
1967: *«The Hollies greatest hits»*
     Parlophone PMC 7057
     (D-Hansa 78575)
1969: *«The Hollies sing Dylan»*
     Parlophone PMC 7078
     (D-Hansa 79637)
1969: *«Hollies sing Hollies»*   Parlophone PMC 7092
     (D-Hansa 80198)
1970: *«Confession of the mind»*
     Parlophone PCS 7116
1971: *«Distant light»*   Parlophone PAS 10005
     (D-Hansa 85801)
1972: *«Romany»*   Polydor 2383244
     (D-Hansa 86378)

Abweichende deutsche LPs:
1967: *«The Hollies greatest»*   D-Odeon 74236
1967: «The Hollies»   D-S R 76935
1968: *«The Hollies greatest hits»*   D-Hansa 78575
1970: *«Move on»* (NB: Nahezu identisch mit «Confession of the mind» = Gasoline Alley bred zusätzlich)   D-Hansa 80826
1972: *«Out on the road»*   D-Hansa 87119

Wayne Fontana and the Mindbenders

Von Mike Saunders

Ich möchte wetten, daß ihr von Wayne Fontana & the Mindbenders gerade noch *Game of Love* kennt, falls euch zu denen überhaupt was einfällt. Vielleicht, daß man sich gerade noch nebelhaft an sie erinnert und zu dem Schluß kommt, daß es sich sicher um eine von diesen typischen Gruppen handelt, die gerade mal einen Treffer landen konnten und dann wieder verschwanden. Völlig verkehrt! 1965 brachten Wayne Fontana & the Mindbenders in den USA nämlich *zwei* Singles und dazu noch eine LP heraus, und das waren Scheiben, die sie als eine der faszinierendsten von allen längst vergessenen englischen Rockgruppen auswiesen.

Aber zunächst einmal die nötigsten Background-Infos. Die ursprüngliche Besetzung der Gruppe sah so aus: Glyn Geoffrey Ellis (Leadsänger), Eric Stewart (Leadgitarre), Bob Lang (Bass) und Ric Rothwell (Drums). Ellis spielte mit seiner Band, den Jets, 1963 in Manchester bei Fontana Records vor. Zwei Mitglieder seiner Gruppe erschienen aber nicht zum Termin, weshalb er zwei Musiker aus anderen Gruppen, die ebenfalls vorspielen sollten, um Aushilfe bat – Eric Stewart und Ric Rothwell (Bob Lang gehörte zu den Ur-Jets). Wunderbarerweise bestand diese zusammengestoppelte Gruppe den Test und errang damit einen Plattenvertrag (nachdem sich Ellis in Wayne Fontana umgetauft hatte, vermutlich nach dem Label). Jetzt war es zu Ruhm und Reichtum nur noch ein Schritt.

Ihre erste Veröffentlichung war Ende 1963 der Fats Domino-Titel *Hello Josephine*. Ihr erster britischer Chart-Hit war Ende 64 / Anfang 65 eine glanzlose Neuaufnahme von *Um Um Um Um Um* (von Major Lance); dann wurde *Game of Love* zu einem der am schnellsten aufgestiegenen Nummereins-Hits des Jahres. Und diese Auszeichnung war das Stück auch durchaus wert; es handelte sich um einen prima Doof-Rock-Klassiker von Format. Ihre nächste Single, *It's Just a Little Bit Too Late*, war sogar noch einen Zacken besser; sie beginnt mit einem netten Gitarrenriff über einem Neo-Twist-Beat, hebt dann ab und rockt wie verrückt – eine wirklich ansteckend gute Aufnahme. Und auch die B-Seite war nicht von schlechten Eltern.

Mit ihrer LP «Game of Love» stellten Wayne Fontana & the Mindbenders unter Beweis, was sich mit ihren Singles angedeutet hatte: daß sie eine absolut irre Gesangsgruppe waren. Das Album beginnt mit *Game of Love* mit seinen bei den Coasters abgeguckten Baß-Licks von Bob Lang und überirdischem Falsett-Gesang in den Überleitungen («C'mon baby, the time is right»). Und gleich danach überraschen einen Wayne Fontana & the Mindbenders mit der großartigen Behandlung des Little Eva-Titels *Keep Your Hands Off My Baby* von 1962. Dann machen sie sich über *Too Many*

Tears her, noch so ein großer Oldie-Ohrwurm, bei dem einer mitsingt, der sich so anhört, als ob er *mindestens* zwei Oktaven über Fontana liegt, unisono zur Melodie. Bei diesen drei Songs und ein paar von den anderen Knüllern dieser Platte, *You Don't Know Me* und dem Greenwich-Titel *She's Got the Power* sind Wayne Fontana & the Mindbenders näher am Girl-Group-Rock der frühen sechziger Jahre dran als sonst irgend jemand – das hatten sie im kleinen Finger. Vier von ihren fünf Oldies aus den fünfziger Jahren – *Cops and Robbers, Girl Can't Help It, Git It, I'm Gonna Be a Wheel Someday* und *Jaguar and Thunderbird* – sind ebenfalls ganz manierlich; und die eine Niete (*Girl Can't Help It*) gehen sie mit so viel Begeisterung an, daß man sich auch dieses Stück noch mit Vergnügen anhören kann. Vielleicht die beste Aufnahme auf dieser LP ist *A Certain Girl*, eine rockig-lockere Version des Hits der frühen sechziger Jahre. Das Album endet mit der folgenden Nummer, der supereingängigen, langsamen Ballade *One More Time*, der es an nichts fehlt, auch nicht an perlenden Pianoklängen.

Der Stil dieser LP ist für die damalige Zeit ziemlich einzigartig, er unterscheidet sich sowohl eindeutig vom Merseybeat wie auch von den Heavy-Rock-Gruppen vom anderen Ufer (Stones, Yardbirds, Them, Who). Die Aufnahmetechnik ist ziemlich nachlässig und dünn (viel Höhen), kann aber die Platte nicht ruinieren, obwohl sie sich schon ziemlich negativ bemerkbar macht – die Drums sind das vernehmlichste Instrument, und der Bass ist die halbe Zeit über kaum zu hören. Eric Stewart, der Leadgitarrist, zieht sich ganz ordentlich aus der Affäre, obwohl er nicht den rechten Biß hat; dagegen macht der Schlagzeuger seine Sache wirklich gut. Die Stärke dieser Gruppe und der Grund, warum ich sie mag? Das läßt sich mühelos in einem kurzen Satz zusammenfassen: Wayne Fontana & the Mindbenders wissen wirklich, wie man Rock macht, und sie singen ausgezeichnet.

Wayne Fontana trennte sich Anfang 1966 von seiner Gruppe, ein Entschluß, der unter keinem guten Stern stand. Als Solo-Sänger nämlich entwickelte er sich zu einem ärgerlichen Pop-Crooner, während die Mindbenders als mittelmäßige Rock-Gruppe zusammenblieben, die einen lausigen Hit und ein genauso lausiges Album und danach Cover-Versionen von *The Letter* und dergleichen produzierten. Eric Stewart ging später zu den Hotlegs und dann zu 10cc. Leider ist nur ein kleiner Teil der englischen Veröffentlichungen von Wayne Fontana & the Mindbenders auch hier bei uns in den Staaten erschienen, und ihre zweite LP ist schon seit Jahren nicht mehr erhältlich. Ich würde sie ja gerne einmal hören, weil ich mir vorstellen kann, was sie mit *He's a Rebel* und *Some Other Guy* angestellt haben, wenn man von «Game of Love» und der respektablen Cover-Version der Mindbenders von *One Fine Day* auf ihrer LP «Groovy Kind of Love» ausgeht. So oder so – Wayne Fontana & the Mindbenders waren eine ausgezeichnete Gruppe, und ihre Aufnahmen sind reif für die Wiederentdeckung.

DISCOGRAPHIE

Wayne Fontana and the Mindbenders:
Singles:
1963: Hello Josephine*/Roadrunner*
 Fontana TF 404
1963: For you, for you*/Love potion no. 9*
 Fontana TF 418
1964: Little darlin'*/Come dance with me*
 Fontana TF 436
1964: Duke of Earl*/Stop, look and listen*
 Fontana TF 451
1964: Um um um um um*/First taste of love*
 Fontana TF 497
 (D-Fontana TF 267383)
1965: Game of love/Since you've been gone
 Fontana TF 535
 (D-Star-Club 148523)
1965: It's just a little bit too late/Long time comin'
 Fontana TF 579
 (D-Star-Club 148533)
1965: She needs love*/Like I did   Fontana TF 611

EPs:
1964: «*Roadrunner*» Young blood*/Roadrunner*//
 Duke of Earl*/Talkin' about you*
 Fontana TE 17421
1964: «*Um um um um um um*»
 Um um um um um um*/First taste of love*//
 Stop, look and listen*/Too much monkey business*
 Fontana TE 17435
1965: «*The game of love*» The game
 of love/Since you've been gone//She's got
 the power/One more time
 Fontana TE 17449
1966: «*Walking on air*» Walking on air/
 Remind my baby of me//She needs love*/
 I'm qualified*   Fontana TE 17453

LPs:
1964: «*Wayne Fontana and the Mindbenders*»
 Fontana TL 5230
1965: «*Eric, Rick, Wayne and Bob*»
 Fontana TL 5257
Abweichende deutsche LPs:
1965: «*The game of love*»   D-Star-Club 148012

Mindbenders solo:
Singles:
1965: A groovy kind of love/Love is good
 Fontana TF 644
1966: Can't live with you can't live without you*/
 One fine day*   Fontana TF 697
 (D-Fontana TF 148558)
1966: Ashes to ashes/You don't know about love
 Fontana TF 731
1966: I want her she wants me*/The morning after
    Fontana TF 780

1967: We'll talk about it tomorrow*/
 Far across town   Fontana TF 806
1967: The letter*/A new day and age*
 Fontana TF 869
1967: Schoolgirl/Coming back* (NB: «Schoolgirl»
 landete bei der BBC auf der «Schwarzen Liste»
 und wurde aufgrund des Textes nicht gespielt.
 «Schoolgirl» markiert im übrigen den eigentlichen Beginn einer Band, die später als 10cc Berühmtheit erlangen sollte.)   Fontana TF 877
1968: Blessed are the lonely*/Yellow brick road*
 Fontana TF 910
1968: Uncle Joe, the ice cream man*/
 The man who loved trees*   Fontana TF 961

EPs ... Verschiedene:
1968: «*Blessed are the lonely*» Blessed are the lonely/
 Yellow brick road//School girl/Coming back
 (NB: «Coming back» ist eine aus mehreren verschiedenen Songs zusammengeschnittene Version.)   P-Fontana P 65019

LPs:
1966: «*A groovy kind of love*»   Fontana TL 5324
1977: «*With woman in mind*»   Fontana TL 5403

Wayne Fontana solo (bis 1968):
Singles:
1965: It was easier to hurt her/You made
 me what I am today   Fontana TF 642
1966: Come on home/My eyes break out in tears
 Fontana TF 684
 (D-Fontana TF 267565)
1966: Goodbye bluebird*/The sun's so hot today*   Fontana TF 737
1966: Pamela Pamela*/Something keeps
 calling me back*   Fontana TF 770
1967: Twenty-four Sycamore*/From a boy to a
 man*   Fontana TF 827
1967: The impossible years*/In my world*
 Fontana TF 866
1967: Gina*/We all love the human race*
 Fontana TF 889
1968: Storybook children*/I need to love you*
 Fontana TF 911
1968: Words of Bartholomew*/Mind excursion*
 Fontana TF 933
1968: Never an everyday thing*/Waiting
 for a break in the clouds*   Fontana TF 976

LPs:
1966: «*Wayne one*» (NB: «Wayne one» erschien in einer Billig-Serie!!) (NB: Wayne spielte nach 1970
 wieder Platten als Wayne Fontana & the Mindbenders ein.)   Fontana SFL 13144

Freddie and the Dreamers

Von Ken Barnes

Wenn es jemals eine von vorn bis hinten künstlich fabrizierte britische Gruppe gegeben hat, dann kann man wohl sagen, daß Freddie & the Dreamers diese Band waren. Ganz offensichtlich haben damals ein paar ausgebuffte und medienbewußte Karrieremenschen diesen spindeldürren Freddie Garrity ausgegraben, vier schon ein bißchen zu alte, unter Bewährung stehende Halbstarke aufgelesen und ihm als Begleitband zur Seite gestellt (ein einziger Blick auf ein beliebiges Album-Cover wird die höhere Weisheit dieser Vermutung bestätigen). Dann erfanden sie noch den «Freddie»-Tanz, gaben ihrer Gruppe das passende simple Material und ließen sie dann auf die wie immer skeptischen USA los. Klar, so muß es gewesen sein – aber es war nicht so.

Freddie & the Dreamers hatten nämlich in Wirklichkeit eine lange und ziemlich beeindruckende Karriere in England hinter sich und waren sogar eine der frühesten erfolgreichen britischen Gruppen – die erste Band, die nicht aus dem Stall von Brian Epstein kam und nach dem Durchbruch der Beatles einen Song in die Top Five brachte. (Übrigens war das eine für sie typische Cover-Version von *If You Gotta Make a Fool Of Somebody* von James Ray – schwach, aber rührend, und im Sommer 1963 die Nummer zwei der englischen Charts.) Die Gruppe war Ende 1962 in Manchester entstanden, als sich Freddie entschloß, seine vielversprechende berufliche Laufbahn als Milchmann aufzugeben. Er tat sich zusammen mit: Derek Quinn (Leadgitarre und Sonnenbrille), Roy Crewdson (Rhythmusgitarre), Pete Birrell (Bass) und Bernie Dwyer (Drums). Sie spielten in Manchester und Umgebung und einmal sogar im Hamburger «Top Ten» und nahmen für die englische Columbia eine Platte auf, das schon erwähnte *If You Gotta Make a Fool Of Somebody*.

I'm Telling You Now, eine flotte Nummer, die von Freddie mitverfaßt wurde, kam im September 1963 ebenfalls auf den zweiten Platz; *You Were Made For Me*, ein bißchen mehr in Richtung Music Hall und musikalisch weniger gut, kletterte am Jahresende auf den vierten Platz; *Over You* mit seinem modifizierten *Walk Don't Run*-Intro war im April 1964 die Nummer elf, und *I Love You Baby* erreichte im Sommer dieses Jahres den siebzehnten Platz. *I Understand*, eine olle Balladen-Kamelle mit Taktwechsel, machte wieder ein bißchen verlorenen Boden gut, indem sie sich bis Ende 1964 bis zur Nummer sechs vorarbeitete, ein Datum, das uns zu der (unerklärlich verspäteten, wenn man bedenkt, daß die Gruppe in England schon anderthalb Jahre Hits hatte) Eroberung Amerikas durch Freddie & the Dreamers bringt.

Die Tanzbarkeit war immer noch eine entscheidende Seite der Pop-Musik und hatte durch die im Fernsehen massiv vermarktete Go-Go-Dancing-Mode sogar noch enormen Auftrieb bekommen. Der Schlüssel für den Erfolg von Freddie & the Dreamers war deshalb der «Freddie», ein Tanz, der auf irgendwelche genau vorgeschriebenen Schritte usw. verzichtete und damit den unschätzbaren Vorteil besaß, daß er von jedem halbwegs kräftigen Kretin auf der Stelle erlernbar war. Der Ursprung des «Freddie» liegt im dunkeln; die Band selber behauptete, daß «die Hüftenschwingerei zu unserem Act gehörte, als wir in kleinen Erholungsorten in England auftraten». Doch woher der «Freddie» auch stammen mag – seine Einführung in Amerika verursachte so etwas wie eine Sensation. Mercury Records besaß die Rechte an ihrer neuesten Single, *I Understand*, aber ihre sentimentale Machart verurteilte die Scheibe zur zweiten Garnitur und zum Zurückbleiben hinter dem schon neunzehn Monate alten – und von Tower auf den Markt gebrachten – Titel *I'm Telling You Now*, der perfekt zur «rhythmischen Struktur» des «Freddie» paßte und prompt auf den ersten Platz kam.

Als Follow-up für ihre Nummer eins brachte Tower eine Schnellschuß-LP heraus, die ihre Single und einen weiteren annehmbaren Track (*What Have I Done To You*) und außerdem noch zehn Nummern diverser britischer No-Name-Gruppen brachte. Tower erweckte daneben noch *You Were Made For Me* zu neuem Leben, das in den USA auf Platz 21 kam, und brachte noch eine LP mit jeweils vier Titeln von Freddie & the Dreamers, Tom Jones und Johnny Rivers heraus. Inzwischen hatte Mercury seinem Konkurrenzlabel Tower einen bösen Schlag versetzt, an dem es etliche Wochen laborierte, indem die Firma eine neue, auf die Tanz-Welle zugeschneiderte Single auf den Markt geworfen hatte; sie hieß *Do the Freddie*. Obwohl auf den ersten Blick als Absahn-Gimmick zu erkennen, war die Single durchaus packend und ist mit ihren Gospel-Background-Vocals, die Joe Cocker vier ganze Jahre voraus waren, auch heute noch attraktiv (und das hörte sich übrigens auch noch gut an – nein, nicht Cocker, sondern die Hintergrund-Damen). Dazu kamen vergleichsweise geschmackvolle Bläsersätze und ein ziemlich starker Break der Leadgitarre – und dazwischen als Zugabe die absolut horriblen Hahnenschreie von Freddie.

Little You, ein sehr angenehmes Beinahe-Rock-Stück, war der Follow-up, sowohl in England wie in den Staaten. In England kam die Single auf Platz 19, hier bei uns erreichte sie nur die enttäuschende Nummer 48 (verglichen mit *Do the Freddie*, das es immerhin auf Platz 18 geschafft hatte). Und das wäre es bei den Single-Hits auch schon so ziemlich gewesen.

In den Staaten wurden vier LPs (und eine Soundtrack-LP) von Mercury veröffentlicht, und sie sind wirklich nicht schlecht, wenn man sie mit einer gehörigen Portion Humor oder wenigstens Sarkasmus nimmt. So ist beispielsweise die Behauptung des bekannten Kritikers Mark Shipper, daß die Version der Gruppe von *Johnny B. Goode* «fraglos die jämmerlichste ist, die jemals auf Vinyl gepreßt wurde», ein gemeiner Tiefschlag und eine schwere Beleidigung der Fans von Grateful Dead. Neben dieser göttlichen Leistung befaßte sich Freddie mit seinen somnambulen Kohorten noch mit zwei Songs von Buddy Holly, *Kansas City* und *Money*, und das alles auf einer Seite der ersten Mercury-LP («Freddie & the Dreamers»).

«Do the Freddie» ist die zweite und besser gelungene in den USA erschienene LP; die erste Seite ist wegen des sehr sorgfältig produzierten Titel-Tracks und der annehmbaren britischen Single *Over You* geradezu bemerkenswert. Die zweite Seite besteht dagegen praktisch vollständig aus nur mäßig mitreißender britischer Pop-Konfektion; die besten Titel davon sind *Little You*, *A Love Like You* und *Don't Do That To Me*, die auch auf dem Soundtrack-Album zu dem Streifen «Seaside Swingers» enthalten ist.

Dieser Film war nur eines von vielen multimedialen Projekten, bei denen Freddie & the Dreamers mitmischten. Laut einem Artikel von Anfang 1966 waren sie für eine musikalische Komödie der amerikanischen Fernsehgesellschaft ABC in Aussicht genommen; die ABC soll versucht haben, Terry Thomas für die Rolle des alten Herrn von Freddie zu ködern. Doch der ging nicht an die Leine, worauf sich ABC anscheinend entschloß, die NBC und die Monkees das Geschäft machen zu lassen. «Seaside Swingers» mit den britischen Pop-Stars John Leyton und Mike Sarne kam dagegen tatsächlich heraus, und es erschien auch ein Tour-de-Force-Track der Dreamers auf dem Soundtrack-Album «What's Cooking». Sie wandeln bei diesem Stück auf den Spuren von *Like a Rolling Stone*; es dauert sechs Minuten, ist sehr spektakulär und erzählt eine verzwickte Geschichte (in der Freddie unter anderem das Geschick eines überforderten Küchenchefs besingt, der wiederholt als «king of cheese soufflé» tituliert wird) und hat etliche verwirrende musikalische Schlenker aufzuweisen – man könnte es, wenn man so will, als Mini-Oper charakterisieren. Besonders zu erwähnen sind zwei surrealistische Sequenzen, die sich um die quälende Mühe der Zubereitung eines kulinarischen *piece de resistance* ranken, und im Hauptteil des Songs haben die Dreamers dann die – seltene – Gelegenheit, ihre stimmlichen Qualitäten geltend zu machen, was sie denn auch in einer annehmbar gnadenlosen Art und Weise tun.

In der späteren Karriere von Freddie & the Dreamers stoßen wir auf einen weiteren Streifen namens «Cuckoo Patrol», der in England später in die Kinos kam. Freddie hat in einem Exklusivinterview mit Rona Barrett enthüllt, daß der Film die Stooges zum Vorbild gehabt hätte (einer frühen Manchester-Gruppe, die auch auf das britische Pop-Idol Ken Dodd einen starken Einfluß ausgeübt hat). Und der Dreamer Derek Quinn wurde noch deutlicher, als er ergänzend sagte: «Weil wir ja bekanntlich Vollidioten sind, haben wir uns entschlossen, in den Mittelpunkt der Geschichte fünf Pfadfinder, einen Oberpfadfinder und einen Koch zu stellen. Und weil wir alle in kurzen Hosen so gut aussehen, spielen wir die Jungs.» Pech für die amerikanischen Film-Freaks, daß der dortige Pfadfinderverband damit drohte, jedes Kino in Schutt und Asche zu legen, das es wagen würde, den Streifen zu zeigen, worauf die eingeschüchterte Verleihfirma ihn wieder zurückzog.

Das vierte Mercury-Album, «Frantic Freddie», ist im Vergleich mit den anderen LPs ziemlich stark. Höhepunkte sind eine holprige, anglisierte Version von *Short Shorts* sowie getreue Kopien von *Zip-A-Vee-Doo-Dah* und dem Roy-Orbison-Heuler *Crying* (die nur wegen der dünnen Kopfstimme von Freddie und den lahmen Background-Vocals der Dreamers nicht perfekt genannt werden können); und schließlich ein provokativer Track namens *Drink This Up, It'll Make You Sleep*.

«Fun Lovin' Freddie», ihre letzte

US-LP, ist aufs ganze gesehen enttäuschend; herausgerissen wird sie durch die Merseybeat-Nummer *I Think Of You*, ein glaubwürdiges Remake von *I'll Never Dance Again*, das annehmbare Pop-Liedchen *Write Me a Letter* und schließlich *Don't Tell Me That*, eine hübsche Beat-Nummer mit einem unbekannt gebliebenen Pianisten (Nicky Hopkins? Ian Stewart? Freddie «Fingers» Lee?), der im Hintergrund herumwütet. Andererseits verschlechtern Titel wie die unglaubliche Version von *Thou Shalt Not Steal*, die sich aber weit mehr nach *I Can't Stop Loving You* als nach Dick & DeeDee anhören, die Qualität dieses Albums drastisch. Nur für Fanatiker, die alles komplett haben müssen.

Nach ihrem geschäftlichen Untergang in Amerika hatte die Gruppe in England noch etliche weitere Platten. *Thou Shalt Not Steal* schaffte es in den eher zweifelhaften Top 100 von «Music Echo» im Oktober 1965 irgendwie auf Platz 52; danach kamen Singles wie *Playboy* und *Turn Around* sowie eine Version von *Hello Hello*. Daneben waren sie noch auf einer LP namens «Sing Along Party» und dann an dem zweifellos klassischen Album «Freddie & the Dreamers in Disneyland» beteiligt; ihre LP-Karriere beschlossen sie schließlich und endlich mit einer gegen Ende des Jahres 1967 erschienenen Package-LP; sie hieß «King Freddie & His Dreaming Knights» und enthielt Versionen von *59th Street Bridge Song* und *Juanita Banana*. Selbst Ende der sechziger und bis in die siebziger Jahre hinein erschienen noch Singles der Gruppe, die inzwischen durch die englischen Seebäder tourte (und natürlich auch die kleineren Sommerfrischen nicht verschmähte). Freddie betätigte sich nebenher als Parodist, und irgendwie haben sie sich immer durchgeschlagen. Zur Zeit sind sie als Teilnehmer an der British-Invasion-Package-Tournee im Gespräch, die dieses Jahr steigen soll, zusammen mit Billy J. Kramer, den Searchers und, wie gemunkelt wird, den wiedererstandenen Three Stooges. Laßt euch das ja nicht entgehen!

DISCOGRAPHIE

Singles:
1963: If you gotta make a fool of somebody/
Feel so blue   Columbia DB 7032
1963: I'm telling you now/The viper
   Columbia DB 7068
1963 I'm telling you now/What have I done to you
   Columbia DB 7086
1963: You were made for me/Send a letter to me
   Columbia DB 7174
1964: Over you/Come back when you're ready
   Columbia DB 72 14
1964: I love you baby/Don't make me cry
   Columbia DB 7286
1964: Don't do that to me/Just for you
   Columbia DB 7322
1964: I understand/I will   Columbia DB 7381
1965: Little you/Things I'd like to say
   Columbia DB 7526
1965: Thou shalt not steal/I don't know
   Columbia DB 7720
1966: If you've got a minute baby/When I'm home
with you   Columbia DB 7857
1966: Playboy/Some day   Columbia DB 7929
1966: Turn around/Funny over you
   Columbia DB 8033
1967: Hello hello/All I ever want is you
   Columbia DB 8137
1967: Brown and Porter's lorry/Little brown eyes
   Columbia DB 8200

Abweichende deutsche Singles:
1964: I'm telling you now/What have I done to
you   D-Columbia C 22961
1964: Do the Freddie/See you later alligator
   D-Columbia C 22993

EPs:
1963: *«If you gotta make a fool of somebody»* If you
gotta make a fool of somebody/Feel so blue//
I'm telling you now/Viper
   Columbia SEG 8275
1964: *«Songs from a crazy world»* Sally Ann/
Camtown races//Lonely boy/
Short shorts   Columbia SEG 8287
1964: *«You were made for me»* You were made for me/
Send a letter to me//Zip a dee doh dah/Mo-
ney   Columbia SEG 8302
1964: *«Freddie and the Dreamers»* Over you/
Come back when you're ready//Kansas City/
I'm a hog for you   Columbia SEG 8323
1964: *«Just for you»* Just for you/
I just don't understand//2 Lieder von Peter &
Gordon gesungen   Columbia SEG 8337
1964: *«Freddie sings just for you»*
I love you baby/ Don't make me cry//I just don't
understand/Just for you
   Columbia SEG 8349
1965: *«Ready Freddie Go»* Silly girl/
Little bitty pretty one//In my baby's arms/
She belongs to you   Columbia SEG 8403
1965: *«Freddie and the Dreamers»* I wonder
who the lucky guy will be/A windmill in
old Amsterdam//Do the Freddie /A love like
you   Columbia SEG 8457

LPs:
1963: *«Freddie and the Dreamers»*
   Columbia SX 1577
1965: *«You were mad for me»*   Columbia SX 1663
1966: *«Freddie and the Dreamers in Disneyland»*
   Columbia SCX 6069
1967: *«King Freddie and his dreaming knights»*
   Columbia SX 6177

The Dave Clark Five

Von Mike Saunders

Die Dave Clark Five waren eine der größten Singles-Gruppen der britischen Invasion, und sie waren eine der besten. Es ist wichtig, daß man die Gruppe aus diesem Blickwinkel betrachtet; denn mit Ausnahme von «Weekend in London» waren ihre LPs so lausig, wie man sich nur denken kann. Doch *Glad All Over*, die erste Scheibe, der es gelang, die Alleinherrschaft der Beatles über die britischen Charts zu knacken, war eine klassische Pop-Single, ein explosives Meisterstück reinrassigen Rock 'n' Rolls – und neben dieser Scheibe hatten sie jede Menge weiterer ausgezeichneter Singles, genug jedenfalls, um damit die sagenhafte LP «Greatest Hits» zu füllen.

Die DC5 *hatten* bis etwa Mitte 1965 durchaus eine unverwechselbare Identität, was übelwollende Kritiker auch immer an gegenteiligen Ansichten äußern mögen. Erstens einmal hatten sie einen leicht erkennbaren Vokal-Sound, der in der Regel vom zweistimmigen Gesang von Clark und seinem Organisten Mike Smith geprägt war, und zweitens sind ihre Aufnahmen im besten Studio-Rock 'n' Roll produziert. Am bemerkenswertesten war die ausgezeichnete Studioarbeit an den Drums (Becken eingeschlossen); sie hatten jedesmal ein Super-Echo und kamen klar und mit ordentlich Power. Die Produktion ihrer härteren Singles paßte perfekt zum Stil der Gruppe – sie war simpel, kantig und achtete auf Tempo. Und damit war sie perfekt dafür geeignet, das instrumentale Back-up in einen massiven Soundteppich einzubinden, der den Rhythmus-Track betont: *Anyway You Want It* ist ein großartiges Beispiel dafür. Schließlich ist diese Richtung ja nicht umsonst auf den Namen «Big Beat» getauft worden!

Sänger, Songwriter, Drummer, Produzent und Manager in einer Person, das ist nun wirklich eine heiße Kiste – und ein Beweis für ein echtes Multi-Talent. Leon Russell oder das Grateful-Starship oder Steven Stills vielleicht? Keiner von den dreien – es handelt sich um niemand anders als Dave Clark. Wenn das Buch der Rekorde, Abteilung Rock-Geschichte, eines Tages für immer geschlossen werden wird, dann wird in der Rubrik «Wer machte am meisten gleichzeitig?» vielleicht immer noch an erster Stelle zu lesen sein: Dave Clark. Allein das schon würde die DC5 zu einer ziemlich einzigartigen Gruppe machen, um es mal ganz vorsichtig auszudrücken – aber da hätten wir ja auch noch die Geschichte mit dem Saxophon. Die Dave Clark Five war nämlich die einzige englische Gruppe der großen Briten-Invasion, die dank Dennis Payton ein Saxophon hatte. Nur wenn man bis zu *Locomotion* von Little Eva aus dem Jahr 1962 zurückgeht, entdeckt man an der Stelle, wo sie «Jump up! Jump back!» singt, ebenfalls ein Saxophon, das über die Dreierakkorde drüberröhrt. Man wird dadurch zu der Vermutung verführt, die DC5 hätte ihren ganzen Sound von dieser einen Aufnahme bezogen, weil sie sich fast exakt so anhört wie ihr späterer Stil. Die Dave Clark Five war wahrscheinlich die einzige englische Gruppe aus dieser Zeit, die überhaupt ein Sax angerührt hat; sie wußten einfach nicht, daß Saxophone bei den meisten Rock-Gruppen 1964 nicht mehr *hip* waren – über die Frage, was *hip* und nicht mehr *hip* war, waren sie nämlich völlig erhaben. Sie haben einfach das gemacht, was sie machen wollten, waren wirkliche Künstler, die keinen Zentimeter nach rechts oder links von ihrem Weg abwichen. Dave Clark wollte reich werden. Und er *wurde* reich.

Ich persönlich vermute ja, daß die Kritik an der Dave Clark Five hauptsächlich von ihrer starken Pop-Orientierung ausgelöst wurde, sowohl was den Stil wie was den Gesamteindruck angeht, davon, daß sie sich stärker an den Pop angelehnt haben als die Hard-Rock-Größen wie die Stones, die Who, die Yardbirds, Them usw. Sicher, diese Unterscheidung ist absolut korrekt; ich selber höre bei der Dave Clark Five ebenfalls Einflüsse, die andere englische Gruppen um diese Zeit wohl nicht aufzuweisen hatten – Pop-Rock der frühen sechziger Jahre wie Dion und Neil Sedaka, und auch von den Crystals, Ronettes, den Chiffons und anderen Girl-Groups haben sie sich wohl einiges abgeguckt. Wer sonst hätte eine angemessene Version von dem Bobb-B.-Soxx-Titel *Zip-A-Dee-Doo-Dah* hingebracht? Natürlich trug Clark mit seiner Gruppe ebenfalls zu den obligatorischen Remakes von Rock-Klassikern der fünfziger Jahre und diversen R&B-Titeln bei; aber auf ihren Singles schien doch immer die Grundhaltung des Pop-Rock-Stils der frühen sechziger Jahre zu dominieren, bei Balladen so sehr wie bei Rock-Nummern.

Glad All Over, Bits and Pieces, Do You Love Me (übrigens ihr erster Hit in England, der aber von der Version von Brian Poole & the Tremeloes mühelos aus den Charts verjagt wurde), *Can't You See That She's Mine, Because, Everybody Knows, Anyway You Want It, Come Home, Reelin' and Rockin', I Like It Like That, Catch Us If You Can* – das waren einige der Hits von Dave Clark & Co. in der Zeit ihrer größten Beliebtheit; und wenn man eben mal nachzählt, kommt man auf sage und schreibe beinahe zwölf Hits in lediglich einem Jahr, einer pro Monat also! Und das ganze Geheimnis besteht darin, daß fast alle ganz einfach gute Singles waren, wirklich alle miteinander.

Seit Mitte 1965 und *Catch Us If You Can* wurde die Dave Clark nur noch nach Lust und Laune aktiv und baute ab – einmal wurde dieser, dann wieder jener Trend ausprobiert. Aber selbst jetzt kamen sie ab und an noch mit einer guten Single heraus wie beispielsweise *I've Got To Have a Reason* oder *Nineteen Days*, und einmal sogar mit einer ausgezeichneten: *Try Too Hard*.

Und sie blieben auch dann noch lange kommerziell erfolgreich, als die meisten ihrer Landsleute bereits auf der Strecke geblieben waren: *Over and Over* kam in den USA Ende 1965 auf Platz eins, und *You Got What It Takes* kam im April auf Platz sieben, lange nach ihrer großen Zeit. Ende 1967 waren sie mit einer Ballade, dem zweiten Hit, dem sie den Titel *Everybody Knows* gaben, sogar nach längerer Abwesenheit wieder in den Top Five der britischen Charts vertreten (sobald sie nämlich in den USA Fuß gefaßt hatten, konzentrierten sie sich fast ausschließlich auf das Einsacken amerikanischer Dollars und erlitten aus diesem Grund einen drastischen Rückgang ihrer Beliebtheit in England). Zwei muntere Rock 'n' Roll-Medleys (von denen einer im Grund ein Cover von *Good Old Rock 'n' Roll* von Cat Mother war) erschienen rechtzeitig, um vom «Rock-Revival» der späten sechziger Jahre zu profitieren, und – obwohl die Dave Clark Five als solche Ende 1969 auseinanderbrach – eine Truppe, die sich Dave Clark & Friends nennt (einer von ihnen ist der Leadsänger Mike Smith), macht munter weiter Platten und hat einige spritzige kommerzielle Singles zustande gebracht (Covers von *Rub It In* von Layng Martine und *Paradise* von den Amen Corner) sowie 1972 eine akzeptable LP mit Versionen solcher neuerer Bomben-Hits wie *Signs, Southern Man* und *Draggin' the Line* eingespielt.

Die Dave Clark Five war nicht so bedeutend wie die Beatles oder die Stones oder die Kinks oder andere Gruppen von diesem Kaliber; aber sie waren auf einer anderen Ebene genauso gut wie sie, vor allem als beständige Singles-Gruppe. Ich meine, daß die Dave Clark Five um einiges unterschätzt wird – diese Gruppe war ein exzellenter Produzent guter, gesunder, vergnüglicher Massenware, die sie gekonnt auf 45er-Platten zwängte. Und dafür haben sie ein dreifach Hoch, ein dickes Lob und eine Reprise des Humptata-Humptata-Bums-Drum-Intros von *Bits and Pieces* verdient.

DISCOGRAPHIE

Singles:
1962: Chaquita/In your heart Ember S 156
1962: I walk the line*/First love* Piccadilly 35088
1962: I knew it all the time*/That's what I said*
  Piccadilly
  (D-Vogue)
1963: The mulberry bush/ Columbia DB 7011
1963: Do you love me/Doo-dah* Columbia DB 7112
  (D-Columbia C 22593)
1963: Glad all over/I know you Columbia DB 7154
  (D-Columbia C 22639)
1964: Bits and pieces/All of the time*
  Columbia DB 7210
  (D-Columbia C 22868)
1964: Can't you see that she's mine/Because*
  Columbia DB 7291
1964: Thinking of you baby/Whenever you're
  around* Columbia DB 7335
1964: Anyway you want it*/Crying over you*
  Columbia DB 7377
  (D-Columbia C 22830)
1965: Everybody knows*/Say you want me*
  Columbia DB 7453
  (D-Columbia)
1965: Reelin' and rockin'/Little bitty pretty one*
  Columbia DB 7503
  (D-Columbia C 22926)
1965: Come home/Mighty good loving*
  Columbia DB 7580
1965: Catch us if you can/Move on*
  Columbia DB 7625
  (D-Columbia)
1965: Over and over/I'll be yours*
  Columbia DB 7744
1966: Try too hard/All night long
  Columbia DB 7863
  (D-Columbia C 23198)
1966: Look before you leap*/Please tell me why*
  Columbia DB 7909
  (D-Columbia C 23204)
1966: Nineteen days*/I need love*
  Columbia DB 8028
  (D-Columbia C 23360)
1967: You got what it takes/Sittin' here baby
  Columbia DB 8152
  (D-Columbia C 23469)
1967: Tabatha twitchit/Man in a pin-striped suit*
  Columbia DB 8194
  (D-Columbia C 23522)
1967: Everybody knows/Concentration baby*
  Columbia DB 8286
  (D-Columbia C 23627)
1968: No one can break a heart*/You don't
  want my lovin'* Columbia DB 8392
  (D-Columbia C 23721)
1968: The red balloon/Maze of love*
  Columbia DB 8465
  (D-Columbia C 23893)
1968: Live in the sky*/Children*
  Columbia DB 8505
  (D-Columbia 23953)
1969: Mulberry tree*/Small talk*
  Columbia DB 8545
  (D-Columbia 006–04035)

1969: Get it on now*/Maze of love*
Columbia DB 8591
1969: Put a little love in your heart*/34–06*
Columbia DB 8624
(D-Columbia 006–90695)
1969: Play good old rock 'n' roll*/Play good old rock 'n' roll* Columbia DB 8638
(D-Columbia 006–90856)
1970: Everybody get together*/Darling I love you* Columbia DB 8660
(D-Columbia 006–91139)
1970: Julia*/Five by five* Columbia DB 8681
(D-Columbia 006–91490)
1970: Here comes summer*/Break down and cry* Columbia DB 8689
(D-Columbia)
1970: More good old rock 'n' roll*/More good old rock 'n' roll* Columbia DB 8724
(D-Columbia 006–91990)
1971: Southern man*/If you wanna see me cry*
Columbia DB 8749
(D-Columbia 006–92234)
1971: Won't you be my lady*/Into your life*
Columbia DB 8791
(D-Columbia 006–92568)

Abweichende deutsche Singles:
1964: She's all mine/Can't you see that she's mine
D-Columbia C 22729
1965: Everybody knows/Ol sol
D-Columbia C 22835
1965: Over and over/Wild weekend
D-Columbia C 23108

EPs:
1963: «*The Dave Clark Five*» Do you love me/I know you//Poison ivy/No time to lose
Columbia SEG 8289
1964: «*Hits of the Dave Clark Five*» Glad all over/ Can't you see that she's mine//Thinking of you baby/Bits and pieces Columbia SEG 8381
1965: «*Wild weekend*» Wild weekend/When//Old sol/ A new kind of love Columbia SEG 8447

LPs:
1964: «*Dave Clark Five with the Washington DC's*» Ember 2003

1964: «*Session with the Dave Clark Five*»
Columbia SX 1598
(D-Columbia)
1966: «*Greatest hits – 14 world wide million sellers*» Columbia 6105
1965: «*Catch us if you can*» Columbia SX 1756
(D-Columbia)
1967: «*Everybody knows*» Columbia SX 6207
(D-Columbia SMC 74397)
1968: «*5 by 5 – go!*» Columbia SX 6309
1970: «*If somebody loves you*» Columbia SCX 6437

Abweichende deutsche LPs:
1970: «*The Dave Clark Five's greatest*» (NB: Enthält rare Stereo-Versionen!)
D-Columbia C 048–90941

Verschiedene:
1964: Stay/Time auf «*Glad all over*»-LP
US-Epic LN 24093
1964: Who does he think he is/I want you still/Come on over/Blue Monday/Sometimes auf «*American tour*»-LP US-Epic LN 24117
1965: Give me love/I'm left without you/Don't you know/To me/It's not true auf «*Coast to coast*»-LP US-Epic LN 24128
1965: We'll be running/Blue suede shoes/I'll never know/'Til the right one comes along/I'm thinking/Remember. It's me auf «*Weekend in London*»-LP US-Epic LN 24139
1965: Dum-dee-dee-dum/I said I was sorry/No stopping/When I'm alone auf «*Having a wild weekend*»-LP US-Epic LN 24162
1966: Today/I never will/Looking in/Ever since you've been away/somebody find a new home/I really love you/I don't feel good/Scared of falling in love/I know auf «*Try too hard*»-LP
US-Epic LN 24198
1966: Satisfied with you/Do you still love me/I meant you/You never listen/I still need you/It'll only hurt you for a little while/Good lovin' auf «*Satisfied with you*»-LP US-Epic LN 24212
1967: Something I've always wanted/You don't want my loving/How can I tell you/Picture of you/ Pick up your phone auf «*5 by 5*»-LP
US-Epic LN 24236

Cliff Bennett and the Rebel Rousers

Von Greg Shaw

Cliff und seine Jungs brachten 1961 ihre erste Platte raus, und kaum ein Jahr später wurden sie von einer Presseagentur bereits als «Beatgruppe Nummer eins in London» bezeichnet – aber erst, als Brian Epstein ihr Management übernahm, ging es für sie so richtig los. Cliff wurde ein Teenie-Idol ersten Ranges, nachdem *One Way Love* im Oktober 1964 auf Platz 12 gestürmt war. Obwohl die nächsten paar Erscheinungen sich als lahme Enten erwiesen, kamen sie dann mit einem Song aus dem Streifen «Revolver», *Got to Get You Into My Life*, zum erstenmal in die Top Ten. Das war jedoch bereits ihr letzter Hit. 1970 löste Bennett die Rebel Rousers auf und formierte Toe Fat, eine progressive Gruppe, die zwei LPs einspielte. Toe Fat hatte nur geringen Erfolg; daraufhin schaltete er wieder auf den alten Gruppennamen um, und dann, im Oktober 1972, wieder zurück auf Toe Fat, die auf Chapter One noch eine Single produzierten.

In der Zeit, als Cliff Bennett & the Rebel Rousers ihre Aufnahmen machten, probierten sie von Pseudo-Rockabilly bis Pseudo-Motown-Soul und – zwischendrin jede Menge Pop – so ziemlich alles, was es gab. Obwohl sie in keiner dieser Stilrichtungen besonders gut waren, waren sie immerhin noch besser als manche andere Gruppe. Die Besetzung der Rebel Rousers bestand aus Dave Wendells, Bobby Thompson, Maurice Groves, Sid Phillips, Mick Burt und Roy Young. In ihrer Frühzeit mischten gelegentlich auch Frank Allen von den Searchers und der als Session-Musiker bekannt gewordene Nicky Hopkins bei ihnen mit.

DISCOGRAPHIE

Cliff Bennett & the Rebel Rousers

1961: You got what I like / I'm in love with you
Parlophone R 4793
1961: When I get paid / That's what I said
Parlophone R 4836
1962: Poor Joe / Hurtin' inside   Parlophone R 4895
1963: Everybody loves a lover / My old standby
Parlophone R 5046
1963: You really got a hold on me / Alright
Parlophone R 5080
1964: Got my mojo working / Beautiful dreamer
Parlophone R 5119
1964: One way love / Slow down
Parlophone R 5173
1965: I'll take you home / Do you love him
Parlophone R 5229
1965: Three rooms with running water / If only you'd reply   Parlophone R 5259
1965: I've cried my last tear / As long as she looks like you   Parlophone R 5317
1966: You can't love 'em all / Need your lovin' tonight   Parlophone R 5406
1966: Hold on I'm coming / Eyes for you
Parlophone R 5466
1966: Got to get you into my life / Baby each day
Parlophone R 5489
1966: Don't help me out / Never knew my lovin'
Parlophone R 5534

1967: I'll take good care of you / I'm sorry
Parlophone R 5565
1967: Use me / I'll be there   Parlophone R 5598

Als Cliff Bennett Band
1968: Back in the U.S.S.R. / This man
Parlophone R 5749
1969: Memphis Street / But I'm wrong
Parlophone R 5792

abweichende deutsche Singles:
1967: One man heartache / Nobody runs forever
(aus dem Film «Der Haftbefehl»)
D-Odeon O-23941

Als Cliff Bennett
1968: House of a thousand dolls / Take your time
Parlophone R 5666
1968: You're breaking me up / I hear her voice
Parlophone R 5691
1968: Good times / Lonely weekens
Parlophone R 5771
1971: Amos Moses / Movin' and travellin' on
CBS 7321

EPs:
1964: *«Cliff Bennett and the Rebel Rousers»* Stupidity / She said yeah / You make me feel so good / Dr. Feelgood   Parlophone GEP 8923
1965: *«Try it baby»* Try it baby / Do it right / Shoes / I'm crazy about my baby   Parlophone GEP 8936
1965: *«We're gonna make it»* My sweet woman / Whole lotta woman / We're gonna make ist / Waiting at the station   Parlophone GEP 8955

LPs:
1964: *«Cliff Bennett and the Rebel Rousers»*
Parlophone 1242
1966: *«Drivin' you wild»*   MfP 1121
Regal 1039
1967: *«Got to get you into our life»*   Parlophone 7017
1967: *«Cliff Bennett branches out»*   Parlophone 7054
(D-Odeon 74482)

Toe Fat
LPs
1970: *«Toe Fat»*   Parlophone PCS 7097
1970: *«Toe Fat Two»*
Regal Zonophone SLRZ 1015

Als Rebellion
LPs:
1971: «Rebellion»   CBS 64487

Herman's Hermits

Von Mike Thom

Die Herman's Hermits waren ein nicht wegzudenkender Bestandteil der Briten-Invasion. Als im Oktober 1964 ihre erste Platte erschien, hatten die Beatles schon neun Platten in die amerikanischen Top Ten gebracht, die Dave Clark Five vier, und die Animals hatten mit ihrem Supererfolg *House of the Rising Sun*, der auf Platz eins geklettert war, ebenfalls schon ihre Visitenkarte abgegeben. Mit dem Auslaufen der ersten großen Welle der britischen Invasoren schlug die Stunde für eine neue Zwischenwelle, war die Zeit gekommen, daß Amerika eine neue «Beat-Gruppe» ins Herz schloß. In diesem Fall Herman's Hermits.

Warum wurden Herman's Hermits von den amerikanischen Plattenkäufern so bereitwillig akzeptiert? Teilweise liegt das wahrscheinlich an der Vorarbeit der Beatles. Ihre letzten drei Veröffentlichungen (*And I Love Her*, *I'll Cry Instead* und *Slow Down* waren nicht derart enthusiastisch aufgenommen worden wie ihre früheren Scheiben (keine von den dreien kam in die Top Ten), und die Massenanziehungskraft des Briten-Beat hatte ein wenig nachgelassen, wenn auch die nächste Welle fast wieder so hoch schlug wie die erste. Sogar die erste Single der Hermits, *I'm Into Something Good*, eine beschwingte Goffin/King-Komposition, war kein Riesenerfolg, aber die Gruppe hatte sich damit auf unserer Seite des Atlantiks etabliert, und ihre nächste Veröffentlichung, *Can't You Hear My Heartbeat*, eroberte Platz zwei. Ihre Konkurrenz, die Beatles, landeten zur gleichen Zeit ihren bis dato größten Doppelhit mit *I Feel Fine/She's a Woman*. Die Radios sorgten in diesem Krieg der Bands für den angemessenen Schlachtenlärm, während die Beatles eine Nacht und Herman's Hermits die nächste gewonnen.

Die Popularität der Hermits rührte wahrscheinlich so sehr von ihrem Image wie von ihrer Musik her. Herman (Peter Noone) kam mit seinem klassischen Netter-Junge-Image genausogut an wie zuvor Paul McCartney. Die Hermits waren alle jung; während ihre Aufnahmen Hits wurden, wohnten sie weiter hübsch brav daheim bei ihren Eltern. Und das war ja nun wirklich kein aufmüpfiges Betragen, auf das ihre Konkurrenz wie etwa die Hit-sammelnden Stones ihr Image aufbaute. Herman's Hermits waren sozusagen eine anständige Truppe mit ihren Weltergewichts-Beatsongs und englischen Music-Hall-Liedern und ihrem possierlichen Bühnengehabe, das in diesem Zusammenhang auch nicht vergessen werden darf. Der «Beatlemania» wurde die «Hermania» entgegengestellt (schlau, oder nicht?), und viele Teenyboppers, die ihr Herz noch nicht an eine der schon länger präsenten Briten-Gruppen verschenkt hatten, erwählten sich nun die Hermits zu Idolen. Sie hatten zwar nicht dasselbe musikalische Talent wie die Beatles, aber wen scherte das schon? Sie machten ordentliche Platten, anständige Auftritte und waren

Briten, und das war genug, um sie zu verkaufen.

Die Hermits hießen ursprünglich Heartbreaks, bevor Noone zu ihnen stieß. Sie spielten bei diversen Jugend-Veranstaltungen und waren recht beliebt, aber erst als Noone dabei war, machte es richtig klick. Angeblich hatte Herman seinen Spitznamen von dem Comics-Helden Sherman aus «Bullwinkle Show» und «Mr. Peabody», wegen seiner Ähnlichkeit mit diesem (wieder das Netter-Junge-Image!). Aber niemand weiß so recht zu sagen, warum aus Sherman Herman wurde, aber das ist ja auch nicht so wichtig (wenn auch immerhin der Stoff, aus dem Teenie-Magazine gestrickt wurden). Also wurden die Heartbreaks in Herman and His Hermits umgetauft, später verkürzt zu Herman's Hermits.

Aber jetzt wieder zu ihrer Geschichte: ihre nächsten Platten waren ihre größten. *Silhouettes* und *Wonderful World* schafften es in die Top Five und *Mrs. Brown* und *I'm Henry VIII, I Am* kamen beide auf den ersten Platz; *Listen People* erklomm den dritten Platz, die Ray-Davies-Nummer *Dandy*, die für die Kinks nie ein Hit wurde, schaffte den fünften Platz, und *There's a Kind of Hush*, ihr letzter großer Hit und heute ein zeitloser Standard, kam auf den vierten Platz. Diese Singles waren für Herman's Hermits der Schlüssel zum Erfolg; ohne sie hätten sie es zu gar nichts gebracht.

Kein einziges Album der Gruppe – mit Ausnahme von «The Best Of Herman's Hermits» – verkaufte sich besonders gut. Bis zu ihrem Album «There's a Kind of Hush», das 1967 erschien (und ein Hermits-Original enthielt), schrieben sie überhaupt nichts selbst. Das nächste Album, «Blaze», enthielt drei Titel, die von der Gruppe stammten, aber damit ist die LP-Geschichte von Herman's Hermits auch schon zu Ende. Es erschienen keine weiteren Alben mehr. Die Hermits nahmen alles in allem elf Alben auf; zwei waren Soundtracks, die sie sich mit anderen Gruppen teilten, eine weitere Soundtrack-LP enthielt die Musik ihres «großen» Films «Hold On» (der aber nicht so groß wurde, wie es MGM gern gesehen hätte), drei waren Greatest-Hits-Zusammenstellungen, und fünf waren sozusagen normal. Die früheren LPs verließen sich als Aufhänger ausschließlich auf die Hit-Singles, wogegen die letzten Alben lockerer aufgebaut waren. Teile von «On Tour» drehen einem beinahe den Magen um, aber «Hush» war ganz ordentlich gemacht, abwechslungsreich und spieltechnisch okay. «Blaze», ihr letztes Album, war schwächer, wenn auch vor allem im Blick auf die Auswahl des Materials. Graham Gouldman, der für sie, aber auch für andere englische Gruppen Hits geschrieben hatte (beispielsweise *Bus Stop* für die Hollies, *For Your Love* für die Yardbirds sowie *No Milk Today* und *Listen People* für Herman's Hermits), schrieb ihnen weiterhin Songs, und Geoff Stephens, Mitautor von *There's a Kind of Hush*, arbeitete ebenfalls noch für die Gruppe; aber es war etwas geschehen, was auf den Erfolg der Hermits einen nachhaltigen Einfluß hatte. Der Niedergang der britischen Vorherrschaft über die amerikanische Musikszene verdankte sich dem ständigen Strom nachdrängender amerikanischer Talente, dessen Höhepunkt die Acid/Underground-Explosion von 1968 war; das Jahr davor, 1967, war denn auch das letzte Jahr, in dem Herman's Hermits wirklich populär waren. Wo war noch ein Plätzchen für die Hermits, wo sich Jefferson Airplane und Grateful

Dead breitmachten? Dieser Rückgang der Popularität der Gruppe war keineswegs ein einzigartiges Phänomen. Auch die Dave Clark Five verloren durch diese Entwicklung ihre große Anhängerschaft, und auch die Popularität vieler anderer Gruppen der mittsechziger Jahre litt Schaden. Ihr Genie und ihr Avantgardismus halfen den Beatles, diese Zeit durchzustehen, als ob es sie nie gegeben hätte, aber für Herman's Hermits galt das nicht. Ihre Musik hatte sich im Grunde nicht verändert, doch Amerika war des Merseybeat überdrüssig geworden, der erst 1971 mit dem Auftauchen von Badfinger wiederbelebt wurde.

Die Gruppe blieb zusammen und spielte noch bis 1970 Platten ein und ließ damit in puncto Langlebigkeit manch andere hinter sich, wenn ihr dies auf anderen Gebieten schon nicht gelungen war. In dieser Zeit kamen etliche der besten Songs von Herman's Hermits heraus, wovon aber keiner ein Hit wurde. *Sunshine Girl* war ihr letzter Versuch, in England einen Beat-Hit zu landen, und eine der folgenden Singles, eine ausgezeichnete Neufassung des oft aufgenommenen *Here Comes the Star* (die B-Seite war eine Komposition von Peter Noone, *It's Alright Now*) stellte einen drastischen Schwenk von ihrer bisherigen Linie weg dar: *The Star* war eine Streichergeplagte Ballade mit einem lahmen Arrangement. Und wenn dieser Titel schon nicht so recht zu Herman's Hermits passen wollte, dann brachte *It's Alright Now*, ein veritabler Rocker, die Leute schließlich dazu, zu fragen, wer *das* denn nun wieder wäre. Damit hatten Herman's Hermits mit ihrem früheren Image gebrochen, aber eben zu spät. «Billboard» sagte voraus, *The Star* werde in die Top Sixty kommen, aber das Stück schaffte es überhaupt nicht in die Charts. Ihre letzte US-Single war ein weiterer schöner Stephens/Reed-Song (die Leute, die *There's a Kind of Hush* geschrieben hatten); er hieß *My Sentimental Friend*. Die Stimme von Herman paßte perfekt zu diesem Stück, aber an der Ladenkasse rührte sich wieder nichts. Die B-Seite war eine weitere Ballade, *My Lady*, die einen Piano-Part brachte, wie man ihn auf Platten der Hermits noch nie zuvor gehört hatte.

Als die Gruppe schließlich zerbrach, unterschrieb Noone bei Bell und nahm dort einen Song von David Bowie auf, *Oh You Pretty Thing*, der in England in die Charts kam, aber hier bei uns durchfiel. Der Rest der Gruppe ging eigene Wege. Die große Zeit der Hermits währte von 1964 bis 1967, und sie blieben bis 1970 zusammen, eine recht beeindruckende Bilanz für eine britische Beatgruppe.

Doch trotz ihrer Schwächen und ihres späteren Erfolgsmangels haben diese Jungs eine ganze Menge anständiger Musik zuwege gebracht. Sie waren keine Beatles, man sollte sie in keiner Weise mit ihnen vergleichen (selbst wenn es so aussieht, als hätte ich in diesem Artikel an manchen Stellen damit geliebäugelt), aber man wird sich immer wieder an sie erinnern. Oder sagen wir es einfacher – sie waren halt eine verdammt gute Briten-Gruppe.

DISCOGRAPHIE

1964: I'm into something good/Your hand in mine
Columbia DB 7328
(D-Columbia C 22819)
1964: Show me girl/I know why
Columbia DB 7408
1965: Can't you hear my heartbeat/Silhouettes
Columbia DB 7475
1965: Wonderful world/Dream on
Columbia DB 7546
1965: Just a little bit better/Take love give love
Columbia DB 7670
1965: A must to avoid/Man with the cigar
Columbia DB 7791
(D-Columbia C 23125)
1966: You won't be leaving/Listen people
Columbia DB 7861
1966: This door swings both ways/For love
Columbia DB 7947
1966: No milk today/My reservation's been confirmed
Columbia DB 8012
(D-Columbia C 23314)
1966: East West/What is wrong and what is right
Columbia DB 8076
1967: There's a kind of hush/Gaslite street
Columbia DB 8123
(D-Columbia C 23445)
1967: Museum/Moonshine man
Columbia DB 8235
(D-Columbia C 23564)
1967: I can take or leave your loving/Marcel's
Columbia DB 8327
(D-Columbia C 23701)
1968: Sleepy Joe/Just one girl   Columbia DB 8404
1968: Sunshine girl/Nobody needs to know
Columbia DB 8446
(D-Columbia C 23848)
1968: Something's happening/The most beautiful thing in my life   Columbia DB 8504
(D-Columbia DB 23967)
1969: My sentimental friend/My lady
Columbia DB 8563
(D-Columbia C 006–90151)
1969: Here comes the star/It's alright now
Columbia DB 8626
(D-Columbia C 006–90753)
1970: Years may come, years may go/Smile please   Columbia DB 8656
(D-Columbia C 006–91120)
1970: Bet yer life I do/Searching for the Southern sun   RAK 102
(D-Columbia C 006–91498)
1970: Lady Barbara/Don't just stand there
RAK 106
(D-Columbia 006–92024)

Abweichende deutsche Singles:
1965: Mrs Brown you've got a lovely daughter/Wonderful world   D-Columbia C 22970
1965: Henry VIII/The end of the world
D-Columbia
1965: Just a little bit better/Take love, give love
D-Columbia C 23065
1966: Listen people/Got a feeling
D-Columbia C 23170
1966: Leaning on a lamppost/You won't be leaving   D-Columbia C 23197
1966: This door swings both ways/For love
D-Columbia C 23242
1966: Dandy/Hold on   D-Columbia C 23326
1967: East West/What is wrong what is right
D-Columbia C 23377
1967: Don't go out into the rain/Last bus home
D-Columbia C 23596
1968: Sleepy Joe/London girl   D-Columbia C 23774

EPs:
1965: «*Hermania*» Sea cruise/Mother in law//I understand/Thinkin' of you   Columbia SEG 8380
1965: «*Mrs Brown you've got a lovely daughter*» Mrs Brown you've got a lovely daughter/I know why//Show me girl/Your hand in mine
Columbia SEG 8440
1965: «*Herman's Hermits Hits*» Silhouettes/Wonderful world//Heartbeat/I'm into something good   Columbia SEG 8442
1966: «*A must to avoid*» A must to avoid/Henry VIII/Just a little bit better/Walkin' with my angel
Columbia SEG 8477
1966: «*Hold on*» Where were you when I needed you/Hold on/George and the dragon//All the things I do for you/Wild love/A must to avoid
Columbia SEG 8503

LPs:
1965: «*Herman's Hermits*»   Columbia SX 1727
1967: «*Both sides of Herman's Hermits*»
Columbia SX 6084
1967: «*A kind of hush*»   Columbia SX 6174
1968: «*Mrs Brown you've got a lovely daughter*»
Columbia SX 6303
1968: «*The best of Herman's Hermits*»
Columbia SX 6332

Abweichende deutsche LPs:
1966: «*Herman's Hermits again*»
D-Columbia SMC 74150
1967: «*Herman's Hermits Hits*»
D-Columbia C 84030

Verschiedene:
1965: Kansas City loving auf «*Introducing Herman's Hermits*»-LP   US-MGM 4282
1965: I gotta dream auf «*Herman's Hermits on tour*»-LP   US-MGM 4295
1966: Got a feelin'/Wild love/Gotta get away/Make me happy auf «*Hold on*»-LP   US-MGM 4342
1966: L'autre jour/The future Mrs Awkins/Oh Mr Porter/Two lovely black eyes/My old Dutch auf «*Both sides of Herman's Hermits*»-LP
US-MGM 4386
1966: Little boy sad auf «*The best of Herman's Hermits Vol. II*»-LP   US-MGM 4416
1967: Child of tomorrow auf «*There's a kind of hush*»-LP   US-MGM 4438
1967: Busy line/Green street green/I call out her name/One little packet of cigarettes/Ace, king, jack, queen auf «*Blaze*»-LP   US-MGM 4478
1968: Wings of love/Mum and dad auf «*The best of Herman's HermitsVol. III*»-LP
US-MGM 4505

Peter and Gordon

Von Ken Barnes

Peter Asher und Gordon Waller hatten mit den treibenden Kräften der Briten-Invasion musikalisch nichts gemein – nur die Nationalität und die Hits. Die Anglomanie war 1964 verbreitet genug, um dem amerikanischen Publikum jede beliebige Menge der unwahrscheinlichsten Solo-Acts und Duos (Tommy Quickly, Kathy Kirby, Chad & Jeremy, Ron & Mel) aufzudrücken, wenn sie nur Briten waren – manche hatten Erfolg, manche auch nicht. Peter & Gordon gehörten zur Kategorie der Erfolgreichen und bekamen noch durch das Verhältnis von Peters Schwester Jane mit Paul McCartney mächtigen zusätzlichen Rückenwind. Paul und John schrieben die ersten drei Singles von Peter & Gordon, sie kamen bestens an und waren überdies auch wirklich ganz annehmbar, und damit hatten sie ihnen einen fliegenden Start verschafft.

Das Duo sang schon in der Schule zusammen, damals noch unter dem holprigeren Namen Gordon & Peter; sie bestanden eine EMI-Audition und brachten im April 1964 *A World Without Love* heraus, das in England auf den ersten Platz kam und diesen Triumph auch bei uns hier wiederholte und ein Cover von Bobby Rydell schon im Ansatz vernichtete. *Nobody I Know*, eine um etliches bessere Aufnahme, hielt sich in beiden Ländern recht ordentlich, war aber ihr letzter britischer Hit in einem Jahr, in dem sie sich auf Amerika konzentrierten, viel auf Tournee waren (wobei es gelegentlich vorkam, wie schwer das auch zu glauben sein mag, daß sie ein Konzert wegen frenetischer Ausbrüche unkontrollierbaren Publikumsgekreisches abbrechen mußten). *I Don't Want To See You Again* war eine weitere ausgezeichnete Beatles-Komposition; und dann knöpften sie sich schlauerweise einen hervorragenden Song von Del Shannon vor, *I Go To Pieces*, und hatten einen großen Hit damit.

Im April 1965 brachten sie eine füllig-balladeske Bearbeitung von *True Love Ways* (von Buddy Holly) heraus, was eine gewisse Abwendung vom Pfad des puren Pop bedeutete, den sie bisher verfolgt hatten; und es klappte – die Nummer kam in England immerhin auf Platz fünf. Dann ließen sie *To Know You Is To Love You* (wie sie dieses Spector-Opus neu betitelten) eine ähnliche Kur angedeihen und landeten wieder einen Hit auf beiden Märkten; ihm folgte in England *Baby I'm Yours* von Barbara Lewis in die Top Twenty. Dieser Song erschien in den Staaten nicht; statt dessen brachten sie bei uns eine Lusche namens *Don't Pity Me* heraus, die nur auf Platz 83 kam und ihre Position gefährdete.

Dann gerieten sie, wie das Leben so spielt, an eine Komposition eines gewissen A. Smith mit dem Titel *Woman*. Der Song, ein recht annehmbares Pop-Leichtgewicht, war drauf und dran, ein Hit zu werden, als irgendwie ans Licht des Tages kam, daß dieser «Smith» in Wirklichkeit Paul McCartney war, der mal ausprobieren wollte, ob einer seiner Songs auch dann ein Hit würde, ohne daß sein Name drunter stand. Er hat es nicht mehr rauskriegen können, weil sich die Neuigkeit zu schnell herumsprach, doch Peter & Gordon hatten wieder einen Hit für sich zu verbuchen. Ihm folgten zwei Mißerfolge (obwohl eine der B-Seiten, *Stranger and a Black Dove*, ein hübsches angefolktes Lied war); aber dann nahmen sie ungefähr um die Zeit, als *Winchester Cathedral* die Charts raufrauschte, eine witzige Vaudeville-Nummer auf, die *Lady Godiva* hieß. Sie wurde ihr zweitgrößter Hit; ihr folgte der mit zarten Anspielungen gewürzte Titel *Knight In Rusty Armour* und *Sunday For Tea*, ihr letzter wirklich großer Hit (April 1967), obwohl sie noch ein gutes weiteres Jahr zusammen Aufnahmen machten.

Der Rock'n'Roll-Gehalt von Peter & Gordon war, um das mindeste zu sagen, minimal; sie selbst beschrieben ihre Musik als «einen reichlich merkwürdigen Sound-Cocktail» und erklärten, daß sie überzeugte R & B-Anhänger seien, genausosehr aber auch «Middle-of-the-Road-Pop-Gläubige». Viele von ihren Singles waren höchst angenehmes Radio-Futter, speziell *Nobody I Know* und *I Go To Pieces*, aber ihre Alben (und sie haben jede Menge aufgenommen, darunter «Peter & Gordon Play and Sing the Hits of Nashville Tennessee», eine frühe Verbeugung vor dem Country & Western) waren kaum auseinanderzuhalten; und die LP «Lady Godiva» schließlich bestand fast ausschließlich aus Müll. Im Grund ging es ihnen vor allem ums Überleben; sie hatten ein scharfes Ohr für das Kommerzielle, und es gelang ihnen, die Charts verhältnismäßig lange zu beherrschen, indem sie sich an die Spitze eines jeden Trends setzten.

Peter & Gordon gingen Ende 1968 auseinander; Gordon machte ein paar Solo-Scheiben, Peter ging zu Apple Records, wo er sich natürlich mit einem amerikanischen Folk-Sänger zusammentat.

DISCOGRAPHIE

1964: A world without love / If I were you
Columbia DB
(D-Columbia C 22179)
1965: True love ways / If you wish
Columbia DB 7524
(D-Columbia C 22212)
1965: To know you is to love you / I told you so
Columbia DB 7617
1965: Baby I'm yours / When the black of your eyes   Columbia DB 7729
1966: Woman / Wrong from the start
Columbia DB 7834
(D-Columbia C 23163)
1966: To show I love you / Don't pity me
Columbia DB 7951
(D-Columbia C 23237)
1966: Lady Godiva / Morning calling
Columbia DB 8003
(D-Columbia C 23292)
1966: Knight in rusty armour / Flower lady
Columbia DB 8075
(D-Columbia C 23378)

1967: I feel like going out / The quest for the Holy Grail   Columbia
(D-Columbia C 23790)

Abweichende deutsche Singles:
1965: Nobody I know / You don't have to tell me
D-Columbia C 22754
1967: Liebe, Glück und Treue / Wunder
D-Columbia C 23442
1967: Sunday for tea / Start trying someone else
D-Columbia C 23482

LPs:
1964: *«Peter and Gordon»*   Columbia SX 1630
1965: *«Peter and Gordon»*   Columbia SCXC 25
1965: *«Hurtin' 'n' lovin'»*   Columbia SX 1761
1966: *«Somewhere»*   Columbia SX 1801
(D-Columbia SMC 74229)

Abweichende deutsche LPs:
1966: *«Peter and Gordon»*
D-Columbia SCX 6045

Brian Poole and the Tremeloes

Von Greg Shaw

Diese Gruppe, die 1959 gegründet wurde, begann 1961 nach einem Auftritt in der TV-Show «Saturday Night» professionell zu arbeiten; Ende 1962 wurde sie dann von Decca unter Vertrag genommen. Die Mitglieder stammten aus London, doch ihre ersten Erfolge mit Singles und ihrer ersten LP hatten sie in Kanada. Im Juli 1963 eroberten sie mit *Twist and Shout* den vierten Platz der englischen Charts, ungefähr einen Monat vor den

Beatles; zwei Monate darauf landeten sie – einen Monat vor den Dave Clark Five – mit *Do You Love Me* auf Platz eins. Danach hatten sie weitere zwei Top-Five-Hits und waren 1965 ununterbrochen in den Charts vertreten. 1966 trennte sich Brian Poole von der Gruppe, um sich – erfolglos – an einer Solo-Karriere zu versuchen, und die Tremeloes wurden danach eine erstklassige Vokalharmoniegruppe vom Schlag der Hollies. Von Brian Poole & the Tremeloes sind in den Staaten drei LPs und die meisten Singles erschienen; es kam aber kein einziger Titel in die Charts. Sie waren keine große Gruppe, aber schlecht waren sie dann auch wieder nicht. Auf ihren Alben finden sich gute Fassungen von *Alley Oop, Da Doo Ron Ron, South Street, Rag Doll* und *I Want Candy*.

DISCOGRAPHIE

Brian Poole and the Tremeloes:
1962: Twist little sister/Lost love* Decca 11455
1962: Blue*/That ain't right* Decca 11515
1962: A very good year for girls*/(Meet me) where we used to meet Decca 11567
1963: Keep on dancing/Run back home Decca 11616
1963: Twist and shout/We know Decca 11694 (D-Decca 25116)
1963: Do you love me*/Why can't you love me* Decca 11739 (D-Decca 25120)
1963: I can dance*/Are you loving me at all* Decca 11823 (D-Decca 25124)
1964: Candy man*/I wish I could dance* Decca 11823 (D-Decca 25127)
1964: Someone, someone*/Till the end of time* Decca 11893 (D-Decca 25140)
1964: 12 steps to love*/Don't cry* Decca 11951 (D-Decca 25146)
1964: Three bells*/Tell me how you care* Decca 12037
1965: After a while/You know* Decca 12124
1965: I want candy*/Love me baby Decca 12197 (D-Decca 25194)
1965: Good lovin'*/Could it be you Decca 12274 (D-Decca 25216)

Als Brian Poole/Brian Poole and the Tremeloes:
1966: Hey girl/Please be mine Decca 12402

Verschiedene:
1965: *«I go crazy»** Love me baby* US-Audio Fidelity 112

EPs:
1964: *«Brian Poole and the Tremeloes»* Twenty miles/Come on in*//Swinging on a star*/Yakety Yak* Decca DFE 8566
1965: *«Time is on my side»* (als «Teenbeat 5») Time is on my side*/Sho' miss you baby*//It's all right*/You don't own me* Decca DFE 8610 (D-Decca DX 2391)

Abweichende deutsche EPs:
1963: *«8 Top Hits»* Speedy Gonzales/Guitar man/Sheila/Let's dance//Stranger on the shore/Ginny come lately/Dream baby (how long I must dream)/The Swiss maid D-Decca DX 2320

LPs:
1963: *«Big Hits of '62»* (1965: «Die große Twist- und Teenagerparty Speedy Gonzales») Decca ACL 1146 (D-Decca BLK 16265)
1963: *«Twist and shout with Brian Poole and the Tremeloes»* Decca LK 4550
1965: *«It's about time»* Decca LK 4685 (D-Decca BLK 16356)

Lulu and the Luvvers

Von Greg Shaw

Während der Beat-Ära waren in England viele weibliche Gruppen und Sängerinnen aktiv: Neben – natürlich – Dusty Springfield und Petula Clark war auch Beryl Marsden alles andere als schlecht. Bobbie Miller machte vier gute Platten, die von Bill Wyman produziert wurden, Cover-Versionen von Hits der frühen sechziger Jahre wie *Tell Him* und *What a Guy*. Twinkle schaffte es mit *Terry*, einem Song über den Tod, in die Charts; Goldie & the Gingerbreads spielten ihre Instrumente selbst und machten ein paar gute Aufnahmen. (Goldie ist heute als Genya Ravan weit bekannter als damals.) Die Liverbirds waren vielleicht die erste weibliche Gruppe, die auf der Bühne mit ihren eigenen Instrumenten auftraten, aber leider waren ihre Platten nicht besonders. Die Breakaways und die Carefrees machten ein paar gute Platten, und auch die Caravelles (*You Don't Have to Be a Baby to Cry*) waren aus England, wenn das auch nicht allgemein bekannt ist. Doch die Gruppe, die von allen die aufregendsten Aufnahmen machte und das beste Beat-Feeling aufwies (im Unterschied zum traditionelleren Girl-Group-Sound), war keine andere als Lulu & the Luvvers.

Sie haben ungefähr ein Dutzend Songs zusammen aufgenommen, bevor Lulu ihre erfolgreiche Solo-Karriere antrat. Angefangen haben sie in Glasgow, und ihre erste Platte, *Shout*, hatte einen rauhen, aufmüpfigen Sound, den keine Londoner Sängerin damals hingekriegt hätte. Es ist eine großartige Platte, mit einem starken Baß und einer beeindruckenden Orgel. Die B-Seite, als Song nicht ganz so doll, zeigt Lulu von ihrer rauhesten Seite – ihre Stimme tönt in dem Bemühen, den R & B am Wickel zu kriegen, der 1964 so wahnsinnig beliebt war, wie ein rostiges Reibeisen.

Ihre dritte Single war *Here Comes the Night*, die etliche Wochen vor der Version von Them herauskam. Es war eine ganz andere Interpretation, hochproduziert und bluesy, fast schon New-York-Sound. Eine ausgezeichnete Platte. Weder der Produzent Berns noch der Arrangeur Mike Leander zeichnen auf den folgenden Erscheinungen verantwortlich, und die von Gitarre und Keyboard dominierte Combo (wer es auch war – ich wäre nicht überrascht, wenn es die Them gewesen wären) ist durch eine Big Band und durch reinrassige Pop-Arrangements ersetzt. Und das war dann auch das Ende der kurzen, aber hervorragenden ersten Phase im Schaffen von Lulu. Die Luvvers machten noch eine – erfolglose – Solo-Single, bevor sie verschwanden.

Die besten und die schlechtesten Leistungen der frühen Lulu sind auf einer englischen LP greifbar, aber in Amerika ist außer drei Singles und einer Wiederveröffentlichung von «Shout» sowie dem ausgezeichneten frühen Track *Just One Look* auf dem äußerst obskuren Album «England's Greatest Hitmakers» (London LL

3430) weiter nichts von ihr erschienen. Dies war ein Sampler, das in England zusammengestellt und zugunsten der Lord's Taverners (einem Verein von Kricket-Enthusiasten) herausgebracht wurde und aus damals noch unveröffentlichten Songs einer Anzahl von Top-Künstlern bestand, von denen etliche als seltene Köstlichkeiten gelten können – etwa die langsamere und völlig andere Version der Them von *Little Girl* oder von *Nothing's Changed* von den Zombies (in einer Fassung, die nur in den USA erschienen ist). Außerdem waren auf der LP noch die Applejacks, Dave Berry, Bern Elliott, die Unit Four Plus Two, die Rolling Stones und andere vertreten.

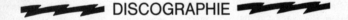

DISCOGRAPHIE

Lulu and the Luvvers:
Singles:
1964: Shout / Forget me baby *   Decca F 11884
(D-Decca DL 25143)
1964: Can't hear you no more * / I am in love *   Decca F 11965
1964: Here comes the night * / That's really some good *   Decca F 12017
1965: Satisfied * / Surprise surprise *   Decca F 12128
1965: Leave a little love * / He don't want your love anymore *   Decca F 12169
1965: Try to understand / Not in the whole wide world   Decca F 12214
1965: Tell me like it is / Stop fooling around *   Decca F 12254

EPs:
1965: «*Heatwave*» («*Teenbeat I*») Heatwave / What's easy for two is hard for one / / Nothing left to do but cry / The trouble with boys   Decca
(D-Decca DX 2387)

LPs:
1965: «*Something to shout about*»   Decca LK 4719

Verschiedene:
1965: Choc ice * / The only one * auf «*Gonks go beat*»-LP   Decca LK 4673
1965: Just one look * auf «*14 great artists*»-LP   Decca LK 4695

The Luvvers:
Singles:
1966: House on the hill / Most unlovely   Parlophone R 5459

The Applejacks

Von Greg Shaw

Diese Jungs spielten schon 1960 als Schulkameraden zusammen und waren immer noch auf der Penne, als im Januar 1964 ihre erste Platte erschien. Der Rektor soll sie damals vor die Wahl gestellt haben, sich entweder für die Musik oder die Schule zu entscheiden; sie wählten erstere und waren für das nächste Jahr eine der größten englischen Gruppen.

Sie hatten einen fülligen, ansprechenden Liverpool-Sound, dem zwar eine eigene Note fehlte, der aber irgendwo in der Nähe von Peter & Gordon, Gerry & the Pacemakers und dergleichen angesiedelt war, was ihre starke Pop-Orientierung anging. Ihr Instrumental-Sound gehörte mit zu den besten; Megan Davies (eine junge Dame) lieferte eine überaus solide Baß-Grundlage, und Phil Cash spielte eine harte Gitarre. Außerdem noch dabei: Al Jackson, Mart Baggot, Gerry Freeman und Don Gould. Ihre beste Aufnahme ist wohl *Everybody Fell Down*, ein absoluter Killer und eine ihrer drei US-Erscheinungen; es war die B-Seite des Lennon/McCartney-Songs *Like Dreamers Do*, den die Beatles selbst niemals aufgenommen haben. Es ist schon reichlich merkwürdig, daß man sich in puncto Applejacks am ehesten noch an *I Go to Sleep* erinnert, einen Song von Ray Davies, den die Kinks nie auf Vinyl gebracht haben.

Zum Glück für uns ist es ihnen gelungen, in ihrem großen Jahr in England eine LP auf den Markt zu bringen, die voller guter Titel ist. *As a Matter of Fact* ist ein ausgezeichneter Mersey-Song, und das gilt auch für *Three Little Words* und *See If She Cares*. Außerdem bietet das Album noch großartige Covers von *Hello Josephine* und *Kansas City* sowie die absolut beste Fassung von *Ain't That Just Like Me*. Alles in allem eines der hörbarsten Alben des Jahres 1965.

Die Applejacks hielten sich dieses Jahr hindurch ganz oben, waren aber Ende 1965 schon fast wieder vergessen, als die letzte Aufnahme, die ich von ihnen kenne, bei Decca erschien. Anfang 1967 gab es noch eine Single bei CBS, von der ich aber nicht mehr weiß, als daß es ihre definitiv letzte war. Warum sie so schnell auf Talfahrt gingen, ist ein echtes Rätsel, und man kann sich nur fragen, ob sie es letztlich nicht doch bedauert haben, daß sie nicht auf den Rat ihres Rektors hörten, lieber auf der Penne zu bleiben.

DISCOGRAPHIE

Singles:
- 1964: Tell me when / Baby Jane   Decca F 11833 (D-Decca DL 25136)
- 1964: Like dreamers do * / Everybody fell down *   Decca F 11916
- 1964: Three little words / You're the one for me *   Decca F 11981
- 1965: Chim Chim Cheree * / It's not a game anymore *   Decca F 12050
- 1965: Bye bye girl * / It's not a game anymore *   Decca F 12106 (D-Decca DL 25179)
- 1965: I go to sleep * / Make up or break up *   Decca F 12216
- 1965: I'm through * / We gotta get together *   Decca F 12301
- 1967: You've been cheatin' * / Love was in my eyes *   CBS 202605

LPs:
- 1965: *The Applejacks*   Decca LK 4635

Verschiedene:
- 1965: Baby's in black * auf *14 great artists*-LP   Decca LK 4695

Dave Berry and the Cruisers

Von Greg Shaw

Dave Berry, ein hünenhafter Zweimetermann aus Sheffield, war einer der ersten, die den R&B in England populär gemacht haben. Er war ein begeisterter Anhänger des amerikanischen Blues von Arthur Crudup bis Arthur Alexander und der erste englische Sänger, der sowohl *My Baby Left Me* von Crudup wie auch *You Better Move On* von Alexander aufnahm. Seine erste Platte war *Memphis Tennessee* von Chuck Berry, und sie kam im Oktober 1963 auf Platz 15. Mit *My Baby Left Me*, das ein paar Monate darauf Platz 26 erreichte, sichert sich Berry die Aufnahme in den exklusiven Zirkel der R&B-Heiligen und erschien sogar auf einer frühen Decca-Anthologie zusammen mit Zoot Money, Alexis Korner, Graham Bond und John Mayall. Erst mit einer Pop-Ballade aber kam Dave in die Top Ten; es war *The Crying Game*, eine ganz hübsche, aber ziemlich gekünstelte Nummer.

Normalerweise würde ich so etwas als ziemlich bedenklich betrachten, aber im Fall von Berry war das eine Verbesserung. Als Fan mag er ja vielleicht einen untrüglichen Geschmack besessen haben, aber als Sänger zeigte er wenig Feeling für den R&B und mordete die meisten Songs, die er aufnahm, mit seiner Stimme dahin. Die nämlich war voll und durchgebildet und bei Pop-Balladen einfach besser zu Hause. Und die Pop-Balladen, die er aufgenommen hat (*Little Things* etwa, seine nächste Erscheinung und sein einziger weiterer Hit) waren auch ganz okay. Nach vier Alben und einer Solo-Karriere ist er immer noch aktiv; er hat nie aufgehört, R&B-Klassiker aufzunehmen und vielleicht deshalb nie die Anerkennung als Pop-Sänger gefunden, die ihm sonst hätte zukommen müssen. Der Rocker Dave Berry ist bestenfalls ein amüsantes Beispiel dafür, was die frühen britischen Puristen als R&B gelten zu lassen bereit waren.

Übrigens mischte auf seiner ersten LP nach den Angaben auf dem Cover auch ein gewisser Jimmy Page mit (Gitarre und Harmonika). Berry trat nebenbei gesagt auch in dem Streifen «The Ghost Goes Gear» (1966) auf; seine Cruisers waren Frank White (g), Alan Taylor (g), Peter Cliffe (b) und John Riley (dr).

DISCOGRAPHIE

Dave Berry and the Cruisers:
1963: Memphis Tennessee / Tossin' and turnin *
Decca F 11734
1964: My baby left me / Hoochie Coochie man *
Decca F 11803
1964: Baby it's you * / Sweet and lovely *
Decca F 11876
1964: The crying game / Don't gimme no lip child *
Decca F 11937
1964: One heart between two * / You're gonna need somebody *   Decca 12020

Als Dave Berry:
Singles:
1965: Little things / I've got a tiger by the tail *
Decca F 12103
1965: This strange effect * / Now
1965: I'm gonna take you there * / Just don't know *   Decca F 12258
1966: If I wait for love * / Hidden *   Decca F 12337
1966: Mama / Walk walk talk talk *   Decca F 12435
(D-Decca DL 25251)
1966: Picture me gone * / Ann *   Decca F 12513
1967: Stranger * / Stick by the book *   Decca F 12579
1967: Forever * / And I have learned to dream *
Decca F 12651
1967: Just as much as ever / I got the feeling
Decca F 12739
1968: Do I figure in your life * / Latisha *
Decca F 12771

EPs:
1965: «Dave Berry» («Teenbeat 3») Me-o-my-o * / St. James Infirmary / / If you need me * / Ella Speed   Decca DFE 8601
D-Decca DX 2389

1965: «Can I get it from you» Can I get it from you * / Why don't they understand * / / Always always * / He's with you *   Decca DFE 8625

LPs:
1964: «Dave Berry»   Decca LK 4653
1966: «The special sound of Dave Berry»
Decca LK 4823
1966: «One dozen Berrys»   Decca SCL 1218
1968: «Dave Berry '68»   Decca SLK 4932

Verschiedene:
1964: Little queenie * / Diddley diddley daddy * auf Live at the Cavern»-LP   Decca LK 4597
1964: Diddly daddy * / Not fade away * / You better move on * auf «R & B, Rhythm and Blues»
Decca LK 4616
1964: He's with you * auf «14 great artists»-LP
Decca LK 4695

The Cruisers solo:
1965: It ain't me babe * / Baby what you want me to do *   Decca F 12098

Neil Christian and the Crusaders

Von Greg Shaw

Angeblich soll Neil Christian einmal für den erkrankten Sänger einer Band von Schulkameraden eingesprungen sein und seine Sache so gut gemacht haben, daß sie ihn baten, der Gesangsstar ihrer Gruppe zu bleiben. Aber das will nicht viel heißen – er war ein lausiger Sänger. Trotzdem haben wir es bei Neil Christian & the Crusaders wieder einmal mit einer Gruppe zu tun, bei der auch Jimmy Page zeitweise mitgemischt haben soll, aber wann, das wissen wir nicht. Christian nahm 1963–64 vier Seiten für EMI auf, darunter eine Version des Joe-Turner-Hits *Honey Hush* mit schwerer Mersey-Schlagseite, wechselte dann zu dem Label Strike von Miki Dallon, wo er dann Anfang 1966 mit *That's Nice* den zwanzigsten Platz auf den Charts holte. Anschließend ließ Neil die Gruppe sitzen und wurde – zuerst auf Strike und dann auf Pye – solistisch aktiv. Kürzlich lief das Gerücht um, daß hinter Gary Glitter in Wirklichkeit Neil Christian stecke, aber weil Neil im Juni 1973 verkündet hat, er sei wieder da, hat sich dieses Gerede von selbst erledigt.

 DISCOGRAPHIE

Singles:
1961: Road to love / Big beat drum
　　　　　　　　　　　　Columbia DB 4938
1963: A little bit of something else / LOD
　　　　　　　　　　　　Columbia DB 7075
1964: Honey hush / Monkey　Columbia DB 7289
1965: That's nice / She's got the action
　　　　　　　　　　　　Strike JH 301
　　　　　　　　　　　　(D-Strike DV 14516)
1966: Oops / She said yeah　Strike JH 313
1966: Two at a time / Wanna lover　Strike JH 319
　　　　　　　　　　　　(D-Strike DV 15599)
1967: You're all things bright and beautiful / I'm gonna love you baby　Pye 17372
　　　　　　　　　　　　(D-Vogue DV)

Abweichende deutsche Singles:
1966: Baby in love / Was ich Dir noch sagen wollte
　　　　　　　　　　　　D-Strike DV 14616
1968: Bit by bit / Let me hear you love
　　　　　　　　　　　　D-Vogue DV 14685

Verschiedene:
1966: That's nice / I like it　F-Riviera 121061

EPs:
1964: «*Little bit of something else*» Little bit of something else / Get a load of this / / One for the money / Honey hush　Columbia SEG 8492

Verschiedene:
1965: «*That's nice*» That's nice* / She's got the action* / / I like it* / *Let me in*　F-Riviera 231-161

Unit Four Plus Two

Von Greg Shaw

Unit Four Plus Two hatten ähnlich wie Neil Christian & the Crusaders mit *Concrete and Clay* einen US-Freak-Hit (Platz 28), der sich durch einen spanisch angehauchten Part der akustischen Leadgitarre vor herkömmlichem elektrischem Begleit-Beatrhythmus auszeichnete. Dieser Platte, die nun wirklich nicht schlecht war, folgte mit *Never Been in Love Like This Before* ein Beinahe-Hit. Ihr erstes und einziges Album enthielt weiteres Folk-orientiertes Material wie *Cotton Fields* und *La Bamba*, aber die besten Titel der LP sind Mersey-Songs wie *Couldn't Keep It To Myself* (eine merkwürdige Stilmixtur aus Merseybeat und Hootenanny) und *Boy From New York City*. Im Kern waren sie aber eine Folk-Gruppe der frühen sechziger Jahre, die sich Verstärker zugelegt hatte – wie die englische Version ihres Albums beweist, auf der sich auch so altbekannte Hootenanny-Standards wie *500 Miles*, *Swing Down Chariot* und *Wild Is the Wind* finden.

DISCOGRAPHIE

Singles:
1964: Greenfields*/Swing down chariot
 Decca F 11821
1964: Sorrow and pain/The lonely valley*
 Decca F 11994
1965: Concrete and clay/When I fall in love*
 Decca F 12071
 (D-Decca DL 25181)
1965: Never been in love like this before*/Tell somebody you know*
 (D-Decca DL 25191)
1965: Hark*/Stop wasting my time*
 Decca F 12211
1965: You've got to be cruel to be kind*/I won't let you down*
 Decca F 12299
1966: Baby never say goodbye*/Rainy day
 Decca F 12333
1966: Fables*/For a moment Decca F 12398
1967: Too fast too slow/Booby trap Fontana
1967: Butterfly/Place to go* Fontana
1967: Would you believe what I say*/Loving takes a little understanding Fontana
1968: So you want to be a blues player/You ain't going nowhere Fontana
 (D-Fontana 267838)

LPs:
1965: «*Unit 4 + 2*» Decca LK 4697
1969: «*Butterfly*» Fontana SFKL 13123

Verschiedene:
1965: Womon from Liberia* auf «*14 great artists*-LP Decca LK 4695

The Poets

Von Greg Shaw

Wie Dean Ford & the Gaylords stammten die Poets aus Glasgow, und als aus ersterer Gruppe die Marmalade wurden, nahmen sie zwei Poets mit, Hughie Nicholson und Dougie Henderson. Zwischen 1964 und 1967 brachten es die Poets zu sieben Erscheinungen auf Decca und Immediate, von denen aber nur eine (*Now We're Thru*, auf DynoVoice 201) in Amerika erschienen ist. Die Poets galten als für ihre Zeit ziemlich «avantgardistisch», und ihre Platten haben einen geschmackvollen «kunsthaften» Sound, der in mancher Hinsicht an die Zombies erinnert, mit Mollakkorden und ungewöhnlichen Tonfolgen. *Now We're Thru* war in England ein Hit und ist eine überaus fesselnde Aufnahme.

 DISCOGRAPHIE

1964: Now we're thru/There are some
Decca F 11995
1965: That's the way it's got to be/I'll cry at the moon Decca F 12047
1965: I am so blue/I love her still Decca F 12195
1965: Call again/Some things I can't forget Immediate IM 006
1966: Baby, don't you do it/I'll come home Immediate IM 024
1967: Wooden spoon/In your tower Decca F 12569
1967: Alone am I/Locked in a room Pye 17668
1967: Heyla hola/Fun buggy Strike Cola promo (ohne Bestellnummer)

The Four Pennies

Von Greg Shaw

Die englischen Four Pennies (nicht zu verwechseln mit der großen, den Chiffons ähnelnden Girl-Group des Labels Rust oder der gleichnamigen R&B-Truppe von Brunswick oder allen anderen Gruppen, die auch so heißen mögen) kamen 1964 in Sheffield zusammen. Es handelte sich um Lionel Walmsley, David Fryer, Alan Buck und Michael Wilshem. Ihre erste Scheibe war ein totaler Reinfall, obwohl die B-Seite *Miss Bad Daddy* eigentlich ganz ordentlich losgeht und vielleicht sogar die beste Aufnahme ihrer ganzen Karriere ist. Mit ihrer zweiten Single aber kamen sie auf den ersten Platz; *Juliet* war – im April 1964 – ihr größter Hit. Vier Monate darauf kam *I Found Out the Hard Way* auf Platz 15; ihm folge im November *Black Girl*, das es genauso hoch schaffte. Die einzige Platte von ihnen, die danach noch in die Charts kam, war *Until It's Time for You to Go* gegen Ende 1965, obwohl sie aus irgendeinem Grund neben ihren zehn Singles immerhin auch zwei LPs und vier EPs zusammenbekamen.

Die Four Pennies waren keine besonders bedeutende Gruppe; sie hatten einen ruppigen Sound und eine Vorliebe für Girl-Group-Platten, aber einen tierischen Sänger. Ihre Versionen von *Da Doo Ron Ron* und *Claudette* sind ganz passabel, aber mit *Pony Time* fielen sie auf die Nase, die meisten von ihren Balladen hören sich wie Gerry & the Pacemakers in ihrer schlimmsten Stunde an – *Juliet* ist das beste und süßlichste Beispiel dafür; noch ein Fall jener hoffnungslosen Mischehe aus rotzigem R&B und schlaffem Pop, die so viele englische Gruppen jener Zeit versuchen zu müssen glaubten. Nach 1965 hat man von den Four Pennies nie wieder was gehört, obwohl Fryer in letzter Zeit als Produzent von Skin Alley und Stackbridge wiederaufgetaucht ist.

DISCOGRAPHIE

Singles:
1963: Do you want me too * / Miss Bad Daddy * Philips BF 1296
1964: Juliet * / Tell me girl * Philips BF 1332
1964: I found out the hard way * / Don't tell me you love me * Philips BF 1349
1964: Black girl * / Yo went away Philips BF 1366
1965: Way of love * / Place where no one goes * Philips BF 1390
1965: Until it's time for you to go * / Till another day * Philips BF 1435
1966: Trouble is my middle name * / Way out love * Philips BF 1469

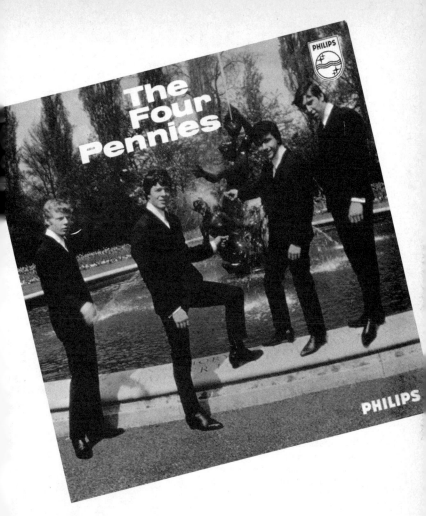

1966: Keep the freeway open*/Square peg*
      Philips BF 1491
1966: No sad song for me*/Cats*   Philips BF 1519
1967: Hockday part 1*/When the boy is happy*
      Philips

EPs:
1964: *«The Four Pennies»* Miss bad daddy*/Running scared*//San Francisco Bay*/I found out the hard way*   Philips BE 12561
1965: *«Spin with the Pennies»* When will I be loved*/My prayer*/You've got it*/Juliet*
      Philips BE 12562

1965: *«The swinging side of the Four Pennies»* Da doo ron ron/Why do you cry//Pony time/Claudette   Philips BE 12570
1966: *«The smooth side of the Four Pennies»* Sweeter than you/Now we're through//Love's journey/If you love me   Philips BE 12571

LPs:
1965: *«Two sides of the Four Pennies»*
      Philips BL 7642
1966: *«Mixed bag»*   Philips BL 7734

SINGING NUN

THE Singing Nun of Belgium is leaving holy orders. Thirty-three-year-old Soeur Sourire (Sister Smile), who scored a worldwide hit with her own composition *Dominique*, took her temporary vows to the Dominican Order three years ago. These bind her until early next year, but she has received a special dispensation from the Bishop of Brussels to relinquish them earlier.

She will remain a lay member of the Dominican Order, but will wear ordinary everyday clothes instead of the habit and will circulate amongst the public instead of spending her life in a convent.

The Singing Nun—Sister Luc-Gabrielle is her real name—was studying to be a missionary in the Congo when she achieved sudden fame with *Dominique*. She has the approval of her religious superiors in moving nearer to the world which she wishes to contact.

The Dominican Order funds for missionary work and other activities have benefited greatly from her records and her few appearances in public.

The Singing Nun.

The Honeycombs

Von Greg Shaw

Ach ja, die Honeycombs! Die mit dem Mädchen an den Drums – Honey Lontree hieß sie – und ihrem Bruder John, dann Martin Murray, Allan Ward und Dennis D'Ell. Der eigentliche Star aber war ihr Produzent Joe Meek, dessen Riecher für einen rauhen, oberflächlich aufregenden Sound den Tornadoes 1962 den Riesenhit *Telstar* bescherte, sich im Lauf der Jahre in einem gestandenen kommerziellen Erfolg auszahlte und ihm gleichzeitig bei jenen einen ebenso unerschütterlich schlechten Ruf eintrug, denen es weniger ausgefeilt lieber gewesen wäre.

Meek hatte noch etliche andere abgekochte Gruppen als die Honeycombs (zum Beispiel die Riot Squad), aber es war der Gimmick eines massiven Footstamp-Beats, der *Have I the Right* im Herbst 1964 zu einem weltweiten Nummer-eins-Hit machte. Der Beat ist sogar derart heavy, daß ich immer, wenn ich das Stück höre, nicht anders kann, als mir auszumalen, was das für ein perfekter Song wäre, wenn er von den Slade aufgenommen würde. Einfach großartig, diese Platte. Wie die meisten Songs auf ihrem ersten Album wurde auch dieser von dem Meek-Spezi Howard Blaikley geschrieben. Und die meisten hörten sich denn auch genau wie dieser Titel an, nur nicht so gut. Die einzigen wirklich herausragenden Stücke sind zwei Songs von Meek – *Nice While It Lasted* und *She's Too Way Out*.

Von ihren folgenden Veröffentlichungen schaffte es *I Can't Stop* beinahe in die amerikanischen Top Fifty, obwohl das Stück in England überhaupt nicht ankam, wogegen sie dort mit *That's the Way* und einem Cover des Kinks-Titels *Something Better Beginning* in die Top Thirty vorstießen. Schließlich erschien dann in England ein zweites Honeycomb-Album, das weniger Blaikley-Songs enthielt. Es ist rundherum besser, bringt ein paar ausgezeichnete Rocksongs wie *Ooee Train* von Bobby Darin und außerdem noch ein merkwürdiges Stück mit dem Titel *Emptiness*, das von einem gewissen «R. Davies» stammen soll. Klingt zwar überhaupt nicht nach Kinks, aber wer weiß?

Die Honeycombs nahmen noch bis gegen Ende 1966 Platten auf; danach war nichts mehr von ihnen zu vernehmen. Zweifellos hat der Tod von Joe Meek ihrer Karriere den Garaus gemacht, denn wenn man ehrlich ist, war abgesehen von der schönen Drummerin und trotz der Qualität einiger Stücke eigentlich nichts an ihnen dran als eben der spezielle Meek-Sound.

DISCOGRAPHIE

Singles:
- 1964: Have I the right/Please don't pretend again*   Pye 15664 (D-Vogue DV 14205)
- 1964: Is it because*/I'll cry tomorrow*   Pye 15705 (D-Vogue DV 14235)
- 1964: Eyes*/If you've got to pick a baby*   Pye 15736
- 1965: I can't stop/Colour slide   Pye H 107 (D-Vogue DV 14290)
- 1965: Don't love you no more/I'll see you tomorrow*   Pye 15781
- 1965: Something better beginning*/I'll see you tomorrow*   Pye 15827
- 1965: That's the way/Can't get through you*   Pye 15890
- 1965: This year next year*/Not sleeping too well lately*   Pye 15979
- 1966: Who is Sylvia*/How will I know*   Pye 17059
- 1966: It's so hard*/I fell in love*   Pye 17138 (D-Pye HT 300016)
- 1966: That loving feeling*/Should a man cry*   Pye 17173

Abweichende deutsche Singles:
- 1964: Hab ich das Recht*/Du sollst nicht traurig sein*   D-Vogue DV 14210

EPs:
- 1965: *«The Honeycombs and the Kinks»* Have I the right/Please don't pretend again* + 2 Kinks songs   Pye
- 1965: *«That's the way»* That's the way/She's too way out//Colour slide/This too shall pass away   Pye NEP 24230

LPs:
- 1964: *«The Honeycombs»*   Pye NPL 18097
- 1965: *«All systems go»*   Pye NPL 18132

The Ivy League

Von Greg Shaw

Wie die Rockin' Berries hatten die Ivy League eine Vorliebe für satte Produktionen und Falsett-Chorgesang nach Art der Four Freshmen oder der Four Seasons. Anders als sie verwendeten sie jedoch ausschließlich solches Material. Außerdem gehörte eines der besten englischen Songwriter-Teams zu dieser Truppe. Und schließlich haben sie nur eine Handvoll Platten gemacht, die heute erstaunlich selten geworden sind.

Am Anfang standen Carter-Lewis & the Southerners, bestehend aus John Carter und Ken Lewis, die aus Birmingham runter nach London gekommen waren. Ihre erste Veröffentlichung hatten sie im Mai 1961 mit *Back on the Scence*, gefolgt von *Here's Hopin'*. Sie wechselten von Piccadilly zu Ember und von dort zu Oriole und gingen Ende 1964 nach einem recht ordentlichen Hit (immerhin Platz 21) auseinander. Zu den Southerners hatten ursprünglich Viv Prince (der es später bei den Pretty Things und Jeff Beck zu einigem Ruhm brachte) und der Hans Dampf in allen Gassen Jimmy Page gehört. Carter/Lewis genossen inzwischen als Songwriter einiges Ansehen; aus ihrer Feder stammten *Will I What* für Mike Sarne, *That's What I Want* für die Marauders, *Is It True* für Brenda Lee und etliche andere Stücke für Jet Harris, P. J. Proby, die Fourmost und die Nashville Teens.

Nachdem sie die Southerners losgeworden waren, lasen sie sich Perry Ford auf und gaben sich den neuen Namen Ivy League. Ford war ein erfahrener Musiker, der schon in der Begleitband von Bert Weedon gespielt und Adam Faith dessen großen Hit *Someone Else's Baby* (1960) geschrieben hatte. Die Gruppe nannte sich Ivy League nach ihren Auftritts-Klamotten (gestreiften Jacketts und dunkelgrauen Hosen), die den Schulanzügen der amerikanischen College-Studenten ähnelten. Sie kamen zweimal in die Top Five, das erste Mal im Februar 1965 mit *Funny How Love Can Be* und dann noch einmal im Juni des gleichen Jahres mit *Tossin' and Turnin'* (nicht zu verwechseln mit der gleichnamigen Nummer von Bobby Lewis), zwei Tokens-ähnlichen Balladen mit Chorgesang, und beide selbst geschrieben. Tony Burrows (vorher bei den Kestrels, danach bei den Flowerpot Men, Edison Lighthouse, den White Plains und Brotherhood of Men) ersetzte Ende 1965 den ausscheidenden John Carter; zur gleichen Zeit stieg auch Neil London bei Ivy League ein.

Ihr vierter und letzter Hit war *Our Love is Slipping Away*; er kam im November 1965 auf Platz 21. Auch 1966 erschienen noch Platten von ihnen, ebenso im Sommer 1967, aber bis dahin war aus Ivy League auf irgendeine Weise die Flowerpot Men geworden. Eine Gruppe dieses Namens war 1965 in Liverpool aktiv gewesen, aber nach einer Pressemitteilung der Deram wurden die neuen Flowerpot Men von Carter und Lewis aus Studiomusikern zusammengestellt. Mit ihnen wollten sie ihre Komposition *Let's Go to San Francisco* aufnehmen, die 1967 ein gewaltiger Flower-Power-Hit wurde. Tony Burrows und Neil London waren als Hintergrundsänger dazugebeten worden und blieben dann bei der Gruppe, die bis 1969 bestand, als Carter und Lewis wieder einmal den Namen wechselten und als Stamford Bridge auf dem Label Penny Farthing erschienen, bis sie schließlich im Mai 1971 abermals den Namen wechselten und fortan als Scarecrow bei Bell Records wirkten. Von Carter ist außerdem in letzter Zeit auf Spark eine Solo-Produktion erschienen, wogegen Ken Lewis zuletzt als Produzent von *Little Bit of Soul* gesichtet wurde (wobei es sich um einen Carter/Lewis-Song handelt, der während der Zeit für Music Explosion geschrieben wurde, wo die beiden Hauslieferanten des Kasenetz/Katz-Bubblegum-Teams waren), und zwar für die neue Formation Iron Cross, die auf Spark erschien. Perry Ford treibt sich derzeit in Los Angeles herum und versucht sein Glück als Sänger/Songwriter.

DISCOGRAPHIE

Singles:
1964: What more do you want/Wait a minute* Piccadilly 35200
1965: Funny how love can be/Lonely room* Piccadilly 35222
1965: That's why I'm crying/A girl like you* Piccadilly 35228
1965: Tossing and turning*/Graduation day* Piccadilly 35251
1965: Our love is slipping away*/I could make you fall in löve* Piccadilly 35267
1966: Running around in circles*/Rain rain go away* Piccadilly 35294
1966: Willow tree*/One day* Piccadilly 35326
1966: My world fell down*/When you're young* Piccadilly 35349
1967: Four and twenty hours/Arrividerci baby Piccadilly 35365
1967: Thank you for loving me*/In the not too distant future* Piccadilly 35386
1967: Suddenly things*/Tomorrow is another day* Piccadilly 35397

EPs:
1965: *«Funny how love can be»* Funny how love can be/What more do you want//Lonely room*/Wait a minute* Piccadilly 34038
1965: *«Tossing and turning»* Tossing and turning*/That's why I'm crying//A girl like you*/Graduation day* Piccadilly 34042
1965: *«The holly and the Ivy League»* The holly and the Ivy League*/Once in Royal David's city*//Good King Wenceslas*/Silent night* Piccadilly 34046
1965: *«Our love is slipping away»* Our love is slipping away*/Don't think twice it's alright//Don't worry baby/Make love Piccadilly 34048

LPs:
1965: *«This is the Ivy League»* Piccadilly 38015

Als **Carter-Lewis and the Southerners**
Singles:
1961: Two timing baby/Will it happen to me Ember s 145
1961: Back on the scene/So much in love Piccadilly 35009
1961: Here's hopin'/Poor Joe Piccadilly 35085
1962: Tell me/My broken heart Ember S 165
1963: Sweet and tender romance/Who told you Oriole CB 1835
1963: Your momma's out of town/Somebody told my girl Oriole CB 1868
1963: Skinny Minnie/Easy to cry Oriole CB 1919

The Rockin' Berries

Von Greg Shaw

Trotz der Tatsache, daß sie sich ihren Namen wegen Chuck Berry gaben, rockten die Rockin' Berries eher selten und ähnelten ihrem Namenspatron auch sonst kaum. Obwohl ihre erste Aufnahme *Wha Wha Wha Woo* hieß und ihre zweite *Rockin' Berry Stomp* – das war übrigens 1963 auf Decca, ein Jahr darauf tauchten sie dann auf Pye wieder auf und hatten ihre ersten Hits –, kam der Erfolg erst mit Songs, die sie ihren anderen amerikanischen Vorbildern nachempfunden hatten, den Tokens, den Four Seasons, Roy Orbison und den anderen Großmeistern des hochproduzierten Vokal-Genres.

Ihr größter Hit war *He's in Town*, der Ende 1964 in England auf Platz fünf kam – in den Staaten allerdings war die Platte eine totale Pleite. Es handelte sich um eine Cover-Version des Tokens-Songs, die bei uns in den USA beliebter war. Von ihren übrigen vier englischen Charts-Platten stammte auch *You're My Girl* von den Tokens; *Poor Man's Son* hatten sie den Reflections abgeguckt, und *What in the World's Come Over You* und *The Water Is Over My Head*, diese beiden Scheiben klingen wie Kopien unbekannt gebliebener Demos aus dem gleichen Laden in New York. Letztgenanntes Opus ist ihre beste Aufnahme mit einem wirklich ausgezeichneten Sound. Im allgemeinen waren ihre Covers besser als die Originale, sogar *Funny How Love Can Be* von den Ivy League, obwohl die Arrangements ziemlich ähnlich sind.

Die Rockin' Berries waren für ihre lustigen Bühneneinlagen und Parodien bekannt, weshalb es für sie eine ganz natürliche Sache war, daß sie schließlich im Kabarett landeten, wo sie noch heute aktiv sind. Es ist aber eher unwahrscheinlich, daß sie immer noch diejenigen überaus merkwürdigen (merkwürdig besonders für eine Gruppe wie sie) Songs spielen, die auf ihren beiden alten LPs von 1964 und 1965 zu finden sind. Stücke wie *Brother Bill* von den Coasters, *Crazy Country Hop* von Johnny Otis und den wilden Rocktitel *All of Me* können wir uns eigentlich nur als Überbleibsel aus ihren frühen Tagen erklären. Aber ist jemand schon einmal der *Shades of Blue* betitelte Song auf ihrem (nur in England erschienenen) ersten Album aufgefallen, der von dem Gespann Mason/Capaldi geschrieben und auch von den Hellions aufgenommen wurde? Fans des progressiven Rock werden auf dieses Stück mit Sicherheit abfahren. Und den Vogel schießt ihre Version von *Ain't That Lovin' You Baby* ab, eine irre Vorwegnahme der Newbeats, ausgerechnet.

Auch ihr zweites Album ist merkwürdig. Es enthielt *Poor Man's Son* als Anreißer, eine ausgezeichnete Version von *My Little Red Book* sowie eine überraschende Bearbeitung von *Iko Iko*, aber auch das Kabarett schlich sich bereits auf leisen Sohlen an; einige Titel sind abgelutscht-routinierte Brettl-Lachnummern, speziell *The Laughing Policeman* und *I Know an Old Lady*.

Die Rockin' Berries waren eine Gruppe, die einiges Hervorragende hätte bringen können, wenn sie nur gewollt hätte, besonders Falsett-Balladen. Um der Wahrheit die Ehre zu geben – ich hätte es lieber gesehen, wenn sie mehr davon aufgenommen hätten, bevor sie dem Kabarett erlagen. Wieder einmal hat der Fluch des englischen Rock ein Opfer gefordert!

DISCOGRAPHIE

Singles:
- 1963: Wha wha wha woo*/Rockin' berry stomp*   Decca F 11698
- 1963: Itty bitty pieces*/Twitch*   Decca F 11760
- 1964: I didn't mean to hurt you*/You'd better come home*   Piccadilly
- 1964: He's in town/Flashback*   Piccadilly 35203
- 1965: What in the world comes over you*/You don't know what you do   Piccacilly 35217
- 1965: Poor man's son/Follow you*   Piccadilly 35236
- 1965: Brother Bill/You're my gal*   Piccadilly 35254
- 1965: The water is over my head*/Doesn't time fly   Piccadilly 35270
- 1966: I could make you fall in love*/Land of love*   Piccadilly 35304
- 1966: Midnight Mary*/Money grows on trees*   Piccadilly 35327
- 1967: Sometimes*/Needs to be*   Piccadilly
- 1967: Breakfast at Sam's*/Smile*   Piccadilly 35400
- 1967: Dawn (go away)*/She's not like any girl*   Piccadilly

EPs:
- 1965: *«I didn't mean to hurt you»* I didn't mean to hurt you*/You'd better come home*//What in the world's come over you*/Flashback*   Piccadilly NEP 34039
- 1965: *«New from the Berries»* If you find somebody to love*/From the one who knows*//What can I do*/Across the street*   Piccadilly NEP 34043
- 1966: *«Happy to be blue»* Happy to be blue/Water is over my head*//You're my girl*/Doesn't time fly   Piccadilly

LPs:
- 1964: *«The Rockin' Berries in town»*   Piccadilly NPL 38018
- 1965: *«Life is just a bowl full of Berries»*   Piccadilly 38022

Bern Elliott and the Fenmen

Von Greg Shaw

Diese Gruppe kam aus Kent und hatte zwei englische Hits, *Money*, ein Stück, das Ende 1963 auf Platz 16 kam, und *New Orleans* (Platz 28). Ihr Sound zeichnete sich durch eine recht gelungene Übernahme des R&B in den Beat-Stil aus, speziell bei *New Orleans*. Ihre Karriere nahm jedoch 1964 ein vorzeitiges Ende, als sich die Fenmen selbständig machten und eigene Platten einspielten, unter anderem *Rag Doll* und *California Dreams*. Bern holte sich eine neue Gruppe, sie hieß Klan, und machte weiter, jetzt allerdings als Sänger bombastisch produzierter Balladen, wobei nichts Interessantes mehr herauskam. 1966 wechselte John Povey von den Fenmen zu den Pretty Things, und der Rest der Gruppe löste sich anschließend auf.

 DISCOGRAPHIE

Bern Elliott and the Fenmen
Singles:
1963: Money/Nobody but me   Decca F 11770
1963: New Orleans/Everybody needs a little love
                                        Decca F 11852
                             (D-Decca DL 25145)

EPs:
1963: «*Bern Elliott & the Fenmen*» Shake Sherry shake/Please Mr. Postman/Shop around//Mashed potatoes/Chills/I can tell
                                        Decca DFE 8561

Bern Elliott & the Klan:
1964: Good times/What do you want with my baby   Decca F 11970

1965: Guess who/Make it easy on yourself
                                            Decca F 12051
1965: Voodoo woman/Lipstick traces
                                            Decca F 12171

Fenmen solo:
Singles:
1964: Rag doll/Be my girl   Decca F 11955
1965: I've got everything you need baby/Every little day now   Decca F 12269
1966: California dreams/Is that your way
                                            CBS 202075
1966: Rejected/Girl don't bring me down
                                            CBS 202236

The Nashville Teens

Von Ken Barnes

Auf dem ersten Album der Nashville Teens verkündete der Herausgeber von «Cash Box» im päpstlichen Brustton der Überzeugung, hier handle es sich um eine Platte, deren «Zusammenstellung der Tatsache Glaubwürdigkeit verschafft, daß diese Jungs nicht wie viele andere Künstler nach nur einem Erfolg auf der Strecke bleiben werden.» Prompt machte die Gruppe nie wieder eine LP oder noch einen Hit vom Format von *Tobacco Road*; trotzdem ist es ihnen gelungen, in der einen oder anderen Form weitere zehn Jahre beisammen zu bleiben, von denen sie die letzten sieben im unwandelbaren Zustand von «auf der Strecke Gebliebenen» hinter sich brachten – und sie machten gelegentlich immer noch Platten, auch gute. Die Gruppe fand um 1962 in Weybridge in der Grafschaft Surrey zusammen; aber so richtig ging es bei ihnen erst Anfang 1964 los, als sie einen neuen Drummer aufgetan hatten. Es war Barry Jenkins (der von der Gruppe Don Adams & the Original Rock 'n' Roll Trio herüberwechselte, der übrigens auch Albert Lee angehörte, der später als Mitglied von Heads Hands & Feet und als Studiomusiker zu Berühmtheit kam); außerdem legten sie sich einen neuen Manager zu, Don Arden (der heute dem Move/Elo/Wizzard-Mischkonzern vorsteht). Und schließlich schnappten sie sich einen neuen Vertrag als Begleitband für Jerry Lee Lewis bei einer seiner Tourneen durch England und den Kontinent (wodurch sie auf ein deutsches Live-Album rutschten, das die besten Live-Aufnahmen von Lewis enthält, die jemals gemacht wurden).

Kurz danach legten sie sich auch noch einen neuen Produzenten zu, Mickie Most, und nahmen einen Song vom Lieblingskomponisten des Co-Leadsängers Arthur Sharp auf; es war *Tobacco Road* von John D. Loudermilk (zuvor schon einmal von Lee Riley eingespielt). Der Song mit seinem wilden Beat und seinem pulsierenden Piano-Feuerwerk wurde ein Klassiker der Briten-Invasion und kletterte auf den Charts zu beiden Seiten des großen Teichs geschwinde auf Platz zehn. Die Nashville Teens machten sich eilends in die Staaten auf, traten bei einer der extravaganten Gigs von Murray der K im «Brooklyn Fox» auf und spielten außerdem eine LP ein. Es war ein solides Album im Stil jener Tage mit von einem kraftvollen Piano beherrschten R & B-Dauerbrenner-Remakes wie *Mona, Parchman Farm* und *I Like It Like That* sowie ihrer Follow-up-Single *Goggle Eye* (ebenfalls von Loudermilk). Diese Platte, die die Geschichte einer legendären Forelle erzählt, krankte an einer nicht eben aufregenden ersten Hälfte und fiel in den USA böse in den Keller (obwohl sie in England immerhin in die Top Twenty kam). Die nächste Single, ein wilder Stomper namens *Find My Way Back Home*, war auch ein Fehlschlag, und der letzte Versuch, eine ziemlich blutleere Cover-Version des (von Loudermilk komponierten) Marianne-Faithfull-Titels *Little Bird*, wurde von Andrew Loog Oldham produziert (vielleicht, um auf diese Weise an den verkaufsfördernden Donnerhall der Version seines früheren Schützlings heranzukommen) und kämpfte sich gerade eben an den Rand der britischen Top Thirty heran.

Die Nashville Teens brachten von 1965 bis 1972 kontinuierlich weitere Titel heraus, von denen ein Ende 1965 erschienener Pop-Rock-Song, *I Know How It Feels to Be Loved*, noch der ansprechendste und erfolgreichste war. 1968 nahmen sie eine Version von *All Along the Watchtower* auf, und im Jahr darauf coverten sie *Indian Reservation* von Don Fardon (schon wieder von Loudermilk geschrieben!). 1971 brachte einen ausgezeichneten Comeback-Versuch mit einer von Roy Wood produzierten Version von *Ella James*, die manche der Move-Version vorziehen (die B-Seite, *Tennessee Woman*, war ebenfalls ein hervorragender Rock-Titel); er wurde jedoch so gut wie nicht zur Kenntnis genommen. Viele der ursprünglichen Gruppenmitglieder hatten sich zwischenzeitlich längst empfohlen – Jenkins ging 1966 zu den Animals, der Pianist John Hawkan ging zu Renaissance von Keith Relf, und der ehemalige Teen Dick Horner ist heute bei Uncle Dog –, aber die Nashville Teens quälen sich trotzdem irgendwie weiter, treten gelegentlich in England auf und warten immer noch darauf, daß sie das Glück ein zweites Mal küßt, was unwahrscheinlicher denn je aussieht – es sei denn, die Zeit für ein Revival des Chart-Stürmers *The Language of Love* von Loudermilk von 1961 wäre gekommen.

DISCOGRAPHIE

The Nashville Teens
Singles:
1964: Tobacco Road/I like it like that
    Decca 11930
    (D-Decca DL 21151)
1964: Goggle eye/TNT*   Decca F 12000
    (D-Decca DL 25160)
1965: Find my way back home*/Devil-in-law*
    Decca F 12089
1965: Little bird*/Watcha gonna do*
    Decca F 12143
1965: Soon forgotten*/I know how it feels to be loved*   Decca F 12259
1966: The hard way*/Upside down*
    Decca F 12316
1966: Revived 45 time*/Forbidden fruit*
    Decca F 12458
1967: That's my woman*/Words*   Decca F 12542
1967: I'm coming home/Searching*
    Decca F 12580
1967: The biggest night of her life/Last minute*
    Decca F 12657
    (D-Decca DL 25310)
1968: All along the watchtower/Sundog
    Decca F 12754
1971: Ella James*/Tennessee woman*
    Parlophone R 5925
1972: You shouldn't have to be so nice*/Tell the people*   Parlophone R 5961
1977: Tobacco Road (eine neue Version)*/Chips and peas*   Sky 1007
1981: Midnight*/Live for the summer*   Go 2

Abweichende deutsche Singles:
1976: Tobacco Road (eine Version von 1969/70)/
    Lawdy Miss Clawdy   D-Ariola 13016 AT

EPs:
1964: «*The Nashville Teens*»   Decca DFR 8600
(1965: «*Teenbeat VI*» I need you/Parchman Farm//
    Bread and butter man/How deep is the ocean   D-Decca DX 2392)
1982: «*Live at the Red House*» Keep on running–
    Somebody help me–Gimme some loving*/
    Brought down*//Red house*/Mona*
    Shanghai Hai 200

LPs:
1973: «Nashville Teens»   (NB: Ein Wahnsinns-Album: Power R'n'B meets Psychedelia!)
    New World NW 6002

Verschiedene:
1964: «Tobacco Road»-LP US-London LL 3407
1965: Poor boy auf *Gonks Go Beat*-LP
   Decca LK 4673

Carl Perkins and the Nashville Teens:
Singles:
1964: Big bad Blues*/Lonely heart*
   Brunswick 05909

Jerry Lee Lewis and the Nashville Teens:
Singles:
1965: Highschool confidential/Lewis boogie
   D-Star-Club 148507 STF
1965: Good golly Miss Molly/Long tall Sally
   D-Philips 320172 BF
LPs:
1965: *Live at the Star-Club Hamburg* (1966: «Jerry Lee Lewis live at the Star-Club» Philips BL 7646)   D-Philips P 14546 L

The Zombies

Von Mike Saunders, Barry Margolis, Ken Barnes und Bill Small

Die Zombies sind absolut verblüffend. Es ist wahnsinnig schwierig, ihren Stil und ihre Arbeit zu umschreiben – und das, was sie noch alles gemacht hätten, wenn man sie nur gelassen hätte. Denn die Zombies waren eines der tragischsten Opfer der Briten-Invasion. Bei ihrem Talent hätte man eigentlich davon ausgehen müssen, daß sie den Gipfelpunkt ihrer Karriere schätzungsweise erst nach drei oder vier LPs und einer Reihe von Smash-Hits erreicht hätten. Danach hätten sie es sich gemütlich machen und sich dem üblichen Niedergang und Zerfall überlassen können, wie er bei den meisten erfolgreichen Rock-Bands üblich ist. Die Zombies haben es aber leider nur bis zu einem ersten frühen Album «The Zombies» gebracht; man stelle sich einmal vor, wie traurig es gewesen wäre, wenn die Beatles oder die Kinks schon nach «Introducing The Beatles» respektive «You Really Got Me» aus dem Gleis geraten wären!

Ursprünglich bestanden die Zombies aus Rod Argent (Keyboards), Hugh Grundy (Drums) und Paul Atkinson (Gitarre), und alle drei gingen noch brav in St. Albans, Herts., zur Schule. Die Band ließ ihre Schulbuben-Anfänge schnell hinter sich und mauserte sich mit Colin Blunstone (Gesang) und Chris White (Bass) zu einer ausgewachsenen Combo. Als die Jungs aus der Schule kamen, das war 1964, hatten sie sich eigentlich schon dazu entschlossen, die Band sterben zu lassen, weil jeder seiner eigenen Wege gehen wollte und das Leben als Zombie nicht eben viel Zukunft zu haben schien. Zu dieser Zeit schrieben Rod und Chris jedoch schon eigene Songs, und auf Vorschlag von Chris beteiligten sie sich an dem von der Londoner «Evening News» ausgeschriebenen Wettbewerb «The Hearts Beat Competition». Die Grundidee dieses Wettbewerbs bestand darin, Originalmaterial vorzustellen, und der erste Preis war eine Demo-Aufnahme und anschließende Unterstützung des Gewinners bei der Kontaktaufnahme mit diversen Plattenfirmen.

Chris und Rod bereiteten sich ernsthaft auf diesen Wettbewerb vor, schrieben beide ein paar Titel und gingen mit den Zombies nach anstrengenden Proben ins Rennen. Rods Talentprobe war kein anderer Titel als *She's Not There*, die Gruppe wurde sofort von der englischen Decca unter Vertrag genommen und ging bereits im Juli ins Studio. Rod hatte als erste Single eigentlich sein Lieblingstitel, Gershwins *Summertime*, vorgeschwebt, aber wie vorauszusehen war, meinte Decca, dem Song fehle es an kommerziellem Potential, weshalb die Firma die Zombies beschwatzte, ihr eigenes Material aufzunehmen; *She's Not There* wurde ihre Erstlings-Single.

She's Not There wurde ein Bombenerfolg, und zwar sowohl in den USA wie in Europa (obwohl die Scheibe in England merkwürdigerweise nur auf Platz 13 kam und dort ihr einziger Charts-Hit blieb). Der Nachzieher *Tell*

Her No wurde in den USA wieder ein großer Erfolg, und schon gingen die Bänder für eine LP über den großen Teich, die noch rechtzeitig fürs Weihnachtsgeschäft erscheinen sollte, während die Gruppe es vorzog, im heimischen England mit der ersten LP noch ein bißchen zu warten (daher die unterschiedliche Anzahl der Tracks bei diesen beiden Platten – fünf auf der englischen Version fehlen auf der amerikanischen).

Tell Her No folgten weitere Singles, die einen tastenden Charakter hatten und nicht auf das allgemein Übliche zugeschnitten waren. *She's Coming Home* wurde ein kleinerer Hit, aber die folgenden Scheiben fielen durch. Im Grunde war es mit ihrer vierten Veröffentlichung, *I Want You Back Again*, schon aus, einem ¾taktigen Stück mit Soft-Jazz-Färbung, das zwar gut, aber überhaupt nicht kommerziell war (die attraktive B-Seite *Remember When I Loved Her* wurde sogar gelegentlich im Radio gespielt, aber es gelang ihr auch nicht, sich zum Hit zu mausern). Jede der Singles, die danach kamen, war superb – *Whenever You're Ready, Just Out Of Reach* aus dem Film «Bunny Lake Is Missing» (wie auch dessen B-Seite), *Remember You* und *Nothing's Changed, Is This the Dream, Indication* –, aber nur die allerletzte wurde so etwas wie ein Hit (wenigstens regional).

Es wurde jedoch schlimmer und schlimmer, und die Zombies entschieden sich schließlich im Herbst 1967, den Laden dichtzumachen und eigene Wege zu gehen. Chris White aber hatte noch einmal einen großartigen Einfall – eine Farewell-LP. Die englische CBS zog mit, und die Zombies gingen drei Monate ins Studio, um «Odyssey and Oracle» zu schreiben und aufzunehmen, eine der schönsten LPs der Rockgeschichte. Songs wie *A Rose For Emily, Hung Up On a Dream, Butcher's Tale* und *Friends Of Mine* führen eine Vielfalt von Stilarten vor und schaffen zusammen eine fesselnde Stimmung aus surrealistischer Phantasie und mystischer Schönheit.

Aus dieser LP wurden drei Titel ausgekoppelt, *Care Of Cell 44, This Will Be Our Year/Butcher's Tale* und *Friends Of Mine*, die dem sofortigen Vergessen anheimfielen, bevor der vierte, *Time Of the Season*, auf dem Umweg über die sekundären Radiomärkte endlich abhob und alles in allem zwei Millionen mal verkauft wurde. Da allerdings gab es die Zombies schon nicht mehr. Rod und Chris kamen über den Teich, um bei der Promotion für die Single und die LP zu helfen, die in neuer Verpackung nochmals aufgelegt worden war, und brachten der amerikanischen Columbia die Neuigkeit des Ablebens der Zombies bei. *Imagine the Swan*, eine Nachzieh-Single, die von einer hastig zusammengestoppelten Truppe unter Führung von Rod und Chris mit halbem Herzen produziert wurde, schaffte es nicht in die Charts. Date (ein Tochterlabel von Columbia) grub Songs von einer Ende 1965 erschienenen Single aus und probierte es mit einer weiteren (*If It Don't Work Out*, die es genausowenig brachte. Mittlerweile wurde die Gruppe von einer Band aus dem Mittleren Westen ausgeschlachtet, die unter dem gleichen Namen durch die Lande tourte und sogar im «Whisky A Go Go» auftrat, bis Rodney Bingenheimer ihnen mit Bestätigung der Move die rote Karte zeigte (so jedenfalls berichtet das «Go Magazine»).

London Records jedoch brachte zum Zweck des Absahnens eine Schnellschußproduktion unter die Leute, die «Early Days» hieß und mit einem der unattraktivsten Covers in den Annalen des Gewerbes versehen war, aber bei Licht besehen einen viel geschlosseneren Eindruck hinterläßt als ihre früheren Decca/Parrot-Erscheinungen; sie enthält eine Reihe von Singles zusammen mit ebenso ansprechenden B-Seiten wie *I Must Move, Don't Go Away, You Make Me Feel Good*, das die Quintessenz aus einer bittersüßen Teenager-Liebe ziehende Liedchen *Leave Me Be* und *I Love You* (das später für San Jose's People in einer schlechteren Version ein ganz großer Hit wurde) und einige andere Titel.

Nach dem Ende der Zombies gründete Rod Argent eine nach ihm benannte Gruppe, für die auch Chris White arbeitet, allerdings nur im Hintergrund, ohne selbst aufzutreten; sie haben inzwischen drei LPs herausgebracht, von denen eine (die erste) ein ungetrübtes Vergnügen ist und die anderen beiden allgemein als eher unterdurchschnittlich gelten. Colin Blunstone hatte mit einer Neufassung von *She's Not There* in England unter dem Künstlernamen Neil McArthur Anfang 1969 einen gewissen Erfolg, aber die zwei folgenden Singles konnten diesen Erfolg nicht wiederholen. Erst gegen Ende 1971 nahm er nach einem Abstecher ins Versicherungsgewerbe mit Hilfe von Argent und White das stark Pop-orientierte und üppig produzierte Solo-Album «One Vega» auf. Es wurde von der Kritik recht freundlich aufgenommen, und auch eine Single, *Say You Don't Mind* (von Danny Lane) schnitt in den britischen Charts recht anständig ab; in den USA war das Album jedoch kein kommerzieller Erfolg. Das nächste Album, das im Januar 1973 erschien, lag auf der gleichen Linie und enthielt einen weiteren britischen Hit, *I Don't Believe In Miracles*.

Wie schon gesagt, es ist schwer, die Zombies im Vergleich zu den anderen Gruppen der Briten-Invasion einzuschätzen. Zwar wären sie wohl nicht so wichtig geworden wie die Kinks, die Beatles oder die Stones, wenn sie weiter Erfolg gehabt hätten, aber sie hätten sich leicht einen Platz neben den anderen Gruppen der zweiten Garnitur wie beispielsweise den Hollies erobern können. Daß eine Band mit zwei hervorragenden Autoren (Argent und White), beeindruckenden und einheitlichen sängerischen Leistungen und einem großen Drummer wie Hugh Grundy derart jämmerlich auf der Strecke bleiben mußte, ist wirklich tragisch. Letzten Endes sieht es so aus, als ob niemand die Zombies zu würdigen gewußt hätte, wie sie es verdient hätten – es sei denn im nachhinein.

DISCOGRAPHIE

Singles:
1964: She's not there / You make me feel good *
Decca F 11940
(D-Decca DL 25153)
1964: Leave me be */Woman Decca F 12004
1965: Tell her no */What more can I do
Decca F 21072
(D-Decca DL 25168)
1965: She's coming home */I must move*
Decca F 12125
(D-Decca DL 25182)
1965: Whenever you're ready */I love you*
Decca F 12225
1965: Is this a dream */Don't go away*
Decca F 12296
1966: Remember you */Just out of reach*
Decca F 12322
1966: Indication */How were you before*
Decca F 12426
1966: Gotta get a hold on myself */The way I feel inside Decca F 12495
1967: Going out of my head */She does everything for me* Decca F 12584

1967: Friends of mine/Beechwood Park CBS 2960
1967: This will be our year/Butcher's tale
CBS 3012

1967: Care of cell 44/Maybe after she's gone
CBS 3087
1968: Time of the season/I'll call you mine
CBS 3380
(D-CBS 3380)
1968: I love you/The way I feel inside
Decca F 12798
1969: Imagine the swan/Conversation of Floral Street CBS
(D-CBS-4242)

Verschiedene:
1965: Remember when I loved her/*I want you back again* * US-Parrot 9769
1965: Nothing's changed * auf *14 great artists*-LP
Decca LK 4695
NB: Second City Sound (Tchaikovsky no. 1/Shadows) war Rod Argent D-Decca DL 25228

EPs:
1965: *«The Zombies»* (*«Teenbeat II»*) Kind of girl/Sometimes//It's alright/Summertime Decca D-Decca DX 2388

LPs:
1965: *«Begin here»* Decca LK 4679
1968: *«Odyssey & oracle»* CBS 63280

P. J. Proby

Von Ken Barnes

In seinen besten Tagen war P. J. Proby ein Phänomen – er konnte es in puncto Popularität mit den größten britischen Bands aufnehmen. Seine Karriere war so buntscheckig, wie es in letzter Zeit üblich ist, voller hartnäckiger Wer-mit-wem-Streitereien, anzüglicher Aktionen auf der Bühne, Theater- und TV-Verboten, Krächen mit «Shindig», Ärger mit Plattenfirmen, obszönen Schimpfereien auf der Bühne, chronischer Geldnot und unzähligen Comebacks. Viele von diesen Problemen hatte er sich zweifellos selber an den

Hals gebunden, aber er war zugleich auch seiner Zeit weit voraus, was seine Auffassung von totalem Showmanship anging, und geriet dadurch in zahllose Schwierigkeiten, die in unserer «fortschrittlicheren» und toleranteren Ära schlicht und einfach absurd anmuten. Auf jeden Fall kannte sein Talent praktisch keine Grenzen; er konnte rocken wie ein Wilder und die schmalzigsten Balladen besser als die meisten reinen Pop-Sänger knödeln (obwohl er, wie Nick Cohn meinte, sich mit seinen stimmlichen Möglichkeiten manchen subtilen Scherz auf Kosten dieser Stücke machte, was selbst seine miesesten Titel zu faszinierenden Hörerlebnissen mache).

Probys bürgerlicher Name war James Marcus Smith; er stammte aus Texas, kam aber schon in den späten fünfziger Jahren als ehrgeiziger junger Nachwuchsschauspieler nach Hollywood (wo er, wie berichtet wird, auch ein paar Demos für Elvis aufnahm). Er gab sich damals das Pseudonym Jet Powers und versuchte mal dies, mal das, nahm ein paar Platten auf und wurde schließlich als Gegenspieler Muhammad Alis in einem von Jack Good produzierten Rock-«Othello» engagiert (später dann «Catch My Soul» mit Jerry Lee Lewis). Der «Othello» fiel durch, aber Good lud ihn für einen Auftritt in einem TV-Spektakel der Beatles in England ein; er wurde von den Großen Vier persönlich vorgestellt (die treue Proby-Fans blieben und einmal sogar eine Single speziell für ihn schrieben – *That Means a Lot*) und war eine Sensation. Hits wie *Hold me, Together, Somewhere* und *Maria* stürmten die Charts, aber der Zoff stürmte hinterher, und er verschwand schließlich für längere Zeit von der Szene und tauchte erst Anfang 1967 mit dem Krypto-Cajun-Song *Niki Hocky* wieder auf. Einen Hit hatte er nie wieder, aber er tingelt nach wie vor durch die Kabaretts und macht auch das wahrscheinlich so umwerfend wie immer.

Nachtrag zu P. J. Proby

Von Mike Saunders

Als das Buch von Nik Cohn rauskam, war ich neugierig darauf, was er zu P. J. Proby zu sagen hatte. Das einzige Album, das ich bis dahin von ihm gehört hatte, war «Enigma» (1967 erschienen, mit seinem Hit *Niki Hocky*), die pure Scheiße – zweitklassige Soul-Imitationen, schlechte Arrangements und Vokaltracks, die unter ihnen begraben lagen.

Nachdem ich letzten Sommer endlich das erste Proby-Album «Somewhere» (Liberty 3406) aufgetan hatte, wurde mir auf einmal alles klar. Proby verfügte über die stimmlichen Fähigkeiten, es mit jedem Stil unter der Sonne aufzunehmen – mit Lloyd Price, Gene Pitney (dessen Einfluß auf diesem Album stellenweise sehr stark zu spüren ist), James Brown oder mit beliebigem, schlichtem Pop-Müll –, und er hatte das Flair, das alles ziemlich mitreißend zu bringen, so stelle ich mir das jedenfalls vor. Was vielleicht mit seiner anfänglichen US-Karriere als R&B-Sänger unter dem Namen Jet Powers zu tun hat – oder auch nicht. Übrigens gibt es *tatsächlich* eine englische Wiederveröffentlichung, eine LP mit den Titeln, die er noch als Jet Powers aufgenommen hat – was die fanatische Entschlossenheit des harten Kerns der englischen Oldie-Fans zum x-tenmal aufs nachdrücklichste belegt.

«Somewhere» ist eine sehr gute LP, obwohl sie einen zunächst einmal damit an der Nase herumführt, daß sie mit den drei schwächsten Einspielungen der ganzen Platte anfängt. Auf ungefähr sieben Stücken, einschließlich der beiden ersten Proby-Singles *Hold Me* und *Together*, mischt irgend so ein überdrehter Wahnsinniger mit der Mundharmonika mit, dazu noch einer der wildesten Drummer, die ich je auf Platte gehört habe, und dann noch ein Gitarrist, der niemand anders sein kann als Jimmy Page. Die Gitarrensolos von vier Songs – *Stagger Lee*, *Zing! Went the Strings of My Heart* und der beiden Singles – klingen exakt nach Page in dessen früher, prägender Zeit (Ende 1964), seiner Session-Arbeit bei den Kinks, daß es nun wirklich eine Überraschung wäre, wenn sie *doch nicht* von ihm stammen sollten. Diese Tracks rocken wirklich, speziell die Singles und *Rockin' Pneumonia*, das beste Cover des Huey-Smith-Klassikers, das ich jemals gehört habe. Weitere bemerkenswerte Leistungen: das Drifters-ähnliche *The Masquerade Is Over*, ein paar Songs von Lloyd Price und eine mitreißende Version von *Glory of Love*, das ein paar zärtliche, von Backe zu Backe sozusagen, gesprochene Strophen über Probys Mädchen und dessen «fine, fine, superfine career» zu bieten hat, und ich halte hier gerade drei Briefe in Händen, triefende, große Zeugnisse unerwiderter Liebe, die auf exakt dieselbe Tube drücken. Die gesamte B-Seite der LP ist gleichbleibend gut. Deswegen, wegen seiner ersten beiden großen Singles und wegen des mysteriösen Gitarreros ist dies ein Album, das zu besitzen sich lohnt.

Probys zweites Album, «P. J. Proby» (Liberty 3421) war purer Kitsch. Die rockige Begleitung ist weg, ein anderer Produzent ist am Werk, und es handelt sich von vorn bis hinten um verwässerte Balladen und Supermarkt-Muzak. Manches ist so schlecht, daß es an das erste Solo-Album von Dion gemahnt, «Alone With Dion», wo er sich wie Frank Sinatra aufführt (aber in der nächsten Runde – «Runaround Sue» – schon wieder zum Lausbuben-Genre zurückgefunden hatte). Probys dritte – und nur in England erschienene – LP hieß «P. J. Proby In Town» und ging diesen Weg nun wirklich konsequent zu Ende – durch und durch der schiere Pop, mehr in der Downtown-Richtung, konsequente Coba-Scheiße. Das Ganze ist nicht einmal als Scherzeinlage passabel.

Nach «Enigma», seinem vierten Album, erschienen noch einige weitere Proby-Alben, die ich nicht gehört habe, weil sie nur in England erschienen sind, weshalb ich auch nicht weiß, wie sie sind. Seine erste LP ist so oder so die einzige, die zur Briten-Invasion zu rechnen ist, und die ist, wie ich schon gesagt habe (selbst wenn man mal außer acht läßt, daß sie Proby mit dem Stammbaum der Yardbirds in Verbindung bringt), recht ordentlich.

DISCOGRAPHIE

Singles:
1964: Hold me/The tips of my fingers Decca F 11904
1956: Together/Sweet and tender romance Decca F 11974
1965: Somewhere/Just like him Decca 10182
1965: I apologize/What's on your mind Liberty 10188
1965: Zing went the strings of my heart/Answer me Liberty 10200
1965: Let the water run down/I don't want to hear it anymore Liberty 10206
1965: Lonely weekends/With these hands Liberty 10210
1965: My prayer/That means a lot Liberty 10215
1965: Maria/She cried Liberty 10218
1965: I need love/You got me cryin' Fab 2
1966: You've come back/It ain't necessarily so Liberty 10223
1966: To make a big man cry/Wicked woman Liberty 10236
1966: I can't make it alone/Sweet summer wine Liberty 10250
1967: Niki Hocky/Good things are coming my way Liberty 55936 (D-Liberty 23427)
1967: You can't come home again/Work with Annie Liberty 55974
1967: I'm coming home/Turn her away Liberty 15043 (D-Liberty 15043)
1968: It's your day today/I apologize baby Liberty 15046
1968: What's wrong with my world/Why baby why Liberty 15086
1968: Butterfly high/Just holding on Liberty 55989

Verschiedene:
1966: Per questo voglio te/Quando tornera I-Liberty 10222

Abweichende deutsche Singles:
1965: My prayer/If I loved you D-Liberty 23203

EPs:
1965: «P. J. Proby» Linda Lu/Stagger Lee //Zing went the strings of my heart/Answer me Liberty LEP 2195
1965: «Somewhere» Hold what you've got/I love therefore I am//I apologize/Somewhere Liberty LEP 2229
1965: «Merry Christmas to you» Christmas song/Silent night//White Christmas/Rain on snow Liberty LEP 2239
1966: «Hold me» Hold me/Together//That means a lot/Maria Liberty LEP 2251

LPs:
1965: «I am P. J. Proby» Liberty LBY 1235
1965: «P. J. Proby» Liberty LBY 1264
1966: «In town» Liberty LBY 1291
1968: «Believe it or not» Liberty LBS 83087

(NB: In den USA und u. a. in der BRD sind noch viele weitere Singles, EPs und LPs veröffentlicht worden, wobei ein Großteil der herausgebrachten Titel in England nicht erschienen sind. Platzgründe machen es jedoch notwendig, sich auf die in England veröffentlichten Titel zu beschränken. So sind auch die Aufnahmen als JET POWERS und als MOONDOGS nicht berücksichtigt worden, da sie allein in den USA erschienen sind.)

Sprüche vom Geld

Time is money…

... Zeit ist Geld – notierte Benjamin Franklin 1748 in seinen Ratschlägen für einen jungen Handelsmann. Die allzu sklavische Beachtung dieser ansonsten sicherlich nützlichen Erkenntnis produziert bisweilen allerdings Zeitgenossen, die recht ungemütlich wirken können. Sehr viel gelassener vermögen sich da diejenigen zu geben, die diesen Wahlspruch im übertragenen Sinne verstehen: Geld, gut angelegt, produziert eine Menge Geld, wenn man ihm nur Zeit genug dafür läßt ...

Pfandbrief und Kommunalobligation

Meistgekaufte deutsche Wertpapiere - hoher Zinsertrag - schon ab 100 DM bei allen Banken und Sparkassen

Verbriefte Sicherheit

The Walker Brothers

Von Ken Barnes und Mike Saunders

Während ihrer kurzen Blütezeit – von Mitte 65 bis Ende 66 – waren die Walker Brothers in England immens beliebt und Gegenstand kreischend-hysterischer, kleiderzerfetzender Attacken von Horden hell entflammter fanatischer Fans; sie standen gemeinsam mit den Beatles und den Stones im innersten Zentrum des massenhaften Heldenkults jener Tage. Alles in allem waren sie wohl das erstaunlichste britische Showbiz-Phänomen seit P. J. Proby – interessant, weil sie wie Proby aus Amerika zugewandert waren, und zwar auf Wunsch von Jack Good, um britische Stars zu werden (wobei sie Proby letzten Endes überrundeten und aus dem Rennen warfen).

Scott Engel und John Maus (der gelegentlich auch unter dem Namen John Stewart firmierte) hatten schon jeder für sich Aufnahmen gemacht (besonders Scott, bei Orbit, Challenge und anderen), aber auch gemeinsam, als Delton Brothers, eine LP eingespielt, die später von Tower aufgelesen wurde und zu achtzig Prozent aus läppischen Surf-Instrumentals und ein paar schnelleren Balladen besteht, die sich anhören, als ob sie im nachhinein unter Zuhilfenahme von Overdubbing so nachgearbeitet worden wären, daß sie einen Sound bekamen, der ihren Smash-Hits ähnelte. Dann stießen sie auf Gary Leeds (und das ist ausnahmsweise einmal wörtlich zu nehmen – es handelte sich um einen Verkehrsunfall), der für keinen anderen als Jet Powers, den späteren P. J. Proby, am Schlagzeug gewirbelt hatte. Sie machten ein Trio auf und wurden bald regelmäßige Gäste der «Hollywood-A-Go-Go»-TV-Serie. Damals hörten sie sich an wie die frühen Righteous Brothers vor ihrer Spector-Zeit, hatten aber andernorts keinen Erfolg (und traten übrigens in einem obskuren Streifen von Edd Byrnes namens «Beach Ball» auf, wo sie aussahen, als ob man ihnen mit Wasserstoffsuperoxid Blondschöpfe verpaßt hätte).

Doch als sie schließlich mit ihrem amerikanisch-guten Aussehen und ihrem britischen Haarschnitt sowie ihrem geheimnisvoll-dräuenden Image in England auftauchten, hatten sie nahezu schlagartig Erfolg. Ihre erste Single, ein Cover von *Pretty Girls Everywhere* von Eugene Church, das sich ziemlich nach *Little Latin Lupe Lu* anhörte, ging sang- und klanglos unter; doch nachdem die Kinks wieder einmal, was häufig vorkam, ihre Differenzen auf offener Bühne und mit harten Bandagen ausgetragen hatten, wurden die Walker Brothers gebeten, die Tour zu Ende zu bringen – und praktisch über Nacht stellte sich beim Publikum Hysterie ein. *Love Her*, vorher eine unbekannte Single der Everly Brothers, die sie in einem unglaublich dramatischen Neo-Spector-Stil aufarbeiteten, arbeitete sich in die mittleren Lagen der Charts vor und bereitete den Weg für ihre gewaltige Neuschöpfung des Jerry-Butler-Titels *Make It Easy On Yourself*, der prompt auf Platz eins kam.

Wenn ihr euch eine Verschmelzung von weißem Soulgesang, kraftvollem melodramatischem Rock und den besseren Elementen des Spector-Sounds vorstellen könnt, dann habt ihr auch schon die Walker Brothers in ihren besten Tagen. Ihr erstes englisches Album, «Take It Easy With the Walker Brothers», ist mit seinem einzigartigen Stil bestimmt eines der gelungensten Alben aller Zeiten. Dieses Album, das sich nicht damit zufriedengibt, nur die unglaublich große und kraftvolle Stimme von Scott Engel im Verein mit dem nicht minder guten Gesang von John Maus vorzuführen, stellt ihre Stimmen mit großartigem Material und hervorragenden Arrangements heraus, die von Ivor Raymonds stammen und so gut sind wie alles, was Spector je gemacht hat, was den Geschmack und ihre schiere Fülle und Substanz angeht.

Volle sieben von den insgesamt zwölf Cuts auf diesem Album sind echte Walker-Klassiker, Balladen unterschiedlicher Art; manche sind immense, geradezu explodierende Sound-Mammuts, andere wieder nur verhältnismäßig leise. *There Goes My Baby*, von ersterer Machart, ist eine unglaubliche Interpretation des alten Drifters-Hits – krachende Kesselpauken, donnernde Drums und alles, was es sonst noch gibt, und über all dem schweben die Stimmen der Walker Brothers. Andererseits ist ihre Version von *Love Minus Zero* eins der besten Dylan-Covers, die ich je gehört habe. Und so geht es weiter – das beste ist, man hört sich das Album einfach an –, mit vorzüglichem Material wie *Here Comes the Night* von dem legendären Gespann Pomus/Shuman, dem ausgezeichneten *I Don't Want to Hear It Any More* von Randy Newman und einer guten Version von *Dancing in the Streets*, und das das ganze Album durch – eine gigantische Platte. Meiner Ansicht nach ist mit diesem Album all das erreicht, worum es den Righteous Brothers unter Spectors Fittichen ging, und das ist eine ganze Menge; es ist in vieler Hinsicht das klassische Righteous-Brothers-Album, das jenes Duo nie selber zustande gebracht hat.

Es folgten zwei weitere gigantische Hits, *My Ship Is Coming In*, eine hervorragende Ballade und vielleicht ihre beste Single, und dann die imponierende Bearbeitung von *The Sun Ain't Gonna Shine Anymore*, die die eigentlich recht gute Originalaufnahme von Frankie Valli restlos am Boden zerstört. *Make It Easy On Yourself* wurde wie diese beiden Singles auch in den Staaten ein Hit; es erschienen zwei US-LPs mit interessanten Nachempfindungen von ihren Singles und einigen Tracks von den in England erschienenen Alben. Das zweite, «The Sun Ain't Gonna Shine Anymore», war sogar noch besser als die entsprechende englische Erscheinung («Portrait»); ihre Höhepunkte waren der Titel-Track, dessen hervorragende B-Seite *After the Lights Go Out* (geschrieben von John) sowie beide Seiten einer weiteren soliden, aber weniger erfolgreichen Single, *Baby You Don't Have to Tell Me* und *Young Men Cried* (geschrieben von Scott). Es waren samt und sonders hervorragende, archetypische Walker-Werke, aber daneben tauchten auch bestürzend schwache Titel auf – düstere Vorboten dessen, was noch kommen sollte.

Trotz ihres verspäteten Erfolges in Amerika blieben die Walker Brothers ihrer englischen Gefolgschaft treu und blieben im Lande; allerdings fingen jetzt interne Reibereien an, und nach *The Sun Ain't Gonna Shine Anymore* ließ ihr kommerzieller Erfolg zunehmend nach – Singles wie *Stay With Me Baby* und *Walking in the Rain* kamen nicht mehr an ihre früheren Charts-Notierungen heran. Schließlich gab Scott, der immer schwermütiger wurde (wie es sein Image ja auch verlangte, bis zum Punkt eines Selbstmordversuchs, von dem gemunkelt wurde), der Gruppe den Gnadenstoß, indem er eine Solo-Karriere begann (was schließlich auch die beiden anderen taten). Die weitere Karriere von Gary Leed war so gut wie nicht vom Erfolg angekränkelt, trotz einer ganz annehmbaren Version von *You Don't Love Me* (die schon aufgenommen wurde, als die Gruppe noch beisammen war) und obwohl er in Japan einigen Zuspruch fand. John hatte etliche Solo-Singles, die meist sowohl künstlerisch wie geschäftlich nur magere Erfolge waren (schließlich heiratete er die mit *1000 Stars* bekannt gewordene Kathy Young), aber Scott hielt sich mit etlichen großen Hits sehr wacker – schnörkellosem Middle-of-the-Road-Pop allerdings (*Lights of Cincinnati* und dergleichen), den er mit einem Schuß ärgerlicher Jacques-Brel-Melodramatik versetzte.

Als Gruppe jedoch produzierten die Walker Brothers die besten großen Balladen, die je aus England kamen; sie waren nicht nur als Phänomen, das schlechterdings nicht zu ignorieren war, von Bedeutung, sondern sie haben auch eine große Menge hervorragender, zeitloser Musik hinterlassen, die es wahrhaftig verdient, von vielen wiederentdeckt zu werden.

DISCOGRAPHIE

The Walker Brothers (bis 1968)
1965: Pretty girls everywhere*/Doin' the jerk*
 Philips BF 1401
1965: Love her*/The seventh dawn*
 Philips BF 1409
1965: Make it easy on yourself/But I do*
 Philips BF 1428
 (D-Star-Club 148539)
1965: My ship is coming in/You're all around me
 Philips BF 1454
1966: The sun ain't gonna shine anymore/After the light goes out Philips BF 1473
1966: (Baby) you don't have to tell me*/My love is growing* Philips BF 1473
 (D-Star-Club 148565)
1966: Another tear falls*/Saddest night in the world* Philips BF 1514
1966: Deadlier than the male/Archangel*
 Philips BF 1537
 (D-Star-Club 148579)
1967: Stay with me baby/Turn out the moon*
 Philips BF 1563
 (D-Star-Club 148582)
1967: Walking in the rain*/Baby, make it the last time* Philips BF 1576
 (D-Star-Club 148588)

Abweichende deutsche Singles:
1965: Land of 1000 dances/My ship is coming in
 D-Philips
1966: The sun ain't gonna shine anymore/You're all around me D-Star-Club 148549
1966: Another tear falls*/Saturday's child
 D-Star-Club 148570

Verschiedene:
1966: Living above your head/Young man cried*
 NL-Philips 320233

EPs:
1966: «*I need you*» Looking for me*/Young man cried//Everything's gonna be alright/Need you* Philips BE 12596
1966: «*The sun ain't gonna shine anymore*» The sun ain't gonna shine anymore/Love minus zero//There goes my baby/Tell the truth
 Philips 434569
1967: «*Stay with me baby*» Stay with me baby/Turn out the moon//Stand by me/I will wait for you Philips 434580
1967: «*Walking in the rain*» Walking in the rain/Baby make it the last time//First love never dies/Lonely winds Philips 434582

LPs:
1965: «*Take it easy with the Walker Brothers*»
Philips BL 7691
1966: «*The fabulous Walker Brothers*»
Wing WL 1188
1966: «*Portrait*» Philips BL 7732
(D-Star-Club 158028)
1966: «*Images*» Philips BL 7770
(D-Star-Club 158032)

Abweichende deutsche LPs:
1965: «*The Walker Brothers*» D-Star-Club 158026

Scott Engel solo:
Singles:
1967: Jackie/The plague Philips 326842
(D-Philips 326842)
1968: Joanna/Always coming back Philips 326876
(D-Philips 326876)

EPs:
1967: «*Scott Engel*» I broke my own heart/What do you say//Are these really mine/Crazy in love with you Philips

LPs:
1967: «*Scott*» Philips 844202
1968: «*Looking back with Scott Walker*»
Ember 3393
1968: «*Scott 2*» Philips 844210

John Walker solo:
1967: Annabella/You don't understand me
Philips 326820
(D-Star-Club 148591)
1967: If I promise/I see love in you Philips 326832
(D-Philips 326832)
1968: I'll be your baby tonight/Open the door Homer Philips 326869
1968: Kentucky woman/I cried all the way home
Philips 326886
1968: Woman/A dream Philips 326954

EPs:
1967: «*John solo – Scott solo*» The gentle rain/Mrs. Murphy//Sunny/Come rain or come shine
Philips 12597 BE

Gary Leeds solo:
Singles:
1966: You don't love me/Get it right CBS 202073
1966: Twinkle Lee/She makes me feel better
CBS 202081

EPs:
1966: «*Twinkle Lee*» Twinkle Lee/She makes me feel better//You don't love me/Get it right
CBS 5742
(D-CBS 5742)

Gary Walker & Rain:
Singles:
1968: Spooky/I can't stand to lose you
Polydor 56237

Britischer Rhythm & Blues

Von Greg Shaw

«Keith Richard ist der Vater des britischen R & B»
Fab Magazine, 1964

1963, als die Liverpooler Gruppen den englischen Rock beherrschten, machte ihr Erfolg die Plattenfirmen ganz allgemein aufgeschlossener für den Rock 'n' Roll, und schon 1964 waren genug Gruppen aus dem Londoner Raum unter Vertrag genommen worden, um aus dieser Stadt den nächsten Schwerpunkt des Geschehens zu machen und damit den zusätzlichen Schwung zu liefern, der die nachlassende Merseybeat-Explosion die nächsten zwei Jahre über die Runden rettete. Für uns in den Staaten klangen die Aufnahmen der Briten-Gruppen alle so ziemlich ähnlich (auf jeden Fall entging uns, sagen wir mal, der Unterschied zwischen den Gruppen aus Manchester und Birmingham), aber dennoch lohnt es sich sehr, sich einmal genauer mit dem Unterschied zwischen der Liverpooler und der Londoner Szene zu befassen.

Zwar hat auch London seinen Teil an Merseybeat-Gruppen hervorgebracht (Dave Clark Five, Migil Five, Brian Poole & the Tremeloes), aber die eigentliche Leistung der Londoner Szene war das R & B-Revival, das in der Mitte der fünfziger Jahre von Chris Barber, Alexis Korner, Cyril Davies und deren Nachfolgern und Nachahmern angezettelt wurde. Das Datum, an dem der britische R & B so richtig losging, läßt sich ziemlich genau angeben – es war im März 1962, als Davies und Korner auf Drängen von Fans des traditionellen Jazz und von Blues-Puristen den «Ealing Rhythm and Blues Club» aufmachten, als Korner mit seiner beliebten Gruppe Blues Incorporated in den Jazzclubs, in denen er auftrat, auch elektrisch verstärkte Instrumente einzusetzen begann.

Ihre Anhängerschaft wuchs ständig, speziell natürlich bei den jüngeren Fans, und schon im Sommer dieses Jahres hatte sich die Gruppe (die damals aus Jack Bruce, Ginger Baker, Dick Heckstall-Smith und gelegentlich auch Mick Jagger, Paul Jones und Brian Jones bestand) einen Stammplatz im Top-Jazzklub jener Tage erobert, im «Marquee» von Chris Barber. Immer mehr junge Musiker tauchten auf und gründeten eigene Gruppen. Und gleichzeitig mit dieser Entwicklung gerieten die noch ziemlich traditionellen Arrangement, von 1962 zugunsten eines kommerziellen und am Merseybeat orientierten Stils zunehmend ins Hintertreffen.

Damals waren es noch ziemlich wenige Gruppen. Die Stones formierten sich im Sommer 1962, wobei Charlie Watts und Mick Jagger von Korners Band herüberwechselten; Brian Jones kam von einer Gruppe, die sich Roosters nannte (und zu der auch Eric Clapton, Paul Jones und Tom McGuiness gehörten). Zusammen mit Dick Taylor, dem ursprünglichen Stones-Gitarristen – und eindeutig *dem* Trendsetter dieser Zeit –, waren diese Leute und die Gruppen, aus denen sie gekommen waren, die Stammväter des Londoner R & B.

Zu den anderen Gruppen, die damals aktiv waren, zählen die Blues-By-Six von Brian Knight, die Gruppe Organization von Graham Bond und die Blue Flames von Georgie Fame, die einen Stammplatz im «Flamingo» hatten.

Die Stones brachten die ganze Szene auf ein neues Niveau, indem sie sie vom strikten Chicago Blues zu Chuck Berry, Buddy Holly, Marvin Gaye usw. führten, die sie in ihr Repertoire aufnahmen. Die Liverpooler Gruppen benutzten dieses Material natürlich auch, aber sie merseyfizierten es in der Regel so gründlich, daß es hinterher nicht wiederzuerkennen war. Die Stones dagegen blieben dem Geist dieser Musik geradezu fanatisch treu. Trotzdem verdankt sich ihr umstrittener Ruf in jenen Tagen so sehr ihrem Mangel an musikalischem «Purismus» wie allem anderen sonst, was man ihnen hätte nachsagen können, aber die Reaktion der älteren Puristen fiel nicht so sehr ins Gewicht wie die der jüngeren Fans, die von ihnen begeistert waren. Ende 1963 waren bereits Gruppen wie die Cheynes, Alex Harvey's Soul Band, Ray Anton & the Peppermint Men, die Zephyrs und andere weniger bekannte Bands zugange, und alle waren stark von den Stones beeinflußt.

Das Jahr, das den englischen R & B entscheidend prägte, hat eine ganze Menge guter Musik hervorgebracht. Alle obengenannten Gruppen spielten hervorragende Aufnahmen ein, die weit besser waren als das meiste von dem, was 1964 herauskam. Sie nahmen den schweren Mersey-Rhythmus (die Rhythmusgitarre war immer noch das beherrschende Instrument des englischen Rock 'n' Roll) und übertrugen ihn auf dieselben R & B / Rock 'n' Roll-Standards, die auch von den Liverpooler Gruppen gespielt worden waren – allerdings mit einem Unterschied. Und der bestand darin, daß sie mehr von der Musik selbst als von der bloßen Tatsa-

che fasziniert waren, daß sie sie spielten. Keine künstliche Stimmungsmache also – es kam alles direkt aus der Musik an sich. Die frühen Stones-beeinflußten Gruppen schienen schnelle Songs vorzuziehen, aber sie hatten immer einen strafferen, kontrollierteren Sound. Die Platten aus dieser Zeit weisen eine große innere Spannung auf, und der frühe Stakkato-Gitarrenstil von Keith Richard wurde viel und gut imitiert.

Die besten Platten dieses Jahres waren für mich *Respectable* von den Cheynes (eindeutig die beste Version dieses Titels, die ich je gehört habe), *You Can't Judge a Book* von Ray Anton & The Peppermint Men und *Country Line Special* von den Cyril Davies Allstars. Davies hatte sich Anfang 1963 von Korner und seiner Band abgeseilt und eine eigene Gruppe aufgemacht, bei der auch Long John Baldry mitmischte, ebenfalls ein früherer Korner-Musiker. Blues Incorporated wurde in diesem Jahr eine Menge Mitglieder los, die eigene Gruppen aufmachten, und Korner selbst ging schließlich auf den Solo-Trip. *Country Line Special* ist die absolute englische R & B-Nummer des Jahres 1963 – mit einem mitreißenden Gitarrenbreak von jemand, der den Stil von Keith Richards im kleinen Finger hatte; und Nicky Hopkins saß – angeblich das erste Mal bei einer Aufnahme – am Piano.

1964 war dann das Jahr, in dem es losging wie verrückt. In diesem Jahr kamen die besten Liverpool-Scheiben heraus; von Gruppen wie den Searchers, den Merseybeats, von Cilla Black und den Beatles, die inzwischen Weltruhm genossen, konstant auf Tournee waren und eigentlich keiner lokalen Szene mehr zuzurechnen waren. Das macht ihre Platten um keinen Deut schlechter, aber es zeigt, daß sich Kreativität und die Lust am Experiment woandershin verzogen hatten – nach London.

Die Londoner R & B-Szene stand 1964 auf ihrem absoluten Höhepunkt. Die Stones, die dem «Marquee» ebenfalls bereits entwachsen waren, überließen ihren Stammplatz im «Crawdaddy» den Yardbirds. Die Spencer Davis Group, Gary Farr & the T-Bones, Manfred Mann, die Bo Street Runners und die Authentics (allesamt exzellente Gruppen) tauchten jetzt auch im «Marquee», im «Flamingo» und im «Crawdaddy» und daneben auch in Clubs wie dem «100 Club», dem «Studio 51», im «Eel Pie Island» und im «Klook's Kleek» auf, die sich allmählich auch einen Namen machten. Alle diese Clubs lagen ziemlich nahe beieinander, wodurch sich eine lebendige Szene ergab, wo man von einem Club in den nächsten «hoppen» konnte.

Der «100 Club» konnte stolz auf die Pretty Things verweisen, die neue Gruppe von Dick Taylor, die den Vorreiter für den ungehobelten, übertrieben-rauhbeinigen Sound machte, der in den Folgejahren viel kopiert wurde, besonders von den amerikanischen «Punk-Rock»-Gruppen. Die Artwoods (mit Jon Lord und Keef Hartley), Graham Bonds Organization, die Fairies (eine große Gruppe, bei der damals Steve Howe spielte, der heute bei Yes ist, und Twink), die Tridents (mit Jeff Beck), und auch die Soul Agents spielten dort.

Ebenfalls auf der Szene waren Eric Clapton mit seiner Band Powerhouse, in der (allerdings nur kurz) auch Jack Bruce, Stevie Winwood, Paul Jones, Ben Palmer und Pete York mitmischten, sowie eine der beliebtesten Gruppen, die Hoochie Coochie Men von Long John Baldry. Baldry war zusammen mit Davies von Korner weggegangen, um die Allstars aufzumachen. Nach dem frühen Tod von Davies Anfang 1964 wurde der Name der Gruppe in Long John Baldry's Allstars umgeändert; gleichzeitig stieß Rod Stewart dazu. Danach kam die Umbenennung in Hoochie Coochie Men (und zum Schluß in Steampacket).

«Marquee», «Crawdaddy», «Ealing», «Studio 51» und der «100 Club» spezialisierten sich ziemlich stark auf die Gruppen mit einer starken Gitarren-Betonung im aggressiven Chuck-Berry-Stil, deren typische Vertreter die Stones und die Pretty Things waren. Einige davon waren gut, viele waren einfach schrecklich und andere wie die Downliners Sect so ausgeflippt, daß ihre Platten, obwohl sie zugegebenermaßen schlecht sind, doch irgendwie faszinieren. Sie waren in etwa so wie die amerikanischen Punk-Bands ein oder zwei Jahre später – die Form war alles, der Inhalt nichts.

Der beste Punk-R&B aber kam von den Stones, den Yardbirds, den Pretty Things, den Cheynes, den T-Bones und den anderen Gruppen, die in den Jahren 1965/66 aus dieser Szene hervorgingen, den Who, Creation, den Troggs, den Eyes usw. Diese Gruppen kamen der Wildheit des klassischen amerikanischen Rock 'n' Roll so nahe, wie es sonst niemand aus England je schaffte.

Zur gleichen Zeit, in der das alles ablief, gab es noch eine weitere R&B-Szene in London, zu der John Mayall und «Klook's Kleek» gehörten, wo er häufig spielte, deren eigentlicher Mittelpunkt aber das «Flamingo» war. Das «Flamingo» war einer der ersten Clubs, die auf R&B setzten, und zwar schon Mitte 1962, doch im Gegensatz zum «Marquee» zielte es auf ein vorwiegend schwarzes Publikum, sowohl auf Westinder wie GIs. Die ursprüngliche Stammband waren die Blue Flames mit ihrem Sänger Georgie Fame. Die

Blue Flames, die vorher die Begleitband von Billy Fury gewesen waren, wurden mit einer Spielart des R & B überaus beliebt, die sich an Ray Charles, Bobby Bland, James Brown usw. orientierte, man kann auch sagen an jazzigem Big-Band-R & B mit Bläsern. Zu den Gruppen, die mit diesem Stil arbeiteten, zählten Chris Farlowe & the Thunderbirds, Zoot Money's Big Roll Band, die Graham Bond Organization, Tony Knight's Chessmen, John Lee's Groundhogs (die sich später nur noch Groundhogs nannten), Brian Auger & the Trinity, John Mayall's Bluesbreakers, Gass, Hogsnort Rupert's Good Good Band und – gelegentlich – die Animals und Moody Blues.

Es hat allem Anschein nach so etwas wie eine freundschaftliche Rivalität zwischen den Anhängern dieser beiden Schulen gegeben, wobei die Gitarren-Bands von den erklärtermaßen mehr am gehobeneren Jazz orientierten Fans ein bißchen von oben herab angesehen wurden. Die Aufnahmen, an denen sich ablesen lassen müßte, ob sie damit recht hatten, zeigen allerdings beide Richtungen nicht in Bestform, aber man kann sich leicht vorstellen, daß Farlowe, Fame oder Bond auf ihre Art genauso gut waren wie die Stones und die anderen «Marquee»-Gruppen, deren Sound wir so gut kennen. Auch sie spielten jede Menge laute, rotzige, schnelle Songs, aber mit Saxophon und allem, was dazugehört, und ihr Sound muß demnach viel voller gewesen sein.

Ein großer Teil des «Flamingo»-Publikums bestand aus Westindern, die sich gerade zu einer geschlossenen Schicht innerhalb der englischen Gesellschaft formten. Ihre Musik war der Soul, und deshalb bevorzugten sie Fame, Money und diese Leute. Es gab auch schon jamaikanische Sänger und Gruppen wie Jimmy James & the Vagabonds und – etwas später – Jimmy Cliff, aber der bei den Jamaikanern beliebteste Act war Geno Washington, ein gebürtiger Amerikaner, der in seiner Heimat mit *Geno's a Coward* einen kleineren Hit hatte.

1965 näherte sich das Ende der Herrschaft des R & B über den Londoner Raum. Die Mods, die mit dem R & B groß geworden waren, schufen sich allmählich ihre eigene Musik; daneben machten sich amerikanische Trends wie der Folk-Rock bemerkbar, und außerdem hatten die führenden Gruppen wieder einmal internationales Format erreicht. Zwar kamen immer noch gute R & B-Scheiben raus und, nebenbei gesagt, auch gute Merseybeat-Titel, aber das kreative Zentrum hatte sich erneut verlagert.

Viele R & B-Anhänger zogen sich in den Purismus zurück, und der britische Blues (der beispielsweise von der

Reihe «Anthology of British Blues» auf Immediate und vielen anderen neueren Samplern dokumentiert wird) wurde geboren; ein überaus selbstbewußter Stil, der sich eindeutig vom Pop absetzte. Und doch will es die Ironie der Geschichte, daß gerade der Blues-Purismus derjenigen Musiker, die von der Popmusik von der Bühne gescheucht worden waren, 1968 zum massenhaften Auftreten von Boogie-Bands wie Savoy Brown und Ten Years After führte, denen es gelang, im Anschluß an die Herrschaft des Underground-Rock die Rückkehr des Pop weitere fünf Jahre zu verhindern.

Georgie Fame and the Blue Flames

Von Mike Willmore

1957 war Clive Powell vierzehn und stand irre auf Fats Domino, besonders aber auf seiner Band – Mann, konnten die swingen! Also machte Clive seine erste Gruppe auf, er selbst saß am Klavier, und nannte sie «The Dominoes». Sie spielten in Leigh und Umgebung und machten bei einem Talent-Wettbewerb mit, als sie Rockin' Rory Blackwell, einem englischen Bandleader, das erste Mal auffielen. Rory war so von Clive beeindruckt, daß er ihn bat, als Sänger und Pianist in seine Gruppe einzusteigen. Clive nahm das Angebot an und ging mit Rory auf Tournee.

Während sie in London spielten, schloß Clive mit dem Impresario Larry Parnes Bekanntschaft, der ihm einen Job als Begleitpianist bei seinen Package-Tourneen anbot. Allen Stars verpaßte Parnes Macho-Superstar-Namen wie Billy Fury, Marty Wilde oder Duffy Power – und so wurde aus Clive Powell GEORGIE FAME.

Später stieß Georgie zu den Blue Flames, der ständigen Begleitband von Billy Fury, die bis Ende 1961 zusammenblieb. Als Georgie 1962 zu Weihnachten eine Hammond-Orgel geschenkt kriegte, machte er schließlich seine eigene Gruppe auf – Georgie Fame and the Blue Flames. Sie spielte kontinuierlich in den Londoner Clubs und baute sich mit ihrem satten R & B-Sound eine starke Underground-Gefolgschaft auf. Georgie hat seine Vorliebe für diesen swingenden Fats-Domino-Sound nie verloren, und er hat ihn mit dem Vokalstil des ‹Jazz-Weisen› Mose Allison kombiniert, wobei eine Mischung entstand, die er als «Rockhouse» bezeichnete.

Ihre erste Platte erschien Anfang 1964 und zeigte die Gruppe haargenau so, wie sie war – ein Haufen, der alle Lieblingsstücke eines betüterten Tanz-Publikums runterfetzt. «Rhythm and Blues at the Flamingo» ist eines der atmosphärischsten Alben, die ich je gehört habe. Bei einer Nummer wie *Do the Dog* ist es kaum möglich, *nicht* die riesige Schlange von Tänzern vor sich zu sehen, die alle begeistert diesen anrüchigen Tanz mittanzen und im Takt der Musik blaffen und bellen. Wenn es dann soweit ist und *Baby Please Don't Go* fällig wird und Georgie zu der Stelle kommt, wo es heißt, «you got me way down here by the rollin' fog, treat me like a DOG ...», fällt irgend so ein Suffkopp genau im richtigen Moment mit seinem «WAUWAU!» ein ... Entschieden das wildeste Publikum, das ich seit dem Live-Mitschnitt von James Brown im Apollo gehört habe!

Georgie hatte kurze Haare und ein schreiend kariertes Madras-Jackett, das er stets trug, aber das war auch schon alles, was er für sein visuelles Image tat. Er galt allgemein als guter, solider Kerl; bei seinen Musiker-Kollegen war er wohlgelitten. Weil er nicht so recht in das Mod-Syndrom hineinpaßte, das damals grassierte, dauerte es einige Zeit und etliche Singles länger, bis er schließlich den endgültigen Durchbruch in die Hitparade schaffte –

mit *Yeh Yeh*, der ersten Nummer eins von 1965. Es kommt einem heute seltsam vor, aber dieser Song galt damals als für einen Popsong ziemlich avantgardistisch und überaus unkommerziell, als er herauskam.

Ihr zweites Album bekam den Titel «Fame At Last» und zeigte die Band mit zehn Vokalstücken und zwei Instrumentals wirklich von ihrer besten Seite. Die Arrangements und das Spiel sind knackig und sauber – und sie swingen auf Teufel komm raus! Georgie konnte inzwischen wirklich singen, und seine runde, leicht angeraute Stimme kommt in Songs wie *I Love the Life I Live* und *I'm in the Mood for Love* überaus vorteilhaft zur Geltung. Selbst wenn sie sich betagte Tanznummern wie *The Monkey Time* und *Monkeying Around* vorknöpfen, ist ihr Sound so phantastisch, daß man den dämlichen Text nicht einmal zur Kenntnis nimmt. Sie brachten damals hauptsächlich Cover-Versionen von obskuren R&B-Titeln, aber sie hatten es raus, das Original in den Schatten zu stellen und einen Song vollkommen an ihren eigenen Stil anzupassen. Man vergleiche beispielsweise nur einmal das Original von *Point of No Return* von Gene McDaniels mit der gelungenen Überarbeitung von Georgie Fame and the Blue Flames.

Danach hatten sie zwei weitere kleine Hits (*In the Meantime* und *Like We Used to Be*) und einige ziemlich oft gespielte Achtungserfolge, bevor sie mit *Getaway* 1966 wieder eine Nummer eins vorlegten. Inzwischen waren die Blue Flames teilweise umbesetzt worden, und der Fame-Sound hatte einiges von seiner kontrollierten Straffheit eingebüßt.

Das dritte Album «Sweet Things» bewies, daß sie immer noch so gut wie eh und je waren, nur eben ein bißchen in die Breite gegangen. Die Platte brachte wieder zehn Vokalstücke und zwei Instrumentals, heiße Versionen von *Sweet Thing*, *Sunny* und dem Instrumental *Last Night*. Wirklich hervorragend singt Georgie die beiden Stücke *Sitting in the Park* und *Funny How Time Slips Away*. Er hat Geschmack genug, die schneidenden Fistelstimm-Effekte des Originals von Joe Hinton zu vermeiden, und wie er die Kurve zum Schluß kriegt, ist schon enorm. Das erste Mal, als ich Georgies Version von diesem Titel hörte, wurde mir ganz anders, ehrlich. Wenn ihr beide Versionen kennt, dann wißt ihr, was ich sagen will.

Als der inzwischen verstorbene Jazzsänger John Hendricks Ende 1966 England besuchte, verbrachte er eine Menge Zeit bei Jam-Sessions mit Georgie und muß dabei einen gewaltigen Eindruck bei ihm gemacht haben; Georgie verkündete nun, er wolle sich von den Blue Flames trennen und solo weitermachen, und 1967 werde man *wirklichen* Jazz von ihm hören. Ein schöner Schmäh! Natürlich lösten sich die Blue Flames daraufhin auf, aber einige Leute wie etwa der Drummer Mitch Mitchell tauchten bei anderen Größen wieder auf.

Und Georgie wurde jetzt ernstlich unkommerziell! Sein nächstes Album wurde mit der Harry South Big Band aufgenommen und bekam den Titel «Sound Venture» – es wurde die am zehntbesten verkaufte Jazz-LP des Jahres 1967 in Großbritannien. Auf dieser Platte sind viele zungenbrecherische Vokalpartien zu hören, bei denen Georgie häufig die Puste und der Ton ausgehen, bevor die Strophe zu Ende ist.

Denn Georgie ist und war einfach kein Jazzsänger. John Hendricks, *der* konnte eine Strophe mit zwanzig oder

dreißig Worten singen, aber Georgie nicht. Ein paar von den langsameren Balladen wie *Lil' Darling* sind trotzdem ganz ordentlich und machen es beinahe lohnend, sich das Album doch zu besorgen. Im selben Jahr wechselte Georgie übrigens auch das Label. Bei CBS kam eine EP heraus, auf der es ihm am besten gelungen ist, an das alte Feeling anzuknüpfen, und obwohl die Musiker nicht angegeben sind, bin ich mir sicher, daß diese vier Tracks aus der *Getaway*-Periode von 1966 stammen, weil Sound und Produzent (Denny Cordell) identisch sind. Ein weiterer interessanter Leckerbissen aus dieser Zeit: Bei der Jazzband, die das Backing von *Got to Get You Into My Life* von den Beatles spielt, handelt es sich um niemand anders als die Blue Flames! 1967 brachte Georgie mit Harry South eine weitere LP heraus, «Two Faces of Fame – The Concert/The Studio», die an denselben Schwächen leidet wie «Sound Venture».

Inzwischen hat Mr. Fame sowohl seine R & B- wie auch seine Jazz-Phase hinter sich gelassen und konzentriert sich darauf, ein ausgewachsener Pop-Sänger zu sein. Der beste Zeuge dafür ist sein vorprogrammierter Hit *Bonnie & Clyde* von 1967. 1969 machte er mit der LP «The Seventh Son» einen Versuch, seinen alten Sound noch einmal auf die Beine zu stellen. Diese Scheibe ist zwar besser als sein Pop-Zeugs, aber nicht annähernd so gut wie seine Arbeit mit den Blue Flames.

Letzte Woche bin ich beim Stöbern in einem 25-Cent-die-Platte-Ramschladen über seinen wohl allerneuesten Versuch gestolpert, einen Hit zu landen, und zwar mit den James-Taylor-Stücken *Fire and Rain/The Movie Star Song* (Epic 5-10640). Leider habe ich das Ding gekauft, und es ist genauso schlecht, wie ich es geahnt hatte.

Bei den meisten großen Künstlern ist der Lauf der Dinge wohl immer derselbe; sie ringen sich zu einem eigenständigen Stil durch, werden berühmt, versuchen dann, auf anderen Gebieten Fuß zu fassen, und verlieren alles, was sie groß gemacht hat. Und genau nach diesem Strickmuster, so sieht es aus, hat Georgie Fame Clive Powell so kaputtgemacht, daß es wohl nichts mehr zu reparieren gibt.

DISCOGRAPHIE

1963: Orange street*   R&B 114
1963: Stop right here*   R&B 126
1964: Do the dog/Shop around   Columbia DB 7193
1964: Do re mi/Green onions   Columbia DB 7255
1964: Bend a little*/I'm in love with you*   Columbia DB 7328
1964: Preach and teach*/Yeh Yeh   Columbia DB 7428 (D-Columbia C 22883)
1965: In the meantime/Telegram*   Columbia DB 7494 (D-Columbia C 22941)
1965: Like we used to be/It ain't right*   Columbia DB 7633
1965: Something/Outrage   Columbia DB 7727
1966: Getaway/See saw   Columbia DB 7964 (D-Columbia C 23254)
1966: Sunny/Don't make promises*   Columbia DB 8015
1966: Sitting in the park/Many happy returns   Columbia DB 8096
1967: Because I love you*/Biddin' my time*   CBS 202587 (D-CBS-2587)
1967: Try my world*/No thanks*   CBS 2954
1967: Ballad of Bonnie and Clyde/Beware of the dog*   CBS 3124 (D-CBS 3124)
1968: By the time I get to Phoenix*/St. James infirmary   CBS 3526
1969: Seventh son/Fully booked   CBS 4659 (D-CBS 4659)

EPs:
1964: «*Rhythm & Blue Beat*» Madness*/Tom Hark goes Blue Beat*//Humpty dumpty/One whole year baby*   Columbia SEG 8334
1964: «*Rhythm & Blues at the Flamingo*» Night train/Parchman farm//Work song/Baby please don't go   Columbia SEG 8382
1965: «*Fame at last*» Get on the right track baby/Point of no return//I love the life I live/Gimme that wine   Columbia DB 8393
1965: «*Fats for fame*» (Solo-EP) No no*/Sick and tired*/So long*/Blue Monday*   Columbia SEG 8406
1965: «*Move it on over*» Move it on over*/Walking the dog*//Hi heel sneakers*/Rockin' pneumonia and the boogie woogie flu*   Columbia SEG 8454
1966: «*Getaway*» Getaway/See saw//Ride your pony/Sitting in the park   Columbia SEG 8518
1967: «*Knock on wood*» Knock on wood*/All I'm asking*//Close the door*//I didn't want to have to do it*   CBS EP 6363

LPs:
1964: «*Rhythm and Blues at the Flamingo*»   Columbia SX 1599
1964: «*Fame at last*»   Columbia SX 1638
1966: «*Sweet things*»   Columbia SX 6043
1967: «*Hall of Fame*»   Columbia SX 6120
1967: «*Two faces of Fame*»   CBS 63018
1968: «*The third face of Fame*»   CBS 63293
1969: «*The seventh son*»   CBS 63786

Verschiedene:
1965: Yeh Yeh*/Humpty dumpty* (deutsch)   D-Columbia C 22909
1967: Knock on wood*/Roadrunner*   NL-CBS 2781
1968: Hideaway/Kentucky child   US-Epic 10347
1968: Peaceful*/Hideaway*   D-CBS 4295
1968: Someone to watch over me/For your pleasure*   US-Epic 10402
1966: «*Georgie Fame & the Harry South Big Band-Sound venture*»-LP   Columbia SX 6076

The Pretty Things

Von Ken Barnes

Die Pretty Things standen im Grunde immer ein bißchen am Rande, was Massenerfolg, Plattenhits, die Dauer ihres Erfolgs und all das angeht. Aber auch ihr Image und ihr Sound lagen abseits vom Mainstream, und ihr übertriebener Nachruhm bei den absoluten Fans der Briten-Invasion ist ein Beispiel dafür, wie eine Gruppe gerade wegen ihrer Extreme geschätzt werden kann. Niemand sah so abgerissen und verkommen aus wie die Things («wie sie alle ihre Fans nennen» – Zitat vom Cover ihrer ersten LP), niemand sonst führte sich auf der Bühne so gewalttätig auf («er wütet auf der Bühne rum wie ein angeschossener Gorilla» – so Nick Cohn über ihren Leadsänger Phil May). Allein schon ihr Name war eine Provokation.

Wichtiger aber war, daß sich niemand das R & B/Blues/Rock 'n' Roll-Standard-Repertoire jener Tage derart extrem vorgeknöpft hat wie sie. Vor allem die Rolling Stones – und in weniger großem Ausmaß auch viele andere Gruppen – trugen entscheidend dazu bei, die puristische Haltung gegenüber dieser Musik zu liquidieren und den Trend hin zu einem ungebärdigeren, härteren, schnelleren und aufregenderen Briten-Sound durchzusetzen; aber die Pretty Things waren noch einen Zacken wilder. Ihre langsamen Blues-Titel waren ein chaotisches Mischmasch aus schrillen Mundharmonika-Anfällen und verrückt spielenden Gitarren; das schnellere Material hatte Vollgas-Tempo, war ungehobelt, un-genau und primitiv; May zog und verzerrte die Vokale bis auf das ungehörigste, unschönste Level, das man sich vorstellen kann. Natürlich war das heiß wie die Hölle, und auf ihren besten Aufnahmen (*Midnight to Six Men, Rosalyn, Come See Me*) erreichten die Pretty Things die höchsten Punk-Rock-Höhen.

Die Gruppe fand 1963 in London zusammen; die zentralen Leute in der Band waren Phil May und der Leadgitarrist Dick Taylor, der frühere Stones-Bassist und im Londoner R & B-Boom offenbar eine der fruchtbarsten und anregendsten Gestalten – ein Trendsetter in Musik, Mode und Pop im allgemeinen. Die erste Scheibe der Pretty Things war das auf Bo Diddley basierende *Rosalyn*; es wurde kein Hit, war aber einer der besten Titel, die sie jemals fabriziert haben, ein Rocker ohne Atempause mit einem großartigen Intro in der Art von *Fortune Teller*. Danach kamen *Don't Bring Me Down* und *Money I Need*, archetypische Pretty-Things-Rocker mit den furiosfauchenden Vocals von May, die zu ihrem Markenzeichen geworden sind. Beide wurden ordentliche Hits; damit war ein Album fertig.

Die LP brachte einen ausgezeichneten Querschnitt durch die musikalische Bandbreite der Pretty Things, von langsamen über schnelle Blues-Titel bis hin zu lebendigen R & B- und Rock 'n' Roll-Titeln im Berry-Stil. Besonders breit war dieses Spektrum natürlich nicht, aber das hatte sie fest im

Griff, und zwar in der Weise, daß sie an jedes Stück mit der gleichen Vorschlaghammer-Manier heranging (so daß beispielsweise der *Unknown Blues* derart zertrümmert wird, daß er heute wie eine lustige Parodie auf die überernsten Blues-Zelebrationen wirkt, die später in England massenhaft verbrochen werden sollten). Die besten Tracks waren neben *Money I Need* schätzungsweise die drei Diddley-Nummern *Pretty Thing, Road Runner* (eine Tempo-Version, die zweifellos die Gants und andere beeinflußt hat) und das schon ein bißchen merkwürdige *Mama Keep Your Big Mouth Shut*. Erwähnenswert waren daneben noch der Berry-Titel *Oh Baby Doll* und *13 Chester St.* (wobei es sich eigentlich um *Got Love If You Want It* von Slim Harpo handelte, dem nur ein hauchdünnes Mäntelchen umgehängt wurde).

Auf der amerikanischen Version des Albums fehlen *Oh Baby Doll* und *Mama Keep Your Big Mouth Shut* sowie zwei weniger gute Nummern; sie wurden ersetzt durch die starken Singles *Rosalyn* und *Don't Bring Me Down* plus zwei B-Seiten, eine davon ein langweiliger langsamer Blues, die andere eine hervorragende Original-Rock-Nummer, *I Can Never Say*, die sich schon beinahe als melodisch ansprechen läßt. Weder die LP noch irgendeine von den Singles der Pretty Things wurden in Amerika jemals Hits, und ein erheblicher Teil ihrer frühen Produktion wurde hier in den Staaten leider nie veröffentlicht.

Ihre nächste Single war der alte Betty-Harris-Hit *Cry To Me*, der auch von den Stones gecovert wurde – aber die Version der Pretty Things war schon starker Tobak, seltsam schnell und mit einem prononcierten Beat, wobei keins zum andern passen wollte – und die Scheibe wurde denn auch nur ein recht bescheidener Erfolg. Eine britische EP dagegen brachte eine ausgezeichnete Beat-Interpretation des Harpo-Titels *Rainin' In My Heart* als Lead-Track und enthielt dazu noch eine ungewöhnlich melodische und attraktive Einspielung namens *Sittin' All Alone*.

Dann erschien Ende 1965 das zweite Album der Gruppe: «Get the Picture» kam allerdings nur in England auf den Markt. Es fing gleich mit einem Paukenschlag an, einem Ausbruch im unverfälschten Sonny-Bono-Folk-Rock-Gitarrenstil, der die hervorragende Nummer *You Don't Believe Me* einleitete, die sich markant von all dem abhob, was die Pretty Things bisher probiert hatten – was ihnen auch vollkommen gelang. Die gesamte A-Seite war durchweg mitreißend, mit dem knallhart-punkigen *Get the Picture*, *Rainin' In My Heart* und dem ziemlich gruseligen *Can't Stand the Pain* mit seinem zerquälten Tremolo-Gitarrenpart. Ebenfalls erwähnenswert waren *We'll Play House*, weil es extrem ähnlich klang wie *13 Chester St.*, sowie *Buzz the Jerk*, weil dieser Titel demonstriert, wie die Pretty Things Funk-Soul-Nummern zu behandeln pflegten – mit derselben Holzhammer-Methode, mit der sie alles andere angingen. Die B-Seite brachte eher fußkrankes Material, speziell ein konfuses und mißglücktes Elektro-Folk-Experiment, *London Town* – aber dafür ist *Gonna Find Me a Substitute* mit seinen Anklängen an *Walking the Dog* durchaus hörenswert, und *I Want Your Love* ist eine großartige Kommerz-Rock-Nummer, die in dem unsterblichen Ausruf gipfelt: «Saints preserve me, I just gotta love ya!»

Nach diesem Album folgten ihre beiden besten Singles, *Midnight to Six*

Men mit seinen hervorragenden punkigen Intro-Riffs (der Titel wurde anschließend sogar von ein paar amerikanischen Bands gecovert), sowie *Come See Me*, ein phonstarker Anschlag auf die Hörnerven, der vage an die Akkordfolge von *Whatcha Gonna Do About It* erinnert – Gas ganze war so angelegt, daß es den Hörer schon in den ersten paar Sekunden an die Wand nageln mußte. Die erstgenannte Platte spielte eine Charts-Nebenrolle, die zweite ging total daneben, und damit war die kommerzielle Reputation der Pretty Things, wie mager sie auch gewesen sein mochte, wieder dahin. Die nächste Single war ein ziemlich farbloses Cover des Kinks-Titels *House In the Country*, gefolgt von *Progress*, einer halbwegs hörbaren Beat-Nummer, an der eigentlich nur die plumpen Bläsersätze störend wirken.

«Emotions», ihr drittes Album, das Anfang 1967 herauskam, stellte einen radikalen Wandel dar, indem es so befremdende Abträglichkeiten wie akustische Gitarren, Streicher, Chorgesang, Raga-ähnliche Skalierungen und (am schlimmsten) unglaublich hirnrissige und aufdringliche Bläser-Arrangements ins Spiel brachte, und das so ungefähr auf der Hälfte der Tracks, die gelegentlich so abscheulich sind, daß sie einen Vorgeschmack auf die späteren Kakophonien von Chicago oder Blood Sweat and Tears geben. Ein paar Tracks waren angenehm melodisch oder erinnerten wenigstens ein bißchen an den altgewohnten aggressiven Sound (etwa *One Long Glance*), und *Tripping* war ein recht amüsantes Beispiel für den britischen Psychedelic Blues, aber alles in allem ist es das beste, dieses Machwerk zu vergessen – eine Katastrophe.

Dick Taylor verließ die Gruppe kurz darauf wie auch der Drummer Skip Alan. John Adler (Twink), zuvor bei den Fairies, stieß – von Tomorrow kommend – dazu, und die Gruppe trat mit dieser Besetzung in eine neue Phase ein, die mehr ins Reich der fanatischen Art-Rock-Anhänger paßt und für mich weit weniger interessant ist. In diese Phase fiel ihre Prä-«Tommy»-Quasi-Pop-Oper «Sorrow», von deren Musik Teile durchaus vergnüglich sind; ihre schreckliche nächste LP «Parachute» (die wie «Sorrow» in den Staaten auf Rare Earth erschien) lag auf derselben Linie, und dann kam 1970 noch eine einsame Single heraus, *October 26/Cold Stone* (deren B-Seite ein erträglicher Heavy-Rock-Titel ist). Der 1972 erschienene Best-Of-Sampler «Freeway Madness» ist im allgemeinen so lahm, daß er auf kaum mehr als den endgültigen Abgang hinausläuft. Inzwischen ist von den ursprünglichen Things nur noch Phil May dabei, aber sie treten in England immer noch ziemlich häufig auf und streuen dabei angeblich sogar auch noch so manche Nummer aus ihrer großen Zeit um 1964/65 ein. Und das ist auch prima so, denn gerade wegen dieser wahnsinnigen Frühwerke werden die Pretty Things noch am ehesten und längsten Verehrung genießen.

DISCOGRAPHIE

The Pretty Things (bis 1970)
Singles:
1964: Rosalyn*/Big boss man*   Fontana TF 496
1964: Don't bring me down*/We'll be together*
    Fontana TF 503
    (D-Fontana 267388 TF)
1965: Honey I need/I can never say*
    Fontana TF 537
    (D-Star Club 148524 STF)
1965: Cry to me/Get a buzz*   Fontana TF 585)
    (D-Star Club 148534 STF)
1965: Midnight to six men*/Can't stand the pain
    Fontana TF 647
1966: Come see me*/L.s.d.*   Fontana TF 688
    (D-Star Club 148557 STF)
1966: A house in the country*/Me needing you*
    Fontana TF 722
    (D-Star Club 148567 STF)
1966: Progress*/Buzz in the jerk   Fontana TF 773
    (D-Star Club 148576 STF)
1967: Children/My time   Fontana TF 829
    (D-Star Club 148587 STF)
1967: Defecting grey*/Mr. Evasion*
    Columbia DB 8300
    (D-Columbia C 23663)
1968: Talking about the good times*/Walking through my dreams*   Columbia DB 8353
    (D-Columbia C 23732)
1968: Private sorrow/Balloon burning
    Columbia DB 8494
    (D-Columbia C 23912)
1970: The good Mr. Square/Blue Serge blues
    Harvest HAR 5016
    (D-Harvest 006-04420)
1970: October 26/Cold stone   Harvest HAR 5031
    (D-Harvest 006-04682)

Abweichende deutsche Singles:
1965: Sittin' all alone*/Rainin' in my heart
    D-Fontana 267500 TF
1968: Death of socialite/Photographer
    D-Star Club 148596 STF

EPs:
1964: *«The Pretty Things»* Don't bring me down*/Big boss man*/Rosalyn*/We'll be together*
    Fontana TE 17434
1965: *«Rainin' in my heart»* Rainin' in my heart/London town/Sittin' all alone*/Get a buzz*
    Fontana TE 17442
1966: *«On Film»* Midnight to six men*/Can't stand the pain/L.s.d.*/Me needing you*
    Fontana TE 17472

LPs:
1965: *«The Pretty Things»*   Fontana TL 5239
    (D-Fontana 687341)
1965: *«Get the picture»* (mit anderem Cover)
    Fontana TL 5280
    (D-Fontana 687359)
1967: *«Emotions»*   Fontana TL 5425
    (D-Star Club 158036 STY)
1968: *«S. F. Sorrow»*   Columbia SCX 6306
    (D-Columbia 1C 062-04004)
1970: *«Parachute»*   Harvest SHVL 774
    (D-Harvest 062-04406)

The Yardbirds

Von Greg Shaw

Den Yardbirds gilt seit jeher so manches geheuchelte Lob. Sie sind diejenige Gruppe, von der sogar diejenigen Snobs, die vor «Sgt. Pepper» nie im Leben Rock gehört hätten, sagen, sie seien «ihrer Zeit voraus» gewesen. Natürlich beziehen sie ihr Lob auf die Yardbirds zu Zeiten von Jeff Beck, auf die Yardbirds von *Shapes of Things* und *Happenings Ten Years Time Ago*, und während diese berühmten Aufnahmen von 1966 natürlich zweifellos phantastisch sind, sind die Yardbirds in der Zeit von 1963 bis 1965 hier für uns von größerem Interesse.

Sie fingen 1963 als das Metropolitan Blues Quartet an, in der Besetzung Keith Relf, Chris Dreja, Paul Samwell-Smith, Jim McCarthy und Tony Topman. Nachdem Topman gegangen und durch einen artig anzusehenden, kurzhaarigen Jüngling namens Eric Clapton ersetzt worden war, benannten sie sich in Yardbirds um (was sie wohl von irgendeinem alten Blues-Albumcover hatten) und wurden bei den frühen Londoner R & B-Fans bald derart populär, daß sie den Stammplatz der Stones im «Crawdaddy» übernehmen konnten, als letztere diesen räumten.

Ihre ersten Aufnahmen entstanden bei einer Aufnahmesession, die sie mit viel Glück als Begleitband für Sonny Boy Williamson ergattert hatten. Drei Jahre danach kam das Album heraus, das uns wenig über die Yardbirds sagt, außer daß sie eine fähige Blues-Band waren; sie unterließen jeden Versuch, Sonny Boy zwischendurch kurz mal die Show zu stehlen. Ihr eigentliches Debüt kam dann 1964 mit dem Album «Five Live Yardbirds», das vor allem eins klar und deutlich zeigte: Was die Yardbirds auch anpackten, machten sie besser als alle anderen.

Mit Songs wie *Smokestack Lightning, Good Morning Little Schoolgirl, Too Much Monkey Business* und *Respectable* waren sie voll auf dem Londoner R & B-Stil drauf, der ja schon beschrieben worden ist. Was die instrumentale Seite anging, konnte ihnen – außer den Stones – keiner das Wasser reichen, und sie hatten sogar einen volleren Sound als die frühen Stones-Aufnahmen; stimmlich war Keith Relf zwar nicht in derselben Klasse wie Mick Jagger – seine Stimme hatte mehr was von der Reibeisen-Qualität der Pretty Things oder der Downliners Sect –, aber das steigerte den Effekt der Art von Musik, die sie machten, nur noch.

Wenn die Rhythmusgitarre *das* zentrale Instrument des englischen Rock vor 1965 war, wie wir das behaupten, dann machten den Yardbirds in dieser Hinsicht eigentlich nur die Kinks Konkurrenz, was die Frage angeht, wer in dieser Hinsicht die beliebteste und repräsentativste Gruppe dieser Art und dieser Zeit war. Und wenn man sich ihre kreative, aber ausschließliche Beschäftigung mit diesem Sound vor Augen führt, dann könnten die Yardbirds durchaus als Sieger aus dieser Konkurrenz hervorgehen. Denn sie waren vor allem anderen eine Gitarren-Band. Die Besetzung bestand aus Bass, Drums und zwei Gitarren, und Relf griff gelegentlich auch einmal zur Mundharmonika. Sie brauchten für ihre Sessions keinen Nicky Hopkins. Und seit Clapton in der Gruppe war, hatten sie praktisch zwei Rhythmusgitarren, die zugleich auch Leadgitarren waren. Niemand außer Jimmy Page verstand sich so auf Power-Rhythmusakkorde wie Clapton, und Page war damals kein ständiges Mitglied der Gruppe. Er war damals auch noch kein derart ausgefuchster Gitarrist wie Clapton. Powermäßig konnte er zwar schon mit Clapton mithalten, aber Clapton hatte mehr Sinn für Feinheiten, eine ganz gewisse Art, Riffs aus dem Ärmel zu schütteln, die jede Ecke, jeden Winkel eines Songs mit Präzision und Kraft füllen konnten. Seine Aufnahmen mit den Yardbirds sind Musterbeispiele der englischen R & B-Gitarrentechnik.

Obwohl ihr frühes Repertoire viele Blues- und R & B-Klassiker enthielt, hat die Gruppe nie so getan, als ob sie den Blues «popularisieren» wolle, oder sonstigen Stuß verzapft, für den

übrigens auch die Stones durchaus empfänglich waren. Ob sie es selber überhaupt bemerkt haben oder nicht – die Yardbirds machten etwas viel Wichtigeres; sie suchten nach den neuen Energieebenen, die sich dadurch erreichen ließen, daß das Blues-Material an die Formensprache des englischen R & B adaptiert wurde. «For Your Love», ihr erstes US-Album, ist das beste Beispiel dafür. Songs wie *I Wish You Would, I'm Not Talking, Good Morning Little Schoolgirl, A Certain Girl* und *My Girl Sloopy* waren jeglichem bluesig-entspannten Humor entkleidet, den sie in den Originalversionen besessen hatten, und wurden in unter Starkstrom stehende, geisttötende Attacken verwandelt, die auch nach nun schon acht Jahren nichts von ihrem Biß verloren haben. Mein liebster Yardbird-Song ist ein von Relf geschriebenes Original, das nach einer R & B-Übernahme klingt, aber keine ist – *I Ain't Done Wrong*. Die Dynamik dieses Songs ist einfach unglaublich; jedesmal, wenn man ihn hört, wirkt er wieder nachhaltig auf das Nervensystem ein. Es war die erstaunliche Schnelligkeit und das Rhythmus-Feeling von Eric Clapton, das die frühen Yardbirds zu einer derart großartigen Gruppe machte, wie sie sie waren.

Clapton hatte jedoch keine Ahnung davon, wie wichtig das war, was er da machte. Ihn juckte es viel mehr, die Platten von Freddie King zu kopieren, und als der Rest der Gruppe sich mehr dem Pop nähern wollte, sprang er ab. Vielleicht gerade deshalb wird er auf den amerikanischen Yardbirds-Alben überhaupt nicht erwähnt (mit Ausnahme der Wiederveröffentlichungen). Statt dessen wird auf dem ersten Album nur Jeff Beck genannt, auf dem er nur bei ein paar von den weniger interessanten Songs wie *My Girl Sloopy* tatsächlich mitspielte. Es macht natürlich keine Schwierigkeiten, zu sagen, wer was gemacht hat, weil Beck im Gegensatz zu Clapton einen sehr flexibel-flüssigen Lead-Stil und überhaupt kein Feeling für Rhythm-Dynamik hat.

Auf dem zweiten amerikanischen Album «Rave Up» ist Clapton bei allen Stücken der B-Seite dabei (die von dem englischen Live-Album übernommen wurde), und wenn Beck wirklich für die Gitarrenparts auf der A-Seite verantwortlich ist (wie immer noch vermutet wird), dann hat er den Stil von Clapton bei Nummern wie *You're a Better Man Than I, Heart Full of Soul* und *The Train Kept A-Rollin'* nun wirklich mal famos imitiert. Bei näherer Betrachtung merkt man aber, daß Tiefe und Fülle deutlich fehlen. Die Yardbirds blieben noch auf Jahre hinaus eine großartige R & B-Gruppe, aber wer weiß, welche Wunderwerke sie zustande gebracht hätten, wenn Clapton dabeigeblieben wäre! Zu allermindest hätte die Entwicklung der Heavy-Metal-Richtung einen ganz anderen Verlauf genommen, und Mike Saunders wäre glücklicher, als er es heute ist.

DISCOGRAPHIE

The Yardbirds:
Singles:
1964: I wish you would / A certain girl
    Columbia DB 7283
1964: Good morning little schoolgirl / I ain't got you   Columbia DB 7391
1965: For your love / Got to hurry
    Columbia DB 7499
    (D-Epic 9790)
1965: Heart full of soul / Steeled Blues*
    Columbia DB 7594
    (D-Epic 9823)
1965: Evil hearted you / Still I'm sad
    Columbia DB 7706
    (D-Epic 9907)
1966: Shapes of things / You're a better man than I*   Columbia DB 7848
1966: Over under sideways down / Jeff's Boogie
    Columbia DB 7928
    (D-Epic 9918)
1966: Happening ten years time ago / Psycho daisies*
    Columbia DB 8024
    (D-Epic 9922)
1967: Little games / Puzzles*   Columbia DB 8165
1967: Goodnight sweet Josephine* / Think about it*   Columbia DB 8368

Abweichende deutsche Singles:
1964: Boom boom* / Honey in your hips*
    D-CBS 1433
1965: I'm a man / The train kept a-rolling
    D-Epic 9908
1966: Shapes of things / Pafff...bum*
    D-Epic 9910

Verschiedene:
1967: *Ha ha said the clown* / Tinker tailor soldier sailor   US-Epic BN 10204
1967: *Ten little Indians* / Drinking muddy water
    US-Epic BN 10248
1966: *Questa volta* / Pafff...bum*
    I-R. International SIR 20-010

EPs:
1965: «*Five Yardbirds*» My girl Sloopy / I ain't done wrong / / I'm not talking
    Columbia SEG 8421
1966: «*Over under sideways down*» Over under sideways down / I can't make your way / / He's always there / What do you want
    Columbia SEG 8521

Abweichende deutsche EPs:
1965: «*Yardbirds*» Heart full of soul / Honey in your hips* / / For your love / Boom boom*
    D-CBS EP 5855
1965: «*The Yardbirds*» Evil hearted you / Heart full of soul / / Still I'm sad / I'm a man   D-Epic 6254

LPs:
1965: «*Five live Yardbirds*»   Columbia SX 1677
    (D-Epic LN 26201)
1966: «*Sonny Boy Williamson & the Yardbirds*»
    Fontana TL 5277
    (D-Star Club 148015)
1966: «*The Yardbirds*» («*Roger the engineer*»)
(= «*Over under sideways down*»
    Columbia SCX 6063
    D-Epic BN 26254)

Abweichende deutsche LPs:
1965: «*For your love*»   D-Epic LN 26167
1966: «*Having a rave up*»   D-Epic LN 26177
1966: «*Greatest hits*»   D-Epic BN 26246
1967: «*Little games*»   D-Epic BN 26313

Keith Relf solo:
1966: Mr Zero / Knowing   Columbia DB 7920
    (D-Epic 9919)
1966: Shapes in my mind / Blue sands
    Columbia DB 8084
    (D-Epic 9949)

Als **Keith Dangerfield**:
1970: No life child / She's a witch   Plexium 1237

The Downliners Sect

Von Greg Shaw

Die Downliners Sect war für viele in England nichts als ein Witz, am ehesten noch eine grobe Karikatur all dessen, was am britischen R & B schlecht war. Und vielleicht stimmt das auch. Aber immerhin – wenn eine Gruppe einen derart schlechten Ruf hat, ist es der Mühe wert, der Sache mal näher nachzugehen. Denn andererseits war die Downliners Sect, wie an anderer Stelle gesagt worden ist, eine der wenigen ersten echten Punk-Rockbands, obwohl man in diesem Fall die Definition dieses Begriffs wirklich englisch-liberal handhaben muß.

Wie dem auch sei – ich muß zugeben, daß ich ihre Sachen teilweise mag. Ihre Musik war eine überkandidelte Version des frühen Pretty-Things-Sounds – R & B-Klassiker zu ungestümen, wütenden Attacken verschandelt, alle Feinheiten unter gnadenlosen Rhythmusakkorden und geschmacklosen Vocals zerschmettert. Ihre Idole waren Chuck Berry und Bo Diddley, und man erinnert sich heute an sie am ehesten noch wegen Hymnen wie *Sect Appeal* und *Be a Sect Maniac*, die den nun wirklich schon simplen Diddley-Beat auf noch höhere Ebenen der Simplizität führten. Bodenlose Platten, das zugegeben – obwohl man ja weiß, daß Lester Bangs der Schaum vorm Mund stand, wenn er sie hörte.

Aber die Downliners Sect beschränkte sich keineswegs auf das. Statt dessen sprangen sie auf jeden Zug auf, den sie erwischen konnten. Ihr zweites Album, «The Country Sect», nahm den Country-Rock um etliche Jahre voraus, obwohl ihr nächstes, «The Rock Sect's In» ungefähr die gleiche Zeit zu spät kam, was die Zurkenntnisnahme der Wiederkehr des Rock 'n' Roll anging. Auch das zweite war ein ziemlich lahmes Album mit beschissenen Versionen von *Hang On Sloopy*, *Fortune Teller* und (man denke!) *May the Bird of Paradise Fly Up Your Nose*. Ziemlich gut dagegen ist *Don't Lie to Me*, obwohl sie sich zu Helfershelfern des geistigen Diebstahls machen, den Chuck Berry an Fats Domino, dem eigentlichen Autor dieses Stücks, beging, indem sie ersteren als Autor angeben. Aber das mag ihnen verziehen sein; gerade die Tatsache, daß sie so gut wie alles, was sie vom R & B wußten, von zwei oder drei bei Marble Arch wiederveröffentlichten Alben und von den Rolling Stones bezogen, macht ja einen gut Teil des Charmes dieser englischen R & B-Gruppen aus. Ihr Country-Album übrigens ist schon eine ziemlich merkwürdige Angelegenheit. Es reicht von *Wolverton Mountain* über strikten Nashville-Country und Hootenanny bis hin zu Country-Rock im engeren Sinn.

Doch wenn man mal von all diesen Scherzen absieht (und ihre klassische EP «Sick Songs» nicht außer acht läßt), hat die Gruppe eben doch ein paar ganz ausgezeichnete Aufnahmen zustande gebracht, wovon die meisten auf ihrem ersten Album zu finden sind. Neben den heißen Versionen von Stücken von Chuck Berry und Jimmy Reed enthält dieses Album nämlich einen der größten und irrsten Rock-Heuler aller Zeiten, *Bloodhound*, sowie die genauso wilde Nummer *One Ugly Child*, bei der sie von Nicky Hopkins ausgezeichnet am Piano begleitet werden. Und außerdem noch gute Lyrics, etwa: «You belong in a cage, who turned you loose on me?».

Nein, die Downliners waren gar nicht mal so schlecht. Es lohnt sich auch, nach zwei von ihren Singles zu fahnden. *Glendora/I'll Find Out* ist eine wilde, aggressive Rock-Single, und *The Cost of Living* ist eine weniger krude, professionell arrangierte Pop-Rock-Single mit hübscher Piano-Begleitung – und gerade dieses letzte Stück, das sie aufgenommen haben, beweist eigentlich, daß sie sich schon noch Hoffnung hätten machen dürfen. Also ich für meinen Teil würde sie allemal lieber hören als John Baldry, Dave Berry oder manche andere, denen die Blues-Puristen den Vorzug gaben. Was mir bestimmt wieder mal den Vorwurf einträgt, ich hätte keinen Geschmack, oder?

DISCOGRAPHIE

The Downliners Sect:
Singles:
1964: Baby what's wrong*/Be a sect maniac
Columbia DB 7300

1964: Little Egypt/Sect appeal   Columbia DB 7347
1964: Find out what's happening*/Insecticide*
Columbia DB 7415
1965: Wreck of the old '97*/Leader of the sect*
Columbia DB 7509
1965: I got mine/Waiting in heaven somewhere
Columbia DB 7597
1965: Bad storm coming/Lonely and blue
Columbia DB 7712
1966: All night worker*/He was a square
Columbia DB 7817
1966: Glendora*/I'll find out   Columbia DB 7939
1966: The cost of living*/Everything I've got to give   Columbia DB 8008

EPs:
1964: «The Downliners Sect preaching Rhythm and Blues at) Nite in Gt. Newport Street» Green onions*/Shame shame shame*//Beautiful Delilah*/Nursery rhyme*   Contrast rbesp 001
1965: «The Sect sing sick songs» I want my baby back*/Leader of the sect*//Midnight hour*/Now she's dead*   Columbia SEG 8438

LPs:
1964: «The Sect»   Columbia X 1658
1965: «The Country Sect»   Columbia X 1739
1966: «The Rock Sects in»   Columbia SX 6028

Verschiedene:
1968: Spider*   auf JUKE BOX EP S-JSEP 5580
1969: Lord of the ring*
auf JUKE BOX EP S-JSEP 5584
1969: White Caterpilla
auf JUKE BOX EP S-JSEP 5586

Als **Don Craine's New Downliners Sect**
1967: Roses*/I can't get away from you*
Pye 17261

Zoot Money's Big Roll Band

Von Mike Willmore

Zoot Money war echt gut, obwohl er bei uns hier nie so richtig Beachtung gefunden hat. Zoot spielte Orgel und sang in einem funkigen, vom Blues herkommenden Stil. Obwohl er mit seiner kraftvoll-unverwechselbaren Persönlichkeit jeden Song beherrschte, wurde er von einer hervorragenden Band begleitet – Paul Williams (bass), Andy Summers (guitar), Colin Allan (drums), Nick Newall und Johnny Almond (beide sax).

Ihr harter, schneller Sound hatte in der Whisky-Cola-Ära von 1964/65 seinen festen Platz in der britischen Club-Szene; und die meisten von ihren Gigs spielten sie denn auch in Clubs. «Meine Band und ich, wir spielen den besten Blues auf dieser Seite von Newcastle, das mache ich jedem klar – und wenn ich ihn unter den Tisch saufen muß!» hat Zoot mal gesagt.

Und er hatte wohl recht, denn seine ersten beiden Alben sind wirklich gut. Das erste war eine heiße Studio-Session-LP namens «It Should Have Been Me», die zweite eine lockerere Live-LP, die schlicht und einfach «Zoot!» heißt. In die Charts hat er es allerdings nur einmal geschafft, mit der Single *Big Time Operator*, in der Zoot sich in aller Bescheidenheit selber beschreibt. An diesem Punkt hat er wohl den Gipfel seines Könnens erreicht, denn ab da ging es im großen Stil nur noch abwärts. Sein drittes Album, mit ein paar guten und ein paar schlechten Aufnahmen, bekam den Titel «Transition». Er fühlte sich bereits damals in einem Übergangsstadium, bevor er dann mit seiner letzten Gruppe, Dantalion's Chariot, experimentell wurde. Meines Wissens hat diese Band nur eine einzige Single gemacht, bevor sie Ende 1966 einging, *Madman Running Through the Fields / Sun Came Bursting Through My Cloud* (Columbia DB 8260).

Schon mit seinem dritten Album hatte Zoot gezeigt, daß er auf dem absteigenden Ast war – aber das, was er anschließend machte, hat mich wirklich umgehauen. Er wurde Organist bei den neubesetzten Animals von Eric Burdon! Was für ein Abstieg – von der Berühmtheit in die Namenlosigkeit!

DISCOGRAPHIE

Zoot Money's Big Roll Band (bis 1969)
Singles:
1964: Uncle Willie*/Zoot's suite*
Decca F 119954
(D-Decca DL 25150)
1965: Good*/Bring it on home to me*
Columbia DB 7518
1965: Please stay*/You know you'll cry*
Columbia DB 7600
1965: Something is worrying me*/Stubborn kind of fellow* Columbia DB 7697
1965: Let's run for cover*/Self disciplining*
Columbia DB 7876
1966: Big time operator*/Zoot's sermon*
Columbia DB 7975
1966: The star of the show*/The mount moves*
Columbia DB 8090
1967: Knick knack*/I really learnt how to cry*
Columbia DB 8137

Abweichende deutsche Singles:
1966: Big time operator*/Stubborn kind of fellow*, D-Columbia C 23290

EPs:
1966: «*The Big Time Operator*» Big time operator*/It should've been me//Florence of Arabia/Chauffeur Columbia SEG 8519

LPs:
1965: «*It should have been*» Columbia SX 1734
1966: «*Zoot*» Columbia SX 6075

Verschiedene:
1964: Walking the dog*/Get on the right track* auf «R & B, Rhythm & Blues»-LP Decca LK 4616

1966: «*Big time operator*» Big time operator*/Zoot's sermon*//Self-discipline*/Let's run for cover* EP-F-Columbia ESRF 1801

Als **Dantalian's Chariot**
1967: Madman running through the fields*/Sun came bursting through my cloud*
Columbia DB 8260

Als **Begleitband von Paul Williams**
1964: Gin house*/Rockin' chair*
Columbia DB 7421
1965: Jump back/The many faces of love*
Columbia DB 7768

Zoot Money, solo:
1968: «*Transition*» -LP Direction 8-63231
1969: «*Welcome to my head*» -LP US-Capitol 318

Manfred Mann

Von Doug Hinnan

Manfred Mann, die ihr amerikanisches Debüt im Sommer 1964 gaben, waren die erste englische Gruppe – von den Beatles einmal abgesehen –, die den ersten Platz der US-Charts erreichte, und zwar mit *Do Wah Diddy Diddy*, mit dem die Exciters ein paar Monate zuvor einen bescheidenen Erfolg erzielt hatten. Es war purer Pop, und ihr nächster Titel, *Shalala* (ursprünglich von den Shirelles präsentiert) lag mehr oder minder auf der gleichen Wellenlänge und schnitt fast genauso gut ab. Danach aber taten sie sich in Amerika mit Hits schwer; erst 1968 hatten sie mit dem Dylan-Titel *Mighty Quinn* wieder einen durchschlagenden Erfolg. In England dagegen hatten sie vom Februar 1964 bis zum Mai 1969 eine ununterbrochene Reihe von Hits, bis die Pop-Besetzung der Gruppe auseinanderging. Nach zweijähriger Abwesenheit von der Popszene ist Manfred Mann jedoch mit seiner Earth Band wieder da, nimmt mit ihr Songs von Randy Newman und neue Dylan-Titel auf und könnte in der nächsten Zeit durchaus wieder zu Ansehen gelangen.

Manfred Mann, der in Südafrika aufwuchs und in Wien und Juilliard zur Schule ging, kam im Mai 1963 nach England, wo er sich mit dem Drummer Mike Hugg zusammentat und in der Gegend um Portsmouth ein bißchen Jazz und Blues spielte. Bald stieß das Multi-Talent Mike Vickers mit Saxophon, Flöte und Gitarre dazu, und die drei nannten sich fortan die Mann-Hugg Blues Brothers. Im Lauf des Sommers staubten sie sich dann bei den Roosters (bei denen zeitweise auch Eric Clapton spielte) den Sänger Paul Jones ab. Jones konnte «den Blues singen» wie sonst kein Brite in jenen Tagen, und er konnte auch Pop-Material seinen eigenen Stempel aufprägen. Die Gruppe spielte jetzt immer mehr R & B, wurde in den einschlägigen Fan-Kreisen und Etablissements zunehmend bekannter und angelte sich von John Burgess einen EMI-Vertrag.

Durchsetzen konnte sich eine Gruppe damals einzig und allein mit Pop-Singles, weshalb der Gruppe ein neues Image und ein neuer Name (schlicht und einfach Manfred Mann) verpaßt wurde; außerdem wurde noch der Bassist Tom McGuinness dazuverpflichtet, der ebenfalls von den Roosters kam. Die erste Single der Gruppe, die im Herbst 1963 erschien, sie hieß *Why Should We Not*, war eine Pleite; Anfang 1964 jedoch brachten sie einen nachgerade peinlich blöden Song heraus, *5-4-3-2-1*, im schnellen R & B-Stil gespielt, der sie auf den dritten Platz der britischen Charts katapultierte (er ist später in den Staaten auf Prestige erschienen und war eine komplette Pleite). Nachdem sie ihre ersten vier Singles geschrieben hatten (die vierte war *Hubble Bubble* und kam auf Platz 10), erreichten sie endlich sowohl in England wie in den Staaten mit der Berry/Greenwich-Nummer *Do Wah Diddy Diddy* die Nummer eins.

Ihr erstes Album bewies, wie versiert und vielseitig sie waren; es sagte mehr über sie aus als ihre Singles, und es ist bis heute eines der besseren englischen Pop/R & B-Alben des Jahrgangs 1964 geblieben. Im instrumentellen Bereich nahmen sie sich das beste aus all den Musikformen, von denen sie herkamen (Jazz, Blues, R & B, Pop), und legten dabei ein hohes Maß an Musikalität an den Tag. Besonders ein Song, es ist *Without You*, ist eine hervorragende Rock-Blues-Nummer mit einem Flute/Vibes-Break, der alles vorwegnahm, was Jethro Tull erst volle vier Jahre danach brachte.

Nach *Shalala* (Nr. 12 in den USA) ging es mit Manfred Mann in den Staaten abwärts. Anfang 1965 brachten sie die starke Ballade *Come Tomorrow* heraus, und obwohl sie in England einschlug wie nahezu alles andere, was danach kam, war das Stück in den Staaten nur ein mäßiger Erfolg – danach kam nur noch eine Reihe solider Flops.

In England wurde ein großer Teil ihres Materials auf EPs veröffentlicht. «The One In the Middle» kam sogar in die Top Ten und enthielt den ersten einer ganzen Reihe von Dylan-Titeln, die sie seitdem aufgenommen haben – eine zu Ende überlegte, dramatische Version von *With God on Our Side*. Wenige Monate danach, im Oktober 1965, testeten sie einen weiteren Dylan-Titel als Single. *If You Gotta Go, Go Now* war eines der leichteren Dylan-Werke, und Manfred Mann ließen ihm Gerechtigkeit zuhauf widerfahren, wie Dylan später in einem Fernsehinterview deutlich machte, als er sagte, Manfred Mann gehöre zu seinen drei Lieblingskünstlern. In Amerika fiel diese Nummer allerdings ebenfalls durch, genau wie ihre Version von *My Little Red Book*, einem Titel, mit dem Love einige Zeit darauf einen Hit verbuchen konnte.

Gegen Ende 1965 kam es in der Gruppe zu einem Krach nach dem anderen. Mike Vickers, der sich nach wie vor als Jazzmusiker empfand, hatte die Nase voll von all den Problemen, mit denen eine große Pop-Gruppe so konfrontiert wird, und nahm den Hut, um sich fortan den eigenen Interessen zu widmen (unter anderem der Arbeit mit einem großen Orchester); unter dem Namen Mike Vickers Orchestra sind ein paar obskure Singles erschienen. Tom McGuinness übernahm die Gitarre, dafür wurde als neuer Bassist Jack Bruce engagiert, der gerade der Graham Bond Organization den Rücken gekehrt hatte. Bruce machte nur mit, um eben Arbeit zu haben, und interessierte sich nicht besonders für die Gruppe; er ging bald darauf wieder, um sich – ebenfalls nur für kurze Zeit – John Mayall's Bluesbreakers anzuschließen. Er kam dann Anfang 1966 jedoch wieder zu Manfred Mann zurück und brachte bei dieser Gelegenheit auch gleich noch den Trompeter Henry Lowther und den Flötisten und Saxophonisten Lynn Dobson mit.

Im Mai 1966 brachte diese neue Besetzung *Pretty Flamingo* heraus, eine hübsche Pop-Ballade, die nach einer Pause von anderthalb Jahren die Rückkehr in die US-Charts brachte. Als sich die Platte in Amerika durchsetzte, ging jedoch Paul Jones, um eine Solo-Karriere zu beginnen (es war ihm nur sporadischer Erfolg beschieden) und in dem experimentellen Pop-Streifen «Privilege» den großen Star zu markieren. Mit dem Abgang von Jones verlor die Gruppe den prägenden Teil ihres Sounds, wonach sie zunächst einmal zu ihren Ursprüngen im Jazz zurückkehrte und die EP «Instrumental Asylum» veröffentlichte, vier beliebte

Songs, die sie in purem Jazzstil abhandelte. Sobald diese EP erschienen war, gingen auch Bruce, Lowther und Dobson – Bruce natürlich, um zu Cream zu gehen. Lowther machte ein Solo-Album; er und auch Dobson sind immer noch ziemlich aktiv.

Die Gruppe, nach wie vor auf der Suche nach einem neuen musikalischen Profil, brachte als nächstes nochmals eine Jazz-EP heraus, «Instrumental Assassination». Nach dem Abgang von Paddy, Klaus und Gibson war Klaus Voorman am Bass dazugekommen. Die Jazz-Version von Manfred Mann hielt sich nicht lange, aber die beiden EPs kamen insofern nicht von ungefähr, als sie den Herzenswunsch von Mann und Hugg befriedigen halfen, in ebendiesem Stil zu spielen. Der Sänger und Songwriter Mike D'Abo, Ex-Leader der Band of Angels, kam im Juli 1966 zur Gruppe dazu; seitdem steuerte die Gruppe wieder klaren Pop-Kurs.

Ihre nächste Veröffentlichung war ein neuer Dylan-Song, *Just Like a Woman*. Obwohl musikalisch wie immer eine runde Sache, kam die Scheibe nicht an die Verkaufszahlen der eigenen Fassung von Dylan heran und wurde in den USA ein eher bescheidener Erfolg. Die Stimme von D'Abo fügte sich recht gut in den neuen Pop-Sound der Gruppe ein (man höre sich die B-Seite *I Want to Be Rich* an, die einen leichten Spector-Touch aufweist). Ihre erste LP mit der neuen Gruppe, «As Is», hatte immer noch starke Jazz-Schlagseite, wies aber keine Spuren der rockigen, vom R & B beeinflußten Nummern mehr auf – sie waren mit Jones endgültig verschwunden. Alles war wie immer prima gemacht, aber das Material war teilweise sehr schwach.

Die nächste, im Herbst 1966 erschienene Single, *Semi-Detached Suburban Mr. James* (geschrieben von dem von der New Vaudeville Band her bekannten Geoff Stephens) war eine solide Pop-Nummer, aber wieder kein US-Erfolg. Anfang 1967 landeten sie dann in England wieder zwei Hits, *Ha Ha Said the Clown* (von den Yardbirds mit einigem Erfolg gecovert) und *Sweet Pea*, eine Instrumentalversion des Hits von Tommy Roe.

Nach *Ha Ha Said the Clown* mußte die Gruppe allerdings feststellen, daß es in England für sie mit den Hits vorbei war; *Sweet Pea* konnte man kommerziell vergessen, und *So Long Dad*, von Randy Newman geschrieben, wurde ein miserabler Flop. Das und interne Kabbeleien erzeugten einen solchen Druck, daß sie beinahe auseinandergegangen wären, aber dann entschlossen sie sich, es doch noch mal mit einem neuen Dylan-Song zu probieren (den er ihnen geschickt hatte). *Mighty Quinn* wurde in den ersten Monaten des Jahres 1968 ein Super-Welthit und gab der Band noch einmal den Auftrieb, um ein weiteres Jahr weiterzumachen. So langsam aber fiel die Gruppe in dieser Zeit denn doch auseinander, weil für jeden einzelnen seine anderen Interessen wichtiger wurden. Manfred Mann und Mike Hugg schrieben einen umstrittenen Soundtrack für den Streifen «Up the Junction», der nur mittelmäßigen kommerziellen Erfolg hatte, aber ihr letztes Album (in England «The Mighty Garvey», in den USA «The Mighty Quinn» betitelt) litt an dem altbekannten Problem des Mangels an gutem Material.

Danach hatte Manfred Mann noch drei weitere große Hits in England, *My Name Is Jack* (aus dem Film «You Are What You Eat»), den Ohrwurm *Fox on the Run* und *Ragamuffin Man*, doch danach gerieten sie abermals in Vergessenheit. Ende 1968 war klar, daß die Gruppe in ihrer damaligen Zusammensetzung keine Zukunft mehr hatte. Sie gaben bekannt, nicht mehr auf Tournee gehen zu wollen, was schlicht und einfach daran lag, daß sie keinen guten Bühnensound mehr zuwege brachten, aber sie wollten weiter Singles herausbringen. Manfred und Hugg machten die Gruppe Emanon («No Name», rückwärts gelesen) auf, machten kleinere Tourneen und spielten das Material, das sie seit 1963 schon immer hatten spielen wollen – Jazz. Die B-Seite der letzten Manfred Mann-Single *Ragamuffin Man* war die Emanon-Nummer *A'B' Side* (wobei es sich in Wirklichkeit um *Travelling Lady* von der ersten LP von Chapter Three handelt).

Im Juni wurde offiziell bekanntgegeben, daß die Gruppe auseinandergegangen war – damals bereits keine Überraschung mehr. D'Abo machte sich selbständig, Tom McGuinness formierte schließlich McGuinness Flint, und Klaus Voorman spielte unter anderem bei der Plastic Ono Band und John Lennon. Aus der Mann/Huggschen Experimentalgruppe Emanon wurde Manfred Mann Chapter Three, mit der sie sich ihre ursprünglichen musikalischen Vorstellungen und Wünsche erfüllen wollten. Chapter Three schuf denn auch eine einzigartige Mixtur aus Pop und Jazz. In den beiden Jahren, die die Gruppe existierte, nahm sie zwei Alben auf, die Gruppe unternahm ausgedehnte England-Tourneen und kam auch einmal nach Amerika. Die erste LP – die einzige, die auch in den USA erschien – wurde kaum gekauft, und der zweiten ging es in England ebenfalls um keinen Deut besser. Die Kritiken bewegten sich zwischen «interessant» und «Mist». Es handelt sich wirklich um eine ziemlich schwierige Musik, bei der man echt nicht weiß, was man von ihr halten soll – zeitweise hört sie sich wie ziemlich amateurhafter Jazz und dann wieder so an, wie sich Popmusik vielleicht einmal in vierzig Jahren anhören wird. Live spielte die Gruppe ziemlich locker, Manfred Mann machte den Dirigenten. Seine geringe Anhängerschaft (speziell in England) und die dürftigen Kritiken führten Mann jedoch zu dem Schluß, daß seine Musik nicht eben das sein konnte, was das Publikum hören wollte, weshalb Chapter Three Anfang 1971 sanft entschlief. Mike Hugg ist heute solo und hat Ende 1972 ein Album herausgebracht, obwohl er nach wie vor zusammen mit Mann Jingles für TV-Commercials schreibt, ein Nebengeschäft, das die beiden schon lange erfolgreich betreiben.

Im Juni 1971 stellte Manfred Mann der Pop-Welt eine neue Gruppe vor und stellte fest, daß er jetzt wieder was losmachen wolle; Chapter Three habe seine musikalischen und geschäftlichen Ziele nicht erreicht, weshalb er sich entschlossen habe, wieder eine reinrassige Popgruppe zusammenzustellen und wieder öfter mal live zu spielen. Die neue Gruppe, sie hieß Manfred Mann's Earth Band (und 1971 war ja schließlich das Jahr der Ökologie), besteht aus Mike Rodgers (Gitarre und Leadgesang – er war vorher bei Procession und Bulldog), Chris Slade (Drums – er kam von den Squires) und dem Bassisten Colin Pettenden.

Die erste Single der neuen Gruppe, der Dylan-Song *Please Mrs. Henry* (die von Manfred Mann beinahe schon einmal, zweieinhalb Jahre nach *Mighty Quinn*, veröffentlicht worden wäre) wurde kein Hit, obwohl es eine ausgezeichnete Platte ist, aber *Living Without You*, eine hervorragende Interpretation des Songs von Randy Newman, wurde von der Kritik freundlich aufgenommen und ein mittelprächtiger US-Hit. Dann erschien auch ein zweites Album, das gemischte Gefühle weckte, und schließlich ein drittes, das (bei lediglich einem hervorragenden Track, *Pretty Good*) ihre lange Tradition unausgewogener LPs fortsetzte (sie haben nicht eine gemacht, die man von vorn bis hinten mit Vergnügen hören könnte), und zweifellos werden sie auf diese Weise noch etliche Zeit weitermachen.

DISCOGRAPHIE

Singles:
1963: Why should we not */Brother Jack   HMV 1189
1963: Cock-a-hoop*/Now you're needing me*   HMV 1225
1964: 5-4-3-2-1/Without you*   HMV 1252
1964: Hubble bubble toil and trouble */I'm your king-pin   HMV 1282
1964: Do wah diddy diddy/What you gonna do*   HMV 1320
   (D-Electrola 22796)
1964: Shalala/John Hardy   HMV 1346
   (D-Electrola 22836)
1965: Come tomorrow/What did I do wrong*   HMV 1381
   (D-Electrola 22902)
1965: Oh no, not my baby/What am I doing wrong*   HMV 1413
1965: If you gotta go now/Stay around*   HMV 1466
   (D-Electrola 23074)
1966: Pretty Flamingo/You're standing by*   HMV 1523
   (D-Electrola 23213)
1966: You gave me somebody to love*/Poison ivy*   HMV 1541
   (D-Electrola 23249)
1966: Just like a woman/I wanna be rich   Fontana TF 730
   (D-Fontana 267610)
1966: Semi-detached suburban Mr James/Morning after the party   Fontana TF 751
   (D-Fontana 267640)
1967: Ha ha said the clown/Feeling so good   Fontana TF 812
   (D-Fontana 267698)
1967: Sweet pea/One way   Fontana TF 812
   (D-Fontana 267716)
1967: So long dad/Funniest gig   Fontana TF 862
   (D-Fontana 267753)
1968: Mighty Quinn/By request Edwin Garvey*   Fontana TF 897
   (D-Fontana 267798)
1968: Theme from Up the Junction/Sleepy hollow*   Fontana TF 908
   (D-Fontana 267810)
1968: My name is Jack*/There is a man*   Fontana TF 943
   (D-Fontana 267851)
1968: Fox on the run*/Too many people*   Fontana TF 985
   (D-Fontana 267906)
1969: Ragamuffin man*/A «B» side*   Fontana TF 1013
   (D-Fontana 267934)

Abweichende deutsche Singles:
1964: Hubble bubble toil and trouble*/5-4-3-2-1   D-Electrola 22721
1964: Sie*/Pretty baby*   D-Electrola 22892
1965: Hi Lili Hi Lo/Lsd   D-Electrola 23291
1966: I can't believe what you say/It's getting late   D-Electrola 23428

Verschiedene:
1964: *Blue brave**/ Brother Jack   US-Prestige 314
1965: *My little red book**/*What am I doing wrong**   US-Ascot 2184
1968: *Do you have to do that**/ *When will I beloved*   US-United Artists

EPs:
1964: «*Manfred Mann*» -5-4-3-2-1/Cook-a-hoop*// Without you*/Why should we not*   HMV EG 8848
1964: «*Groovin' with Manfred Man*» Groovin'/Do wah diddy diddy//Can't believe it*/Did you have to do that*   HMV EG 8876
1965: «*The one in the middle*» The one in the middle/Watermelon man*//What am I to do*/With god on our side   HMV EG 8908
1965: «*No living without loving*» There's no living without your loving/Let's go get stoned*//Tired of trying, bored with lying, scared of dying/I put a spell on you*   HMV EG 8922
1966: «*Machines*» Machines*/She needs company*// Tennessee waltz*/When will I be loved*   HMV EG 8942
1966: «*As was*» I can't believe what you say/It's getting late//That's all I ever want/Driva man*   HMV EG 8962
1967: «*Instrumental Asylum*» Still I'm sad/My generation//Satisfaction/I got you babe   HMV EG 8949
1967: «*Instrumental assassination*» Sunny/Wild thing*/Get away/With a girl like you   Fontana TE 17483

LPs:
- 1964: «The five faces of Manfred Mann» HMV CLP 1731
- 1965: «Mann made» HMV CLP 1911 (D-Electrola SME 84039)
- 1966: «Mann made hits» HMV CLP 3559
- 1966: «As is» Fontana TL 5377
- 1967: «Soul of Mann» HMV CLP 3594
- 1967: «What a Mann» Fontana Special SFL 13003
- 1968: «Up the junction» Fontana STL 5460
- 1968: «Mighty Garvey» Fontana STL 5470

Verschiedene:
- 1965: Dashing away with the smoothing iron auf «The five faces of Manfred Mann» US-Ascot ALS 16018
- 1966: Love like yours auf «My little red book of winners» US-Ascot ALS 16021

The Animals

Von Richard Riegel

Die Animals fingen in den frühen sechziger Jahren als Alan Price Combo an; das Instrumentaltrio spielte in den Jazzclubs seiner Heimatstadt, der düsteren Industriestadt Newcastle-upon-Tyne im englischen Norden an der Grenze zu Schottland. Newcastle, das ja nun von London weitab lag und vom Mainstream der englischen Pop-Kultur vielleicht noch isolierter war als das Liverpool der Beatles, wurde, weil Hafenstadt, dennoch von diversen ausländischen Einflüssen erreicht, wozu auch (wie es die Eric-Burdon-Legende später wissen wollte) amerikanische Jazz- und R & B-Platten gehörten, die von heimkehrenden Seeleuten mitgebracht wurden. Alan Price, der früher bei einer Skiffle-Gruppe mitgemischt hatte, hörte diese Platten, war von ihnen begeistert und setzte diese Begeisterung für die Musik von Ray Charles, Jimmy Smith, Thelonious Monk und anderen amerikanischen Keyboard-Stars dadurch in die Praxis um, daß er sich mit Feuereifer an das Erlernen des Klavier- und Orgelspielens machte, bis er diese Instrumente schließlich ebenfalls meisterhaft beherrschte.

Bald mauserte sich die Alan Price Combo zum Quartett und nahm schließlich mit dem Eintritt eines fünften Mitglieds, des begabten Sängers Eric Burdon, ihre endgültige Form an. Der kleinwüchsige, stämmige, dunkelhaarige und dunkeläugige Burdon bildete einen archetypischen physischen Kontrast zu dem blauäugigen und blonden Price, und sein Stil gab dem Sound der Gruppe zugleich eine neue Balance. Burdon war mit derselben Musik groß geworden wie Price, aber im Ergebnis war er viel interessierter an allem, was mit der Kultur und Musik der Schwarzen zusammenhing, für die er eine geradezu fanatische Begeisterung entwickelt hatte. Burdon wäre es am liebsten gewesen, wenn er Neger hätte werden können, oder wenigstens Amerikaner, und dieser Wunsch gab seiner Stimme eine erdige Intensität, die einen gesunden Kontrapunkt zur instrumentellen Virtuosität von Price schuf. Den Rest der Gruppe bildeten Hilton Valentine, ein bescheidener, zurückhaltender Typ, der eine straffe Rhythmusgitarre und gelegentlich Blues-Leads spielte, Bryan «Chas» Chandler, ein fanatischer Perfektionist, der an einem abenteuerlichen Bass-Stil tüftelte, der später von John Entwistle populär gemacht wurde, und schließlich der Drummer John Steel, wie Price ein ausgesprochener Jazz-Connoisseur.

Die Jugend von Newcastle liebte ihre Alan Price Combo heiß und innig, mit einer Leidenschaft, wie sie wohl nur die Teenie-Gemeinde einer Provinzstadt für ihre eigene Rockband empfinden kann, ihrer Verbindung zur Großen Szene «draußen» – und sie gab ihren Helden den Namen Animals in sarkastischer Anerkennung ihres unerreichten, manchmal gammeligen Aufzugs und des Drives, den ihre Musik hatte. Der Spitzname blieb an ihnen hängen, und schließlich wurden aus der Alan Price Combo auch offiziell die Animals. Nick Cohn, selbst dunnemals ein Newcastle-Teen, beschreibt die Auftritte der Animals im «Downbeat Club» in «Rock From the Beginning» so: «Die Animals hatten damals einen erstklassigen Sound. Musikalisch waren ihnen enge Grenzen gesetzt, aber ihr Zorn kam rüber, sie langten knallhart zu.»

Die Animals schlugen 1963 so hart zu, daß sie etliche Hausnummern höher rückten – zunächst einmal siedelten sie in den «besseren» «A-Go-Go»-Club über, dann waren sie bei einer England-Tournee von Chuck Berry mit dabei, und schließlich fielen sie in die seit neuestem florierende Londoner R&B-Szene ein. In London schließlich lenkten die Animals die Aufmerksamkeit des Plattenproduzenten Mickie Most auf sich und kamen auf diese Weise zu einem Vertrag mit dem EMI-Label Columbia.

Unter den amerikanischen Platten, die den Weg nach Newcastle gefunden und die Animals beeinflußt hatten, war auch eine, die sich von ihren sonstigen R&B-Favoriten um einiges unterschied – es war das erste Album von Bob Dylan, das wahrscheinlich der stets hellwache Chas Chandler aufgetan hatte. Trotz ihrer akustischen Anlage hatten viele der Songs auf dieser LP denselben Blues-Rhythmus, der die Musik der Animals inspirierte, und diese Mischung sollte sich bald in den aufregendsten Nummern der Gruppe niederschlagen: *Baby Let Me Take You Home* (eine höflich-britische Umschreibung dessen, was Dylan mit *Baby Let Me Follow You Down* sagen wollte) wurde die erste Aufnahme der Animals und in England Anfang 1964 ein landesweiter Hit. Daß die Lyrics eine Nummer zahmer waren, tat im Grunde nichts zur Sache, weil die ungehemmte elektrische Instrumentation der Animals und die lüsterne Stimme von Burdon die sinnliche Aussage, die Dylan nur angedeutet hatte, klar auf den Tisch brachten.

Die Beatles hatten in der Zwischenzeit in Amerika freie Bahn für alle englischen Bands geschaffen, weshalb die Animals systematisch die nächste Dylan-Nummer auf dem Album in Angriff nahmen, *The House of the Rising Sun*, und zu ihrer nächsten Single machten, mit der sie im Sommer 1964 ihren ersten amerikanischen Hit einfuhren. Wieder gaben die Animals dem Blues die elektrische Fülle, die er verdiente, und sparten nicht an dramatischen Orgel-Parts, die dem amerikanischen Publikum ein Ah! und Oh! nach dem anderen entlockten; damit hatten sie das Meisterstück geschafft, das ihr Markenzeichen wurde. Wie Charlie Gillett angemerkt hat, hatten die Animals mit ihren Dylan-Bearbeitungen unbewußt das Folk-Rock-Genre geschaffen, und das ein ganzes Jahr vor ihren amerikanischen Gegenstücken (und ein ganzes Jahr, bevor Dylan selbst zur elektrischen Gitarre griff), aber sie verfolgten diese stilistische Richtung nicht weiter und zogen es statt dessen vor, anderen Lieblingsthemen nachzuspüren. Die Nashville Teens (mit *Tobacco Road* von John D. Loudermilk) und die frühen Moody Blues waren andere englische Bands, die direkt vom Stil und Erfolg der Animals beeinflußt wurden, doch keine von ihnen hatte den gleichen durchschlagenden Erfolg.

Die einzige englische R&B-Band, die den Animals in puncto Popularität damals Paroli bieten konnten, waren natürlich die Rolling Stones. Die Stones, die mit einem ungewöhnlich gerissenen (wenn auch ärgerlich marktschreierischen) Promoter und

Manager, Andrew Loog Oldham, gesegnet waren, arbeiteten an der Entwicklung eines Images, das den entfremdeten Horden in den USA auf den Leib geschneidert war: Verrückte, Beatniks, zornige junge Intellektuelle in schreienden Klamotten, das alles verpackt in sinister-düstere Album-Covers. Der lahmarschige Animals-Manager Mike Jeffreys konnte Oldham nicht das Wasser reichen, und die Animals selber machten sich so oder so keine Gedanken über ihr Image – sie pflegten den naiven und ernsthaften Glauben, ihre Musik werde schon für sich selber sprechen. Unglücklicherweise verwischten die Oldhamschen Marktmanipulationen den musikalischen Unterschied zwischen den beiden Gruppen, und die überlegenen Rhythmen der Animals zogen gegen den Schmollmund von Jagger den kürzeren, aus dem auch heute noch genügend Kopien kommen.

Der treue Animals-Fan – sei es in Newcastle oder in Cleveland, Ohio – haßte die Rolling Stones zu Recht aus tiefstem Herzen (wegen ihrer größeren Popularität) und johlte jedesmal aus vollem Hals Zustimmung, wenn Burdon oder Price sich im Konzert oder auf ihren Konzerten mit einem herzhaften «Rollin Stonezzz!» lustig machten. Neben ihrem hochgehypten Image hatten die Rolling Stones gegenüber den Animals dennoch einen wirklichen Vorteil – sie waren die profilierteren Songwriter, ein Unterschied, der im Lauf der Zeit immer mehr ins Gewicht fiel. Die Animals waren hervorragende Arrangeure und Bearbeiter, wie sich an den Dylan-Songs zeigt, aber auch an vielen Stükken von John Lee Hooker und Fats Domino, schrieben aber nur eine Handvoll eigener Songs. *I'm Crying* war der einzige, der so etwas wie ein Hit wurde. Das erste Album der Stones war dem der Animals in der Herkunft des Materials ähnlich, aber jedes der folgenden Alben enthielt mehr Jagger/Richard-Kompositionen. Und das war ein kreativer Vorsprung, den die Animals mit ihrem Power-Drive nicht wettmachen konnten.

Die ersten amerikanischen Animals-Alben, «The Animals» und «The Animals On Tour», enthalten fast alles an ihren besten Studio-Arbeiten aus ihrer klassischen Zeit, einschließlich der schon erwähnten Singles, plus *The Right Time* von Ray Charles sowie *'Talkin' 'Bout You* vom selben Autor, dann *Bright Lights, Big City* von Jimmy Reed, den *Worried Life Blues* von Maceo Merriweather und viele andere Bearbeitungen. Die meisten davon wurden 1964 aufgenommen, als die noch frischen und unverbrauchten Animals zum erstenmal ihre beliebtesten Live-Nummern ins Studio brachten, und daß es ihnen Spaß gemacht hat, läßt sich den Aufnahmen eindeutig anhören. Die Produktion von Mikkie Most war feinfühlig und unaufdringlich, aber straff genug, den Animals klare Konturen zu geben und ihre Power definieren zu helfen.

«Animal Tracks», das dritte US-Album der Gruppe, schloß sich an den Stil der ersten beiden an, fiel aber in der Qualität deutlich ab. Bei der Produktion wurde der meiste Wert auf die für den amerikanischen Markt bestimmten Singles gelegt, *Bring It on Home to Me* und *We Gotta Get Out of This Place*, gute Aufnahmen wie immer, aber kommerzieller orientiert und weniger Animals-typisch als die Singles zuvor. Mit fünf Eigenkompositionen (einschließlich der sardonischen Geschichte des Rock 'n' Roll von Burdon, *The Story of Bo Diddley*, war «Animal Tracks» das bis dahi ehrgeizigste Album der Gruppe, aber Mickie Most hatte augenscheinlich das Interesse an der Gruppe verloren und machte sich nicht einmal mehr die Mühe, technische Fehler neu aufnehmen zu lassen, beispielsweise die Stelle, an der sich Burdon mit seinem Text vertat – siehe das Stück *For Miss Caulker* –, bevor er die Platte pressen ließ.

Im Sommer 1965, nach «Animal Tracks», verließ Alan Price die Gruppe, offenbar auf ärztlichen Rat, um sich von der nervlichen Erschöpfung durch die Tourneen zu erholen, aber auch, um nach England zurückzukehren und eine neue Gruppe zu formieren, mit der er den Jazz-Spirit der ursprünglichen Alan Price Combo wiederbeleben wollte, ein Konzept, das bei den Versuchen der Animals, die Top Forty zu erstürmen, weitgehend auf der Strecke geblieben war. Dave Roweberry ersetzte Price an der Orgel, und Burdon wurde praktisch zum führenden Kopf der Gruppe. Ironischerweise wurden gerade die nächsten beiden Singles der Gruppe, *It's My Life* und *Inside Looking Out*, auf dem amerikanischen Markt, auf den die Animals den größten Teil ihrer Anstrengungen konzentrierten, komplette Flops. *Inside Looking Out* war einer der erstaunlichsten Titel, der jemals von den Animals aufgenommen worden ist, ein zugegebenerweise Yardbirds-beeinflußtes, mitreißendes Stück mit mächtig viel Feedback- und Guitar-Flash-Effekten, das die Yardbirds sozusagen mit deren eigenen Waffen schlug, aber stimmlich und von der Bass-Führung her überzeugender war.

MGM versuchte anschließend, sich für den mangelnden Publikumszuspruch durch die voreilige Veröffentlichung von «The Best of the Animals» (Anfang 1966) zu entschädigen, dessen extravagante Aufmachung aber auch nichts daran ändern konnte, daß dieses neue Album in Wirklichkeit überhaupt nichts Neues brachte.

Im Frühjahr 1966 schafften es die Animals schließlich nach beinahe einem ganzen erfolglosen Jahr mit *Don't Bring Me Down* wieder in die Charts, einem stilistisch hervorragenden Hardrock-Titel, der ihnen von Carole King und Gerry Goffin auf den Leib geschrieben und wegen der Fuzztone-Licks von Hilton Valentine ein garantierter Erfolg war. In der Zwischenzeit hatte sich bei den Animals einiges geändert, wie schon das nächste Album «Animalization» zeigte. John Steel, der alte Jazz-Kumpel von Alan Price, hatte der Gruppe ebenfalls den Rücken gekehrt, um an den Drums von Barry Jenkins ersetzt zu werden (der von den Nashville Teens kam), während Mickie Most seinen Platz für den MGM-Produzenten Tom Wilson geräumt hatte. Eric Burdon war überglücklich, daß er jetzt mit einem Produzenten zusammenarbeiten konnte, der der Gruppe positiv gegenüberstand und nicht nur Amerikaner, sondern obendrein noch Schwarzer war, da die Animals inzwischen im Stil und in der Aufnahmetechnik praktisch eine amerikanische Gruppe geworden waren.

«Animalization» war das vielseitigste von den Original-Alben der Animals; es brachte von Traditionals wie dem von Hooker geschriebenen Maudie und Soul-Prachtstücken wie *One Monkey Don't Stop the Show* von Joe Tex über den folkigen *Gin House Blues* bis zum Paul-Revere-Punk der Eigenkompositionen *Cheating* und *She'll Return It* alles, was die Gruppe drauf hatte. Die Stücke von «Animalization» waren durchweg gut, aber die stilistische Vielfalt zeigte auch, wie verzweifelt die Animals versuchten, die Super-Popularität zu fassen zu kriegen, die sie immer nur beinahe erwischten. Eric Burdon mußte sich ranhalten, weil Alan Price in England mit seiner neuen Gruppe Alan Price Set wiederaufgetaucht war und auf Decca mit einer verjazzten Fassung von *I Put a Spell on You* einen Hit gelandet hatte. Die Platte lief in den Staaten, wo sie von Parrot herausgebracht wurde, nicht besonders, aber Burdon fühlte sich bedroht genug, eine ähnliche (wenn auch aggressivere) Fassung des Songs in seine LP «Animalization» aufzunehmen.

Der Sommer 1966 markierte den Anfang der hysterischen Begeisterung für den amerikanischen Blues, der Massenbegeisterung für Blues Project, Paul Butterfield und wie sie alle hießen, und die Animals erkannten, daß eine Menge zweitklassiger Gruppen mit eben jenem Blues abkassierten, den sie schon vor Jahren gespielt hatten. Folglich war ihre nächste (und letzte) Single eine mächtig Blues-Stimmung machende Schöpfung des sarkastischen Burdon – der uralte Ma-Rainey-Titel *See See Rider*, der den Blues-Revival-Fans genauso schmeichelte, wobei er ihnen gleichzeitig ins Gesicht spucken konnte, indem er Mitch Ryder zitierte («Jenny take a ride now, ha, ha!») und ihnen vorführte, wie nahe der Punk-Rock und ihr geliebter Blues einander in Wirklichkeit waren. Noch interessanter war das Label der Platte, auf dem verkündet wurde, sie stamme von «Eric Burdon and the Animals» – Eric folgte nun den Superstar-Fußstapfen von Frankie Valli und Diana Ross.

Doch Burdon gab seinem Ego im Herbst 1966 noch mehr Zucker, indem

er ankündigte, die Animals würden auseinandergehen und er könne deshalb eine neue Band zusammenstellen, die weniger aus Individualisten bestehen werde, die alle in verschiedene Richtungen zögen, sondern mehr aus Mitgliedern, die *seinen* Vorstellungen gegenüber augeschlossener wären, besonders seinen psychedelischen Interessen, denen er neuerdings nachhing. Nur Barry Jenkins fiel in letztere Kategorie der zahmen Animals, und durfte deshalb als Drummer bleiben.

Nachdem die Gruppe selber schon auseinander war, erschien noch – gerade rechtzeitig zum Weihnachtsgeschäft 1966 – ihr letztes Album «Animalism». Es bot viel Heavy Blues und Rock im Stil von *See See Rider*, und etliche Stücke sind hervorragend, beispielsweise *Goin' Down Slow* (mit der letzten Gitarren-Orgie von Hilton Valentine), das Sam-Cooke-Stück *Shake, Rock Me Baby* (von B. B. King) und noch ein paar andere, aber ohne die Werbung durch ausgekoppelte Singles wurde das Album rasch zum Verramschkandidaten.

Das allerneueste Animals-Album besteht aus ihren allerersten Aufnahmen; das auf Wand erschienene «In the Beginning» wurde im Dezember 1963 in Newcastle im «A-Go-Go» live aufgenommen. Die Covergestaltung ist hoffnungslos dilettantisch, die *liner notes* von Nick Cohn geklaut, der Sound ist schrecklich – aber bei Gott, wie hart geht dieses Album ran! Hier erlebt man die klassischen R & B-Animals von 1963, aber ohne die Beschränkungen, die sie sich bei ihren Studioproduktionen gelegentlich in puncto Lautstärke und Text aufzuerlegen hatten. Songs wie *Let It Rock* von Berry oder der Titel *Bo Diddley* demonstrieren die gewaltige Power der Animals von 1963 – aufmüpfig und selbstbewußt dem neuen Jahr entgegenrockend, getragen von der Begeisterung ihres ungemein von ihnen eingenommenen Publikums in Newcastle. Man versäume nicht, sich dieses Album zu schnappen, falls es im lokalen Platten-Billigladen auftauchen sollte.

Die Animals – die wirklichen Animals – sind also nicht mehr, und sie waren schon 1966 dahingegangen (obwohl ihr Einfluß bei späteren amerikanischen Bands wie den Shadows of Knight und – würg! – Frijid Pink wieder spürbar wurde). Trotzdem – die Originalbesetzung ist immer noch allerorten am Werkeln: Eric Burdon ist nun endlich in Los Angeles zu Hause, wo es ihn ja schon immer hingezogen hat, und weil er sogar mit Jimmy Witherspoon zusammen den Blues singen durfte, muß er sich wie im siebten Himmel fühlen; Alan Price hat alle Hände voll damit zu tun, den englischen Randy Newman darzustellen; Chas Chandler produziert die Slade, die Entsprechung der Animals in der dritten Generation; Hilton Valentine ist seßhaft geworden und hat eine Familie gegründet (obwohl er Burdon gelegentlich beim Komponieren und Produzieren zur Hand geht), und John Steel steht wahrscheinlich nach allem, was wir wissen, in seiner Vaterstadt am Tresen eines Pubs und genehmigt sich ein *Newcastle Brown*. Warum nutzt Eric Burdon sein gewaltiges Charisma nicht dazu, es einmal wie Traffic zu versuchen und seine alte Truppe noch einmal zusammenzuholen? Vielleicht käme die alte Power wieder, und das Ergebnis wäre auf jeden Fall interessant, wenn es nicht sogar der Debatte darüber, wer von allen Bands am «heaviesten» ist, ein sofortiges Ende setzen würde. Denk mal drüber nach, Eric – stell dir vor, dein Photo auf dem Cover des «Rolling Stone»!

DISCOGRAPHIE

Singles:
1964: Baby let me take you home/Gonna send you back to Walker   Columbia DB 7247
1964: The house of the rising sun/Talkin' 'bout you   Columbia DB 7301
      (D-Columbia C 22791)
1964: I'm crying/Take it easy baby*
      Columbia DB 7354
      (D-Columbia C 22925)
1965: Don't let me be misunderstood/Club à gogo*   Columbia DB 7445
      (D-Columbia C 22908)
1965: Bring it on home to me/For Miss Caulker
      Columbia DB 7539
      (D-Columbia C 23032)
1965: We've gotta get out of this place/I can't believe it*   Columbia DB 7639
      (D-Columbia C 23061)
1965: It's my life/Jm gonna change the world*
      Columbia DB 7741
      (D-Columbia C 23113)
1966: Inside looking out*/Outcast   Decca F 12332
      (D-Decca DL 25226)
1966: Don't bring me down*/Cheating*
      Decca F 12407
      (D-Decca DL 25246)

Abweichende deutsche Singles:
1965: Boom boom/The girl can't help it
      D-Columbia C 22925
1966: Roadrunner/Hallelujah I love her so
      D-Columbia C 23192
1966: Dimples/Gonna send you back to Walker
      D-Columbia C 23255
      (NB: Mit falscher Band auf dem Bildumschlag ... The Swinging Blue Jeans!!!)
1966: I'm in love again/Around and around
      D-Columbia C 23379

Verschiedene:
1965: Boom boom/*Blue feeling**   US-MGM 13298

EPs:
1964: *«Animals is here»* The house of the rising sun/Gonna send you back to Walker//I'm crying/Baby let me take you home
      Columbia SEG 8374
1964: *«The Animals»* Boom boom/Around and around//Dimples/I've been around
      Columbia SEG 8400
1965: *«Animals»* I'm in love again/Bury my body//I'm mad again/She said yeah
      Columbia SEG 8439
1965: *«The Animals are back»* Bring it on home to me/Don't let me be misunderstood//We've gotta get out of this place/Club à gogo*
      Columbia SEG 8452
1965: *«Animal tracks»* How you've changed/I believe to my soul//Let the good times roll/Worried life blues   Columbia SEG 8499
1966: *«The Animals»* (*«Teenbeat VIII»*) I just wanna make love to you*/Boom boom//Pretty thing*/Big boss man*   Decca DFE 8643
      (D-Decca DX 2394)

LPs:
1964: *«The Animals»*   Columbia SX 1669
      (D-Columbia C 83776)
1965: *«Animal tracks»*   Columbia SX 1708
1966: *«The most of the Animals»*
      Columbia SX 6035
1966: *«Animalisms»* (= *«Animalization»* in USA)   Decca LK 4797
      (D-Decca ND 236)
1973: *«In the beginning»*   Pickwick SPC 3330
      (D-Metronome 200106)

Verschiedene:
1966: All night long/Shake/The other side of this life/Rock me baby/ma'lle/Smokestack-lightning/Hey gyp/Hit the road Jack/Louisiana Blues/That's all I am to you/Going down slow auf *«Animalisms»*(nur 1 Lied überschneidet sich mit der englischen Version)   US-MGM SE 4414

Them

Von Ken Barnes

Die Them kamen Ende 1964 aus Nordirland, wo sie schon einige Jahre Blues und R & B gespielt haben sollen (so jedenfalls hat es Van Morrison später erzählt), und das war die härteste Musik aller Them-Inkarnationen, wenn man mal von den Platten absieht, die sie später produziert haben. Wie dem auch gewesen sein mag (und vielleicht hat ja irgendein Tape-Fanatiker damals in Belfast die entsprechenden Beweise auf Band genommen), die Them waren in jedem Fall die einzige irische Band, die vom archetypischen Anglo-R & B-Fieber angesteckt wurde (mit der möglichen Ausnahme von Ian Whitcomb mit seinem Blues-Fimmel und abzüglich auch solcher Fußnoten der Geschichte des Rock wie den Creatures und den Fenians). Und natürlich fraßen die Them nicht nur einen Narren an ihrer Musik, sondern spuckten vulkanartig eine lavaheiße keltische Synthese dieser Musik aus, die es mit der Oberliga des britischen R & B – den Stones, Yardbirds, Animals usw. – allemal aufnehmen konnte.

Die Band selbst blieb von den Gruppen, die an der Front der britischen Invasion standen, die gesichtsloseste, was an dauernden Besetzungswechseln (am Cover der in England erschienenen LP «World Of Them» nachzuvollziehen – bis zu der Zeit, in der ihre erste LP aufgenommen wurde, hatte die Mannschaft zweimal praktisch vollständig gewechselt), an der ausgiebigen Beschäftigung von Session-Musikern (speziell auf «Them Again», auf der auch Jimmy Page zu hören ist) und schließlich an der alles überragenden Bedeutung von Van Morrison für die Gruppe lag. Ein großer Teil der instrumentellen Arbeit der Gruppe war hervorragend und oft auch brillant (drei ganz unterschiedliche Beispiele dafür sind die irre, mitreißende Energie von *Mystic Eyes*, das bezaubernd-elegante Arrangement von *Baby Blue* und das unsagbar beängstigende Bass-Riff und die gedämpft-dröhnende Gitarre von *One Two Brown Eyes*). Aber es ist vor allem der leidenschaftliche und messerscharfe Gesang von Van Morrison, der das bestimmende Moment der Musik der Them war. Soweit diese musikalische Form tragfähig war (und Them trieben sie an die Grenze dessen, was sie herzugeben vermochte), war Van Morrison in der Lage, eine Vielfalt von Stilarten mit vollendeter Schönheit und Kunstfertigkeit zu beherrschen. Von dem von James Brown geprägten *I Like It Like That* über das getragen-bluesig, ja majestätisch einherkommende *I'm Gonna Dress in Black* bis hin zu den reinrassigen Gospel-Shouts von *Turn Your Lovelight* und dem schnellen Route 66 (das praktisch genauso gut ist wie die Stones-Fassung), hatte Morrison die unzähligen Spielarten dieses Genres vollkommen im Griff.

Wären seine Fähigkeiten nur darauf beschränkt gewesen, hätte es sich bei Morrison immerhin um einen der besten Vokalinterpreten der Briten-Invasion gehandelt. Tatsächlich aber blieb er in keiner Weise bei R & B und Blues stehen, sondern knöpfte sich auch ausgiebig Folk-Balladen vor, flirtete mit Jazz und Hard-Rock und machte daneben jede Menge durch und durch kommerzieller Pop-Rock-Platten. Morrisons weitgespannte musikalische Interessen brachten die melodischen Balladen ins Spiel (*Lonely Sad Eyes, You Just Can't Win*), aber auch den Jazz (*Don't You Know, Bring 'Em On In*), aber der Pop entsprang direkt dem Einfluß der Produzenten der Gruppe, Tommy Scott und speziell des Amerikaners Bert Berns.

Berns, der als Scout zum Talentsuchen nach England gekommen war, stieß ungefähr um die Zeit auf die Them, als er die ersten einer ganzen Reihe von feinen Rock-Platten mit Lulu & the Luvvers machte (einschließlich *Here Comes the Night*). Die Gruppe hatte bereits eine erfolglose Single herausgebracht, *Don't Start Crying Now*, ein krudes, melodieloses Stück Lärm im Little-Richard-Eiltempo, aber unter der Leitung von Berns, der den Blues-Standard *Baby Please Don't Go* mit genügend Pfeffer aufmotzen ließ, fuhren sie einen Top-Five-Superhit ein, der zur Titelmelodie von «Ready Steady Go» avancierte. In Amerika fiel der Titel durch, und die B-Seite, der klassische Früh-Punk-Rocker *Gloria*, brachte es landesweit ebenfalls zu nichts, stieg aber in Kalifornien sozusagen zu einer Dauer-Nummer eins auf, wo er zum festen Bestandteil des Repertoires einer jeden Garagenband wurde (später holte er sein Erfolgsdefizit in der Fassung der Shadows of Knight doch noch auf, er kam auf Platz zehn).

Die Nummer, die Berns als Follow-up ausgesucht hatte, *Here Comes the Night*, lag mehr auf der von ihm gewöhnten Linie, mit ansteckenden Latino-Anklängen und deutlichen textlichen Anspielungen auf die seelischen Teenie-Probleme, Sexualneid inklusive – der geborene Hit, der keinen Zweifel offen ließ, welcher Produzent da dem Sound der Gruppe seinen Stempel aufgedrückt hatte (der sich in der Tat markant von ihren sonstigen R & B-Tracks unterschied). Berns produzierte lediglich vier weitere Them-Aufnahmen, eine davon ein erfolgloser Nachzieher für *Night*, einen langsameren Bluestitel namens *Half as Much*, und drei Tracks der englischen LP «Angry Young Them», die alle vom Stil her und insofern typisch für ihn waren, daß sie ein bißchen nach Plagiat rochen. *I Gave My Love a Diamond* ist einer ollen Folk-Kamelle nachempfunden (es handelt sich in Wirklichkeit um *Davy Crockett*, eine angestaubte B-Seite von Fess Parker); *My Little Baby* klingt wie eine Kreuzung aus *Here Comes the Night* und *Love Is Strange*; und *Go On Home Baby* zitiert sowohl textlich wie melodisch aus *Sloop John B*.

Im allgemeinen machte Tommy Scott den Löwenanteil der Produktionsarbeit für die Them, wobei er einen weniger fühlbaren Einfluß auf die Gruppe nahm, sie zugleich aber auch in kommerziellere Gefilde steuerte (*Could You Would You*, eine Morrison-Eigenkomposition in Berns-Machart, die gut und gern eine Single abgegeben hätte); und er schrieb schließlich zwei der besten echten Rocktitel der Gruppe, *Call My Name* (später in einer weniger ausgebufften, veröffentlicht; die B-Seite *Bring 'Em On In* unterscheidet sich ebenfalls erheblich von der LP-Fassung), sowie *I Can Only Give You Everything*, einen prototypischen Rocktitel mit beeindruckenden Riffs, der später von den Troggs gecovert wurde.

Kommerziell standen die Them nicht lange im Rampenlicht. *Here Comes the Night* war ihr größter internationaler Hit, doch nachdem *Half as Much* ein kläglicher Versager geworden war, erwies sich von den folgenden Singles nur der hervorragende Titel *Mystic Eyes* als stark genug, dem Abrutschen der Gruppe Einhalt zu gebieten. Die anderen, darunter *One More Time, Call My Name* und *Richard Cory* (von Simon & Garfunkel) waren völlige Pleiten. Doch trotz oder wegen ihres zweifelhaften kommerziellen Erfolgs haftete der Gruppe weiter ein nachhaltiger Nimbus an, wofür die amüsanten Ereignisse nach dem Weggang von Morrison im Herbst 1966 zeugen. Einerseits bastelte Kim Fowley eine Gruppe zusammen, die er The Belfast Gypsies taufte (und der auch das ehemalige Them-Mitglied Jackie McAuley angehörte; er ging später zu Trader Horne), die in den Staaten auf Loma zwei Singles und in Europa eine LP herausbrachte (einschließlich solcher Danksagungs-Tracks wie *Baby Blue* und *Gloria's Dream*). Auf dieser Platte ist viel vom parodistischen Talent Fowleys präsent (*People Let's Freak Out, Secret Police* und noch einmal *Gloria's Dream*, das völlig auf dem klassischen Riff von *Gloria* basiert) – aber wer immer da gesungen haben mag, er war ein brillanter Morrison-Imitator, und die Aufnahmen sind auch recht ordentlich. Auf der anderen Seite führte Ex-Them Alan Henderson die Gruppe unter altem Namen weiter und stellte verschiedene farblose Besetzungen aus Musikern zusammen, die sich *vier* weitere Them-nach-Morrison-Alben abquälten (zwei auf Tower, zwei auf Happy Tiger), die sich in ihrer Mittelmäßigkeit fast bis aufs Haar gleichen. Nichts von alldem hat Morrison natürlich besonders schaden können, als er sich in seine wildbewegte, aber künstlerisch und kommerziell erfolgreiche Solokarriere stürzte.

Das Erstaunlichste an Them ist für mich, wie schon gesagt, vor allem ihre unglaubliche Vielseitigkeit. Beim R & B im engeren Sinn waren sie häufig härter als die Stones, hatten sie sowohl stimmlich wie instrumental einen wesentlich schärferen Biß. Aber ihre gelegentlichen Jazz-Seitensprünge waren sowohl ungewöhnlich (jedenfalls für die damalige Zeit) wie gelungen; ihr von Berns geprägter Pop-Rock war so mitreißend wie alles andere, was damals auf dem Markt war; und das herrliche Stück *Lonely Sad Eyes* und Morrisons unerreichte Interpretation von *Baby Blue* zeigt eine weitere hervorragende und von überlegener Sensitivität zeugende Facette ihrer Musik auf. Und all das haben sie neben den mindestens vier klassischen Monumenten des britischen Rock zuwege gebracht, die wir ihnen verdanken – *Gloria* natürlich, *Baby Please Don't Go, I Can Only Give You Everything* und das stürmische *Mystic Eyes*, das die Instrumental-Revolution der Yardbirds mit *I'm a Man* vorwegnahm und ihnen, wenn's nach mir geht, sogar noch überlegen ist. In ihren besten Momenten, egal welches Genre, waren die Them praktisch unschlagbar, und ihr verhältnismäßig dürftiges Vermächtnis an Platten hält dem Vergleich mit dem besten, was die Zeit von 1965 bis 1966 hervorbrachte, ohne weiteres stand.

DISCOGRAPHIE

Them:
Singles:
1964: Don't start crying now*/One two brown eyes*   Decca F 11973
1964: Baby please don't go*/Gloria   Decca F 12018
1965: Here comes the night*/All for myself*   Decca F 12094
1965: One more time*/How long baby*   Decca F 12175
1965: I'm gonna dress in black/(It won't hurt) half as much*   Decca F 12215
1965: Mystic eyes/If you and I could be as two   Decca F 12281
    (D-Decca DL 25212)
1966: Call my name/Bring 'em on in   Decca F 12355
1966: Richard Cory*/Don't you know (NB: Richard Cory ist eine andere Version als auf der LP)   Decca F 12403

EPs:
1965: «Them» («Teenbeat VI») Don't start crying now*/Philosophy*//Baby please don't go*/One two brown eyes*   Decca 8612
    (D-Decca DX 2390)

Verschiedene:
1966: «Friday's child» Friday's child/Baby what you want me to do*//Stormy Monday*/Times getting tougher than tough*   NL-Decca 70-500

LPs:
1965: «Angry young Them»   Decca LK 4700
    (D-Decca SLK 17029)
1966: «Them again»   Decca LK 4751

Verschiedene:
1965: Little girl (andere Aufnahme) auf «14 great artists» – LP   Decca LK 4695

The Belfast Gypsies:
Singles:
1966: Gloria's dream/Secret police   Island WI 3007

EPs-Verschiedene:
1967: «Belfast Gypsies» Portland town/Baby blue//Midnight train/The gorilla   F-Vogue Int. 18135

LPs:
1967: «Them – Belfast Gypsies»   S-Sonet GP-9923

Als **The Freaks of Nature:**
1967: People, let's freak out/The shadow chasers (NB: The shadow chasers ist Secret police mit anderem Titel)   Island WI 3017

Them (Alan Henderson's Band ohne Van Morrison).
Diverse Singles

LPs:
1968: «Time out time in for Them»   US-Tower
1968: «Now and Them»   US-Tower ST 5104
1969: «Them»   US-Happy Tiger HT 1004
1970: «In reality»   US-Happy Tiger HT 1014

The Moody Blues

Von Mike Saunders und Ken Barnes

1965 erlebten die frühen Moody Blues in England und den USA innerhalb eines Jahres Aufstieg und Fall. Sie kamen aus Birmingham (dabei waren damals der Sänger und Gitarrist Denny Laine, der von Denny Laine & the Diplomats kam, Mike Pinder, Piano; Ray Thomas, Flöte; Graeme Edge, Schlagzeug, und Clint Warwick am Bass); im Frühjahr diesen Jahres erzielten sie mit *Go Now*, dem Cover eines Titels von Bessie Banks, der Anfang 1964 erschienen war, einen Riesenhit. In der Folge konnte man die Moody Blues einmal in «Shindig» bewundern, ihren hervorragenden Titel ein paarmal im Radio hören – und dann haben die meisten wahrscheinlich nie wieder was von ihnen gehört. Ihre zweite amerikanische Single *From the Bottom of My Heart* war zwar eine vorzügliche Eigenkomposition und *wirklich* esoterischer R & B – aber völlig unkommerziell und eine komplette Pleite.

Ihr Album «Go Now» (in England mit vier modifizierten Tracks unter dem Titel «Moody Blues» oder «The Magnificent Moodies» verkauft) ist einigermaßen gut. Neben den beiden schon erwähnten Songs ist *Let Me Go* hervorragend, und *Bye Bye Burd* ist ein klassisch-apokalyptischer Verschnitt aus Sonny Boy Williamson und Jerry Lee Lewis und eine derart heiße Nummer, daß die heutigen Moody Blues-Fans der zweiten Generation an ihrem Verstand zweifeln und einen schweren Schock erleiden würden, wenn sie ihn hörten. Stilistisch standen die Moody Blues damals dem klassischen R & B wahrscheinlich näher als jede andere britische Gruppe; der Einfluß vom James Brown beispielsweise ist bei *I'll Go Crazy* nicht zu überhören, was auch für das auf der englischen LP erschienene *I Don't Mind* gilt. *Go Now* selbst war mit für den Wiederaufstieg des Pianos zu einem wichtigen Instrument bei Beatgruppen-Aufnahmen verantwortlich, und die Moodies setzten es auf ihrer ganzen LP ausgiebig ein.

Ihre nächste britische Single, eine melodische Version des Drifters-Originals *I Don't Want to Go On Without You* und der Fassung der Searchers ähnlich, wurde ein gelinder Hit (und zusammen mit der ersten britischen Single der Gruppe, *Lose Your Money* und *Steal Your Heart Away*, anschließend zusammen auf einer LP herausgebracht). *From the Bottom of My Heart*, das unirdisch-sehnsuchtsvolle Stöhngeräusche der erstaunlichen Stimme von Denny Laine bot und vielleicht ihre musikalisch größte Leistung war, schnitt sowohl in den Staaten wie in England erbärmlich ab, und die nächste Erscheinung in England, *Every Day*, erlitt dasselbe Schicksal, obwohl auch dieses Stück – wie übrigens auch seine B-Seite *You Don't* – eine gelungene Mischung aus Pop und R & B war.

Anfang 1966 hatten die Moody Blues mit *Stop* (von der englischen LP) noch mal einen kleineren Hit. *This Is My House*, eine ziemlich profillose Aufnahme, wurde in den Staaten auch gelegentlich einmal gespielt; ihr folgte eine weitere, praktisch unbekannt gebliebene Single – sie hieß *Life's Not Life*.

1967 wurden dann Laine und Warwick von dem Bassisten John Lodge ersetzt, der der Gruppe schon einmal angehört hatte, in der Zeit, als sie noch keine Platten aufgenommen hatte; neu hinzu kam auch der Gitarrist und Sänger Justin Hayward. Hayward hatte zuvor schon selber Platten aufgenommen (*London Is Behind Me*, im Dezember 1965 bei Pye erschienen), und seine geschmeidigere Stimme verschaffte der Gruppe schlagartig einen neuen Sound, dessen erstes Beispiel die Single *Fly Me High* war, eine Kombination ihres früheren Stils mit einem kräftigen Motown-Beat; zum letztenmal zu hören ist er auf ihrem großen Comeback-Hit vom Frühjahr 1968, *Nights in White Satin*. Die weitere Geschichte der Gruppe nach diesem Titel ist in zahllosen «Circus»-Artikeln sattsam beschrieben worden und muß deshalb hier nicht noch einmal wiedergekäut werden. Nebenbei gesagt waren ihre frühen Aufnahmen auch viel interessanter und, was ihre geschichtliche Wirkung und ihren Langzeiteffekt angeht, auch viel wichtiger.

Laine versuchte sich in der Folge an vielen erfolglosen Projekten (Solokarriere, Electric String Band, dann hat er eine Zeitlang klassische Gitarre studiert, ging anschließend zu Ginger Baker's Air Force, anschließend zu Balls mit Trevor Burton von The Move und Alan White, der später zu Yes ging) und ist derzeit Background-Musiker bei den Wings von Paul McCartney – ein Abstieg, über den es sich so wenig zu berichten lohnt wie über die heutigen Moody Blues.

1964: Loose your money*/Steal your heart
away* Decca F 11971
1964: Go now/It's easy child* Decca F 12022
(D-Decca DL 25166)
1965: I don't want to go on without you*/Time is on
my side* Decca F 12095
1965: From the bottom of my heart*/And my baby's
gone Decca F 12166
1965: Everyday*/You don't* Decca F 12266
1966: Boulevard de la Madelaine*/This is my
house* Decca F 12498
(D-Decca DL 25263)
(NB: Deutscher Bildumschlag mit der falschen
Band... The Lords!!!)
1966: Life's not life*/He can win* Decca F 12543
1967: Fly me high*/Really haven't got the time*
Decca F 12670
1967: Love and beauty*/Leave this man alone*
Decca 12607
(D-Decca DL 25311)

1967: Nights in white satin/Cities*
Deram DM 161
(D-Deram 161)

EPs:
1965: «*Go now*» Go now/It's easy child//I don't want
to go on without you/Steal your heart
away* Decca DFE 8622

Verschiedene:
1966: «*Boulevard de la Madelaine*» Boulevard de la
Madelaine*/This is my house*//Life's not life*/
People gotta go F-Decca 457117

LPs:
1965: «*The magnificent Moodies*» Decca LK 4711
1967: «*Days of future passed*» Deram SML 707
(D-Deram SML 107)

The Spencer Davis Group

Von Greg Shaw

Von der Spencer Davis Group wird kaum einmal mehr berichtet, als daß sie die Gruppe war, aus der Stevie Winwood kam, und doch war sie eine der besseren englischen R & B-Bands. Sie kam aus Birmingham und war in Besetzung und Sound den Animals ähnlich (Orgel, Harmonika) und benutzte Material von John Lee Hooker bis hin zu den Ikettes. Das war Anfang 1965, und es gibt ein englisches Fontana-Album, auf dem diese Phase recht plastisch eingefangen ist. Ihre Musik hatte eine solide Schlagkraft, deren Höhepunkt die starke, kehlige Stimme von Stevie Winwood war. Ihre Version von *Searchin'* ist besser als die jeder beliebigen Liverpool-Gruppe, *Every Little Bit Hurts* ist recht eindrücklich, *I Can't Stand It* und *Midland Train* sind großartig. Sie umschifften die Klippen, an denen die meisten Gruppen scheiterten, die sich an Soul-Material versuchten, weil sie einen Sänger hatten, der ein wirkliches Feeling für Blues und Soul hatte. Obwohl sie erst 1966 richtig abhoben – mit *Somebody Help Me, Keep On Running* und *Gimme Some Loving* –, waren sie von Anfang an eine hervorragende Gruppe, die allen anderen als Beispiel hätte dienen können – von Kingsize Taylor bis Rory Storme, die niemals mitbekamen, daß bestimmte Materialtypen einfach jenseits ihrer Fähigkeiten lagen.

DISCOGRAPHIE

Singles:
1964: Dimples/Sittin' and thinkin'   Fontana TF 471
1964: I can't stand it/Midnight train   Fontana TF 499
1965: Every little bit hurts/It hurts me so   Fontana TF 530
1965: Strong love/This hammer   Fontana TF 571
1965: Keep on running/High time Baby   Fontana TF 632 (D-Fontana 267561 TF)
1966: Somebody help me/Goodbye Stevie   Fontana TF 679
1966: When I come home/Trampoline*   Fontanta TF 739 (D-Fontana 267618 TF)
1966: Gimme some loving/Blues in F   Fontana TF 762
1967: I'm a man/I can't get enough of it   Fontana TF 785 (D-Fontana 267669 TF)

Abweichende deutsche Singles:
1966: Somebody help me/Stevie's Blues*   D-Fontana 267561 TF
1966: Det was in Schöneberg/Stevie's Groove*   D-Fontana 269344 TF

1966: Gimme some loving/Goodbye Stevie
　　　　　　　　　　　　　　　D-Fontana 267651 TF

Verschiedene:
1966: Gimme some lovin' (andere Version)/Blues in F　　　　　　　US-United Artists 50108

EPs:
1965: *«You put the hurt on me»* You put the hurt on me/I'm getting better*//I'll drown in my own tears*/Goodbye Stevie　　　Fontana TE 17444
1965: *«Every little bit hurts»* Every little bit hurts/It hurts me so//I can't stand it/Midnight train
　　　　　　　　　　　　　　　Fontana TE 17450
1966: *«Sittin' and thinkin'»* Sittin' and thinkin'/Dimples//Searchin'/Jump back
　　　　　　　　　　　　　　　Fontana TE 17463

LPs:
1965: *«Their First LP»*　　　　　　Fontana TL 5242
1966: *«Second album»*　　　　　　Fontana TL 5295
1966: *«Autumn '66»*　　　　　　　Fontana STL 5359
　　　　　　　　　　　　　　(D-Fontana 886198 TY)
1967: *«Best of Stevie»*　　　　　　Fontana STL 5443
　　　　　　　　　　　　　　(D-Fontana ST 858028)

Abweichende deutsche LPs:
1965: *«Beat With Soul»*　　　　D-Fontana 886187 TY
1967: *«Featuring Stevie Winwood»*
　　　　　　　　　　　　　　D-Fontana 886435 TY

NB: In den 70er Jahren erschienen diverse Compilation-LPs mit bisher unveröffentlichten Stücken.

The Paramounts

Von Greg Shaw

Bei den Paramounts lagen die Dinge ziemlich ähnlich, nur kam der springende Punkt bei ihnen noch deutlicher zum Vorschein, weil sie schon um vieles früher angefangen haben. Ihre zweite Platte erschien Anfang 1964, im Anschluß an eine dürftige Version von *Poison Ivy*, eines Doppel-Oldies aus *Little Bitty Pretty One* und *A Certain Girl*. *Pretty One* ist eine hervorragende Upbeat-Fassung des Originals, wogegen das andere Stück eine ziemlich unverblümte Kopie des Originals von Aaron Neville darstellt. Die Tugenden der Paramounts zeigten sich von Anfang an – sehr beeindruckende Vocals, nachdrückliche Keyboards, hervorragendes Schlagzeug und ein echter Sinn für einen in sich schlüssigen Gruppen-Sound. In diesen frühen Aufnahmen sind die Wurzeln von Procol Harum deutlich zu hören, speziell bei den Eigenkompositionen von Brooker/Trower wie *It Won't Be Long*. Neben *Poison Ivy* nahmen die Paramounts im Lauf ihrer zweijährigen Plattenkarriere einige weitere, eher seltsame Songs auf, darunter auch den *Lolipop Train* von P. F. Sloan (unter dem Titel *You Never Had It So Good*). Ihre Platten sind heute wegen der Tatsache, daß aus den Paramounts die Procol Harum wurden, sehr gesucht, aber sie sind auch allein schon wegen ihrer musikalischen Qualität die Suche wert.

 DISCOGRAPHIE

1963: Poison Ivy / I feel good all over Parlophone R 5093
1964: Little bitty pretty one / A certain girl Parlophone R 5107
1964: I'm the one who loves you / It won't be long Parlophone R 5155
1964: Bad blooa / Do I Parlophone R 5187
1965: You never had it so good / Don't ya like my love Parlophone R 5351
1965: Blue ribbons / Cuttin in Parlophone R 5752

EPs:
1964: «*The Paramounts*» Little bitty pretty one / A certain girl // Poison Ivy / I feel good all over Parlophone GEP 8908

Verschiedene:
1965: «*Blue Ribbons*» Blue ribbons / You never had it so good // Bad blood / *Draw me closer* F-Odeon SOE 377

Gary Farr and the T-Bones

Nein – *No Matter What Shape* haben sie *nicht* aufgenommen. Ich habe mich nach Jahren wieder an Gary Farr & the T-Bones erinnert, nachdem ich sie in einem «Shindig»-Special über das Richmond Jazz Festival gesehen hatte, und habe seitdem ein Band aufgetan, das beweist, daß ihre eine Nummer eines der härtesten Rock-Stücke der ganzen Show war. Von den vier Platten, die sie 1964/65 gemacht haben, habe ich bisher aber nur eine gehört, *Give All She's Got*, und die ist ziemlich lahm.

Zur Besetzung von Gary Farr & the T-Bones gehörten Keith Emerson und Lee Jackson. Der Vater von Gary war der weltbekannte Boxer Tommy Farr, und sein Bruder war Ricky Farr, der Promoter des Festivals auf der Isle of Wight. Ihr Manager war Giorgio Gomelski, der Eigner des «Crawdaddy Club». Ende 1965 gingen sie auseinander; die T-Bones begleiteten danach zeitweise P. P. Arnold, und Farr versuchte sich an einer Solokarriere, die ihn von Columbia zu Dandelion, von dort zu Marmalade und schließlich wieder zurück zu CBS führte.

Zwar sind die Singles von Gary Farr & the T-Bones ziemlich rar, aber auf Vol. 8 der Importserie «Rock Generation» von Gomelski kann man sich die T-Bones auch anhören.

 DISCOGRAPHIE

Gary Farr and the T-Bones
Singles:
1964: How many more times/I'm a lover not a fighter　　　　　　　　　　　　Columbia DB 7401
1965: Won't you give him/Hamish's express release (NB: Veröffentlicht als The T-Bones)　　　　　　Columbia DB 7489
1965: Give all she's got/Don't stop and stare　　　　　　　　　　　　Columbia DB 7608

EPs:
1964: *«Dem Bones Dem Bones Dem T-Bones»* Get the money/Indeed I do//I'm a Louisiana Red/Jump back　　　　Columbia SEG 8414

Verschiedene:
1972: How many more times/I'm a lover not a fighter/Dearest darling/Indeed I do/Got love if you want it/Louisiana Red auf *«The T-Bones and the Soft Machine (Rock Generation Vol. 7)»*-LP　　　　F-Byg 529.707

Kenneth Washington and Chris Barber and the New T-Bones
1966: If I had a ticket/They kicked him out of heaven　　　　　　　　　　　CBS 202394

Gary Farr and Kevin Westlake
1968: Every day/Green　　　　Marmalade 598007

Gary Farr solo:
Singles:
1968: Hey daddy/The vicar and the pope　　　　　　　　　　　　Marmalade 598017
1971: Revolution of the season/Old man boulder　　　　　　　　　　　　CBS 5430

LPs:
1969: *«Take something with you»*　　　　　　　　　　　　Marmalade 608013
1970: *«Strange fruit»*　　　　CBS 64138
1973: *«Addressed to the censors of love»*　　　　　　　　　　　　US-Atco SD 7034

Die Mods

Von Greg Shaw

Als die Londoner R & B-Szene in Blues-Purismus auf der einen und Rock 'n' Roll-Starkult auf der anderen Seite zerfiel, blieb dieser Stadt immerhin noch eine phantastische, quicklebendige Club-Szene, die bei weitem noch nicht am Ende war. Und außerdem natürlich jede Menge Gruppen, die von der Aufmüpfigkeit der R & B-Gruppen angesteckt, aber schon eine Generation von ihren Anfängen entfernt waren. Das waren meist keine eingeschworenen Blues-Fans, sondern sie gehörten größtenteils zur Mod-Szene, die 1965 in höchster Blüte stand und deren mehr Pop-orientierten zeitgenössischen Trends, und sie waren mehr am Oberflächen-Glamour und der Begeisterung über sich selber interessiert, daß sie in einer Band mitspielten, als daran, Muddy Waters populär zu machen.

Die Mod-Gruppen, die stark vom Liverpool-Sound beeinflußt waren, und speziell die Post-Mod-Gruppen von 1966, waren die letzte Bastion der Merseybeat-Revolution. Während Gruppen, die diesem Genre treu blieben, nie ganz von der Szene verschwunden sind – ein Beispiel dafür sind die Sweet des Jahres 1973 –, vertrieb der aufkommende Underground-Rock den Pop in ein Ghetto der Verachtung, aus dem er sich erst jetzt allmählich wieder befreien kann.

The Who

Von Mike Saunders

Ich kam am 1. Mai 1952 zur Welt, und in den ersten zwölf Jahren danach ist kaum was Wichtiges passiert – aber dann kam es wirklich knüppeldick. Beispielsweise die erste Platte, die ich mir gekauft habe, *Heart of Stone* von den Rolling Stones. Dann das erste Album, das ich mir gekauft habe – «The Rolling Stones, Now!» Das war damals, bei ein Dollar fünfzig Taschengeld die Woche, noch ein Ereignis. Aber mein absolut prägendes Erlebnis waren die Who. Mehr als jede andere Gruppe verkörperten sie die unglaubliche Begeisterung, die mich packte, als ich den Briten-Rock für mich entdeckte. Eine phantastische, erregende Musik, die von verwegen aussehenden Rockstars gespielt wurde. Während also die Beatles aus bloßen Altersgründen an mir vorbeigerauscht waren, war mir das Glück vergönnt, bei der zweiten Welle mit den Who auf den Geschmack zu kommen – dieses Feeling, wenn man *I Can't Explain* auflegte! Rums-Bums-Peng-Wham! Pete Townshend hat diese Aufnahme zur «ersten Pop-Art-Platte» erklärt. Da kann man kaum nein sagen.

Mein Geschmack von damals war ziemlich schizophren. Nicht schlecht, nur irrational. Während ich mich auf der einen Seite instinktiv für jeden greifbaren großen Rocksong begeisterte, lehnte ich es genauso instinktiv ab, mir irgendein Stück anzuhören, in dem Bläser vorkamen. Wenn du jung bist, wirst du ziemlich stark von oberflächlichen, rein stilistischen Dingen angezogen und beeinflußt – jeder weiß das. Die Beatles konnte ich nicht leiden, weil ich sie für eine Bopper-Bande hielt. Dafür identifizierte ich mich voll und ganz mit den Stones, mit ihrer Aufsässigkeit und ihrem Rebellengehabe. Aber nachdem sie *As Tears Go By* aufgenommen hatten, wollte ich mit ihnen auch nichts mehr zu schaffen haben. Großer Gott! – Streicher, Bläser und der ganze Scheiß! Sie waren dem Rock'n'Roll untreu geworden in meinen Augen – seitdem galt meine ganze Verehrung den Who, die meine großen Helden geblieben sind.

Zur Legende der frühen Who gehören auch ihre drei «Shindig»-Auftritte von 1965. Beim erstenmal (ich glaube, es war im März) spielten sie ihre Debüt-Single *I Can't Explain*, die stark genug war, um mich schlagartig vor Begeisterung aus dem TV-Sessel zu reißen. In der Zurückgezogenheit meines Zimmers klang das zwar ein bißchen weniger erhebend, aber für meine gerade eben zwölf gewordenen Ohren war es immer noch ein ziemlich heißer Stoff. Ich kann noch nicht einmal erklären, was Rock für mich in meiner damaligen Lebenslage und in meinem Alter bedeutet hat, weil ich bis dahin überhaupt nichts mit «Jugendkultur» oder dergleichen zu tun gehabt hatte – als ich meine ersten Rock 'n' Roll-Platten kaufte, versteckte ich sie vor meinen Eltern und holte sie nur runter und spielte sie laut ab, wenn sonst keiner im Haus war. Ich war naiv und unschuldig damals, glaube ich – das perfekte Opfer für den Stoff, der einen zum Rock 'n' Roll-Süchtigen machen kann.

Der zweite «Shindig»-Auftritt der Who bestand aus *Daddy Rolling Stone*, einer wilden Nummer von James Brown, die sich als B-Seite auf der englischen Single *Anyway Anyhow Anywhere* findet. Und dann kam der Paukenschlag, ihr dritter und letzter Auftritt: ein Live-Auftritt der Who bei einer Fete, die «Richmond Jazz Festival» oder so hieß – ein Feuerwerk! Mein lieber Scholli! Sie traten zusammen mit den Animals auf, den Yardbirds und Manfred Mann, und ließen alle anderen buchstäblich alt aussehen (was übrigens nicht schwerfiel – die Animals spielten routiniert ihr *We Gotta Get Out of This Place* herunter, Manfred Mann war alles Anzügliche an ihrem *If You Gotta Go, Go Now* wegzensiert worden – es piepste an allen Ecken und Enden –, und die Yardbirds zogen eine absolut abscheuliche Lang-Version von *My Girl Sloopy* ab). Die Who dagegen brachten zuerst einmal eine lange Fassung von *Shout*, und dann rumsten und bumsten sie sich wortwörtlich durch *Anyway Anyhow Anywhere*. Gegen Ende – und es ging ziemlich lang – nahm Townshend seine Rickenbacker ab, drehte an seinem Verstärker herum und drosch seine Gitarre mit voller Wucht auf sein Equipment – der erste Akt von Rock-Autodestruktion, der über die Bildschirme gehen sollte. Mir sind schier die Augen aus dem Kopf gefallen, ich schwör's! Unmittelbar danach folgte nichts weniger als ein Schlagzeugsolo eines völlig ausgerasteten Keith Moon, und das in einer Zeit, wo sich die meisten Drummer damit zu begnügen hatten, im Takt Bum-Bum zu machen und ein paar simple Füller vorzulegen, so, wie es Ringo machte, oder wie immer man das bezeichnen will. Er hat sein Schlagzeug übrigens ebenfalls zu Kleinholz gemacht, falls es jemand wissen will. Ihr könnt eure Surfboards darauf setzen – es war ein Tag, der große Folgen haben sollte, als ich im Plattenladen meine Bestellung für *Anyway Anyhow Anywhere* aufgab.

Ich kann mich noch genau daran erinnern, wie ich zum erstenmal *My Generation* gehört habe. Das war im Dezember 1965, und ich war bei meiner Oma zu Besuch und habe die Zeit

mit Radiohören herumgebracht. Dann krachte urplötzlich dieser unglaubliche Lärm aus dem Radio. Großer Gott – war das der Weltuntergang? Nein – eine neue Aufnahme meiner Helden, der Who, und was für eine! Obwohl der Titel auf den landesweiten Charts nur bis auf Platz 74 kletterte, kam *My Generation* in Little Rock unter die ersten Zehn, und das brachte mich dazu, für meine Helden bei den Freunden mächtig Reklame zu machen und mich in die Brust zu werfen. Ich griff mir also eine Liste der Top Forty von KAAY, zeigte auf Platz zehn und schrie im Zustand höchster Verzükkung: «SEHT MAL HER – DA STEHT'S!!! IN DEN TOP TEN!!!» Als «The Who Sings My Generation» erschien, das war Anfang 1966, verbrachte ich das ganze folgende Jahr damit, den Schlagzeugstil von Keith Moon auf meinem japanischen 180-Dollar-Schlagzeug nachzumachen; das hat zwar, wie ihr euch denken könnt, nie geklappt – aber es hat Spaß gemacht. Obwohl ich es wohl nie geschafft hätte, bin ich mir sicher, daß ich jeden Lick und Trick von Mr. Moon mindestens tausendmal gehört und haargenau im Kopf hatte. Das Album selber war wahrhaftig erhebend – es war im Grund eine große Single. Erst die eine Seite gehört, dann die andere Seite auf den Plattenteller, und das die ganze Nacht lang.

Ich weiß auch noch, wie ich mit meinem zwölfjährigen Freund von gegenüber mit dem Fahrrad zum Shopping Center gefahren bin, wir zogen dazu immer stolz unsere handgemalten Keith-Moon-Bullaugen-T-Shirts an. Unsere Klassenkameraden haben uns für übergeschnappt gehalten. Aber das war mir völlig gleich – ich habe mir auch noch eins mit einem blauen Kreis und zwei roten Pfeilen gemacht, wie ich es auf einem Bild im «Flip Magazine» an Roger Daltry gesehen habe.

Wie es ihre Art war, kam der Follow-up zu *My Generation* erst nach langen, langen Monaten: *Substitute*. Das war im späten Frühling, und damals habe ich ganze Abende damit verbracht, bei KALG anzurufen und den Titel bei ihrer New-Releases-Show zu verlangen. Schließlich kam er in die Top Five dieser Sendung und damit ins Programm, und dadurch wiederum in ein paar Plattenläden in der Stadt – alles anscheinend dank meiner fanatischen Unnachgiebigkeit. Obwohl der Titel nie in die Charts kam und niemand die Scheibe gekauft hat! Einen Nachfolger für *Substitute* gab es dann schon nicht mehr, während Decca diverse «My Generation»-Auskopplungen hier und in England auf den Markt brachte; jedenfalls nicht bis zu *I'm a Boy*, der nächsten Single, mit der die Who herauskamen. Zwischendrin spielte ich unentwegt «The Who Sings My Generation» und fragte mich, was nun werden sollte.

Es wird allgemein geglaubt, die Unfähigkeit der Who, 1965/66 den amerikanischen Markt zu knacken, hätte ihren Grund in der mangelnden Publicity, verursacht von Plattenfirmen, denen die Gruppe schnurzegal gewesen sei. Das ist so eine Sache. Interessant in diesem Zusammenhang ist aber, daß in «Billboard» für die ersten vier Singles der Who ganzseitige Anzeigen erschienen sind. Seht sie euch selbst an, wenn das Blatt in eurer Bibliothek zu haben ist (was traurigerweise selten genug vorkommt); speziell die Anzeige für *Anyway Anyhow Anywhere* ist faszinierend, weil die Who definitiv kurzgeschoren aus grundanständiger Wäsche schauen, jedenfalls aus dem Blickwinkel von 1973. Aber machen Klamotten eine Band? Offenbar nein.

DISCOGRAPHIE

The Who: (bis 1968)
Singles:
1965: I can't explain*/Bald headed woman*
　　　Brunswick 05926
　　　(D-Brunswick 12294)
1965: Anyway anyhow anywhere*/Daddy Rolling Stone*　Brunswick 05935
　　　(D-Brunswick 12296)
1965: My generation/Shout and shimmy*
　　　Brunswick 05944
　　　(D-Decca 25209)
1966: The kids are alright/The ox　Brunswick 05956
　　　(D-Decca 80007)
1966: A legal matter/Instant party*　Brunswick 05965
　　　(D-Decca 80000)
1966: La la la lies/The good's gone　Brunswick 05968
　　　(D-Decca)
1966: Substitute/Circles* (NB: Wird auch mit Label Substitute/Instant party* verkauft – gleiche Bestellnummer)　Reaction 591001
　　　(D-Polydor Int. 421030)
1966: Substitute/Waltz for a pig* (NB: Die Kopplung nach der Decca-Klage)　Reaction 591001
1966: I'm a boy/In the city　Reaction 591004
　　　(D-Polydor Int. 421051)
1966: Happy Jack/I've been away*
　　　Reaction 591010
　　　(D-Polydor 59056)
1967: Pictures of Lily/Doctor doctor　Track 604002
　　　(D-Polydor 59074)
1967: The last time*/Under my thumb*
　　　Track 604006
1967: I can see for miles/Someone's coming*
　　　Track 604011
　　　(D-Polydor 59124)
1968: Call me lightning/Dogs　Track 604023
1968: Magic bus/Dr Jekyll and Mr Hyde*
　　　Track 604024

Abweichende deutsche Singles:
1968: Call me lightning/Dr Jekyll and Mr Hyde*
　　　D-Polydor 59198
1968: Dogs/Circles*　D-Polydor 59210
1968: Magic bus/Bucket «T»*　D-Polydor 59224

Verschiedene:
1965: Anyway, anyhow, anywhere*/Anytime you want me*　US-Decca 31801

EPs:
1966: «Ready Steady Who» Bucket «T»*/Barbara Ann*/Batman*//Disguises/Circles*
　　　Reaction 592001

LPs:
1965: «My generation»　Brunswick 8616
　　　(D-Decca BLK 86002)
1966: «A quick one»　Track 613004
1967: «The Who sell out»　Track 613009
　　　(D-Polydor)
1968: «Direct hits» («The Best of the Who»)
　　　Track 613006
　　　(D-Polydor 184152)

Abweichende deutsche LPs:
1966: «The Who – I'm a boy»　623025

Als The High Numbers
1964: I'm the face/Zoot suit　Fontana TF 480

The Small Faces

Von Ken Barnes

«Wie kamen die Small Faces eigentlich zu ihrem Namen?» fragte der Journalist Tony Brainsby auf der Rückseite des ersten Albums der Gruppe. Die Frage, die er sich selber gestellt hatte, beantwortete er dann gleich anschließend mit dem vollkommenen Schwachsinns-Statement: «Ganz einfach – schon beim ersten Hinsehen werden Sie bemerken, daß sie wirklich schmale Gesichter haben.» Danke für den Hinweis, Tony, aber das «Small» kommt daher, daß keiner von der Gruppe größer als einsfünfundsechzig war, und «Faces», das war ein Mod-Wort für wichtige Leute (siehe etwa *I'm the Face* von den High Numbers). Die Small Faces haben viel von der fanatischen Verehrung der Mods für die High Numbers geerbt, weil sie in Aussehen und Einstellung die Quintessenz einer Mod-Band waren, und sie fuhren ihren ersten großen Smash-Hit Mitte 1965 schon wenige Monate nach ihrer Gründung ein. Die Gruppe bestand ursprünglich aus dem Drummer Kenny Jones, Ronnie «Plonk» Lane am Bass, dem Organisten Jimmy Winston und schließlich Steve Marriott (Gitarre und Gesang), einem früheren Teenie-Schauspieler, der kurz zuvor noch mit den Frantics Aufnahmen gemacht hatte.

Die erste Single der Small Faces, *Watcha Gonna Do About It* (geschrieben und produziert von dem Ex-Shadow Ian Samwell), brach im Herbst 1965 in die Top Twenty ein. Es war eine aufregende, wenn auch mit viel Geklautem gemachte Aufnahme, mit Who-ähnlichen, aber kaum beherrschten Feedback-Leads über einer Akkordstruktur, die sie der Stones-Version von *Everybody Needs Somebody to Love* entlehnt hatten (ein Riff, der später auch in so heißen Stücken wie *Come See Me* von den Pretty Things und *That's When Happiness Began* von den Montanas benutzt wurde). Die B-Seite war eine von Leidenschaft glühende Fassung des Timi-Yuro-Titels *What's a Matter Baby*, die Steve Marriott eine glänzende Gelegenheit bot, seine vom Soul geprägte und von einer eisernen Lunge gestützte Stimme vorzuführen – eine der stärksten der Gruppe.

Die Follow-up-Single, das gefühlvolle, aber starke *I've Got Mine*, war ein relativer Rückschlag, aber die dritte Platte, *Sha La La La Lee*, brachte der Gruppe den eigentlichen Durchbruch. Es war ein unwiderstehlicher, energiegeladener Ohrwurm, der unter die Top Five kam und den Weg zu ihrem ersten Album bahnte, das schlicht und einfach «Small Faces» hieß. Unmittelbar vor Erscheinen der LP war Jimmy Winston durch Ian Mac Lagan ersetzt worden, obwohl Winston auf der LP noch zu hören ist (er nahm später eine Version von *Sorry She's Mine* auf, einen Track aus dieser LP). Das Album selbst ist eine wilde und ungeglättete Sammlung von Anglo-R&B – die Small Faces ließen den starken R&B-Einfluß, unter dem sie standen, deutlicher werden als die meisten ihrer Zeitgenossen, wie es sich am besten am Soul-geprägten, kraftvollen Gesang von Marriott und an den vom Gospel inspirierten Zwischenrufen äußert. *Watcha Gonna Do About It* und *Sha La La La Lee* sind die Höhepunkte des Albums, neben einigen energiegeladenen Eigenkompositionen und ein paar von Kenny Lynch geschriebenen Stücken (dem Ko-Autor von *Sha La La La Lee*, der 1963/64 selbst ein Solo-Star gewesen war). Zu den Eigenkompositionen des Albums gehörte auch der Titel *You Need Loving*, von dem, wie wohl allgemein bekannt, Led Zeppelin praktisch komplett ihr *Whole Lotta Love* abgekupfert haben, bis hin zur Stimmführung.

Einmal etabliert, brachten die Small Faces einen Hit nach dem anderen heraus – die ansteckenden Titel *Hey Girl*, *All or Nothing* und *My Mind's Eye* (ein etwas bemühteres, experimentelleres Stück), die alle die höchsten Höhen der Charts erklommen. *All or Nothing*, eine explosive Nummer, war vielleicht die beste von den dreien (mit einer hypnotisierenden B-Seite, *Understanding*, die völlig unterging), obwohl *My Mind's Eye* ganz bestechend verbesserte Choralsätze zu bieten hatte, speziell in der ausgearbeiteteren LP-Version (die B-Seite der Single, *I Can't Dance With You*, ist einer der unbekanntesten Tracks der Gruppe überhaupt, aber leider auch einer von den schlechtesten. Die erste Aufnahme der Gruppe im Jahr 1967, der Titel *I Can't Make It*, war ein Fehlschlag und kam nicht in die Top Twenty, was auch verständlich ist, denn es handelte sich um einen ziemlich konturenlosen, wenn auch angenehm flotten Rock-Titel, der den sechs Singles davor um etliches nachstand. Die B-Seite, *Just Passing*, war ein amüsantes, von Lane gesungenes Mini-Stück, eine Sound-Effekt-Novelty von ganzen 68 Sekunden Dauer – wirklich seltsam (mit einem gewissen O'Sullivan als Ko-Autor – aber das kann ja doch wohl nicht sein ...).

Mitte 1967 wechselte die Gruppe von Decca zu Immediate. Decca schlug zurück, indem sie den Track *Patterns* ausgrub, eine unterdurchschnittliche, aber genießbare *Gloria*-Variation, die aber als Single keinen Erfolg hatte; und indem sie noch ein Album auf den Markt warf, «From the Beginning». Diese LP ist eine Zusammenstellung aus fünf Singles (bis zu *My Mind's Eye*, aber ohne *I've Got Mine*), zwei Tracks, die anschließend auch auf der ersten LP bei Immediate erschienen (*Tell Me Have Your Ever Seen Me* und das kraftvolle *My Way of Giving*, ein Titel, der später für Chris Farlowe zum Hit wurde und auch von Rod Stewart noch einmal aufgenommen wurde), sowie sieben anderen Einspielungen, von denen zwei umwerfende Eigenkompositionen waren (*That Man* und *Yesterday Today and Tomorrow*), ein Feedback-Instrumental und vier Cover-Versionen von amerikanischem Material. Letztere sind vielleicht die interessantesten; es handelt sich dabei immerhin um die beste jemals erschienene Rock 'n' Roll-Fassung des Marvin-Gaye-Titels *Baby Don't Do It* (weit besser als die Versionen der Who, der Band und sogar der Wailers), eine hervorragende Interpretation von *Runaway* von Del Shannon mit einem seltsam opernähnlichen Vorspiel, mitreißende Versionen der Miracles-Nummer *You Really Got a Hold on Me* und – von Don Covay übernommen – *Come Back and Take This Hurt Off Me*. Alles in allem ist dieses Album einer der besten britischen R&B-Rock-Klassiker der damaligen Zeit.

Ihm folgten bald die ersten Immediate-Erscheinungen: *Here Come the Nice*, ein Hohelied auf die Freuden des Speed und ein Riesenhit, und dann *Itchycoo Park*, ein merkwürdig betiteltes Flower-Power-Opus, das aber sehr genießbar war und den Phasing-Effekt wieder einführte, der zum erstenmal auf *The Big Hurt* von Toni Fisher zu hören gewesen war und noch mehr Erfolg hatte als *Here Come the Nice*.

Gleich hinterher kam eine LP; sie hieß (wieder einmal) «Small Faces», enthielt die beiden hervorragenden Tracks von «From the Beginning» und eine uneinheitliche Gruppe neuer Eigenkompositionen, die von lahmen Langweilern (*Happy Boys Happy, Eddie's Dreaming*) bis zu gepfeffert-attraktivem Material reichte (*Feeling Lonely* und das wehmütige *Show Me the Way*). Aufs ganze gesehen mangelte es dem Album an der Aufmüpfigkeit und dem rebellischen Geist, der ihre ersten beiden LPs durchdrungen hatte, obwohl der neue, verfeinerte Sound auf seine Weise auch genießbar war.

Inzwischen war etwas völlig Unvorhergesehenes passiert – *Itchycoo Park* war in den Staaten ein Hit geworden. Keine der früheren britischen Chart-Stürmer-Gruppen (die hier und da herauskamen, bei Press, RCA und Immediate/United Artists, wenn überhaupt) hatte den geringsten Eindruck auf den amerikanischen Plattenkäufer gehabt, aber *Itchycoo Park* faßte auf den sekundären Radio-Märkten Fuß und mauserte sich allmählich zu einem handfesten Hit, der bis Platz 16 vordrang. Daher war ein amerikanisches Album angesagt, und Immediate (das sich inzwischen mit CBS zusammengetan hatte) machte sich an die Produktion eines solchen – *Here Come the Nice, Itchycoo Park* und die damals gerade in England erschienene Single *Tin Soldier* wurden mit ihren B-Seiten plus sechs Tracks aus dem englischen Album zusammengeworfen – und das ergab, ob aus zufälligem Glück oder bewußter Absicht, eine Zusammenstellung, die besser ist als ihr englisches Gegenstück. Dieser überraschende Sachverhalt verdankt sich natürlich teilweise der Stärke der Single-Titel, insbesondere auch von *Tin Soldier*, vielleicht dem ersten wirklichen Rave-up-Rocker der Gruppe (seine B-Seite, *I Feel Much Better*, ist ebenfalls eine attraktive Rock-Nummer, die auch einen Kinderchor à la Keith West wie in dessen *Excerpt From a Teenage Opera* und in dem Traffic-Stück *Hole In My Shoe* ins Spiel bringt – die Small Faces waren flugs an der Spitze eines jeden Trends, sobald er sichtbar wurde). Aber auch die von der britischen LP übernommenen Tracks gehörten zu deren stärksten Stücken (*Show Me the Way, My Way of Giving*), und zwar ohne das ärgerliche Larifari dieses Albums.

Tin Soldier wurde trotz – oder vielleicht gerade wegen – seiner Brillanz sowohl in England wie in den Staaten nur ein dürftiger Erfolg. Die nächste Single, *Lazy Sunday*, war vom Stil her vollkommen anders, ein Hab-Sonne-im-Herzen-Trällerstückchen mit allem, was dazugehört, auch übertriebenem britischem Unterklassen-Akzent und, alles in allem, Vaudeville-Charakter. In England wurde das Stück ein Volltreffer, in den Staaten landete es im tiefsten Keller. Inzwischen arbeitete die Gruppe an der Fertigstellung ihres nächsten Albums, das die Leute bei seinem Erscheinen ganz durcheinanderbrachte. Es stak in einem runden Cover, das aussah wie eine englische Tabaksdose (Titel denn auch: «Ogden's Nut Gone Flake»), innendrin ungeheuer viele ungeheuer farbige Bilder, alles kompliziert zusammengefaltet – und die Songs waren ebenfalls eher ungewohnt. Die erste Seite bot einen verhältnismäßig einheitlichen Set von sechs Songs (einschließlich *Lazy Sunday*, wovon zwei kraftvolle Rock-Titel am bemerkenswertesten sind, nämlich *Song of a Baker* und *Afterglow*, das zu Beginn eine gelungene Dean-Martin-Imitation bringt. Die B-Seite war im Konzept-Stil aus sechs Stücken zusammengeschustert, die durch das Gebrabbel des britischen Komikers Stanley Unwin miteinander verbunden waren, der versuchte, wenn auch ohne Erfolg, die Geschichte der beschwerlichen Reise eines gewissen «Happiness Stan» zu erzählen, der die fehlende Hälfte des Mondes sucht, und dies in Gesellschaft einer geschwätzigen Superfliege und eines alten Einsiedlers. Die ganze Collage ist bezaubernd, die Musik selber ist ausgezeichnet, speziell *Mad John* (später in Amerika als Single sang- und klanglos untergegangen).

Nach «Odgen's Nut Gone Flake» (Nummer eins auf den englischen LP-Charts und auch in den USA in den Charts vertreten, und das ohne eine Hit-Single) machte sich in der Gruppe Unzufriedenheit breit. Die Jungs waren es müde, endlos durch das Land zu touren, selbst mit der Bläsergruppe, die jetzt immer mitfuhr, und scheinbar unfähig, sich zu einer USA-Tournee aufzuraffen – gegen Ende 1968 war dann schließlich Ende. Sie hatten im Sommer dieses Jahres noch eine Single herausgebracht, die bizarr-gutaufgelegte Nummer *The Universal* (mit einer genauso verqueren B-Seite, *Donkey Rides a Penny a Glass*), ein mittelprächtiger Hit in England, in den USA dagegen wieder eine Pleite. Unmittelbar nach ihrer Auflösung kamen noch Singles von *Afterglow* und *Wham Bam* *Thank You Mam* heraus, letzteres ein hartes Rock-Stück in der Manier von Humble Pie, der Gruppe, die Steve Marriott und der Ex-Star von Herd, Peter Frampton, nach dem Ende der Small Faces gegründet hatten. Und damit war es für die Small Faces praktisch auch schon so gut wie gelaufen, bis sie Anfang 1970 mit Rod Stewart und Ron Wood Wiederauferstehung feierten und einen Riesenerfolg hatten – aber das alles ist ja sattsam bekannt.

Immediate brachte eine Doppel-LP im Gedenken an die Small Faces heraus; sie hieß «The Autumn Stone», eine phantastische Angelegenheit, weil sie so gut wie alle ihre Singles enthielt (mit Ausnahme von *I've Got Mine* und *Patterns*), daneben aber auch weniger bekannte B-Seiten (*Just Passing* und *Wham Bam*) und drei Live-Tracks (*Rollin' Over* von der «Odgen's»-LP, eine schwermütige, aber kraftvolle Version von *If I Were a Carpenter* und eine leicht überzogene Soul-Extravaganz: *Every Little Bit Hurts* von Brenda Holloway, auf der neben *Rollin' Over* die ansonsten im Dunkel gebliebene Bläsergruppe der Small Faces zu hören ist), und dazu noch bis dahin unveröffentlichte Studio-Tracks. Zwei davon, *Collibosher* und *Wide Eyed Girl on the Wall*, wirken eher wie Instrumental-Skizzen, die später noch mit Gesangstracks überlegt werden sollten, aber die übrigen drei sind hervorragend – *Red Balloon* ist ein weiterer Titel von Tim Hardin, dem die Small Faces Beine gemacht haben; *Call It Something Nice* ist eine gefällige Nummer samt Cembalo-Part (wenn deren Riffs auch teilweise aus *Mad John* stammen); *The Autumn Stone* schließlich mit seiner schwebenden Flöten-Begleitung zeigt eine andere, aber beeindruckende Seite dieser Gruppe.

DISCOGRAPHIE

The Small Faces:
Singles:
1965: Watcha gonna do about it/What's a matter baby*   Decca F 12208
(D-Decca DL 25203)
1965: I've got mine*/It's too late*   Decca F 12276
1966: Sha la la la lee/Grow your own*   Decca F 12317
(D-Decca DL 25227)
1966: Hey girl/Almost grown*   Decca F 12393
(D-Decca DL 25243)
1966: All or nothing/Understanding*   Decca F 12470
(D-Decca DL 25253)
1967: My mind's eye/I can't dance with you*   Decca F 12500
(D-Decca DL 25269)
1967: I can't make it*/Just passing*   Decca F 12565
(D-Decca DL 25287)
1967: Patterns E to D   Decca F 12565
(D-Decca DL 29287)
1967: Here come the nice/Talk to you   Immediate IM 050
(D-Columbia C 23524)
1967: Itchycoo Park/I'm only dreaming*   Immediate IM 057
(D-Columbia C 23586)
1967: Tin soldier/I feel much better*   Immediate IM 062
(D-Columbia C 23672)
1968: Lazy Sunday/Rolling over   Immediate IM 064
(D-Immediate IM 23784)
1968: The universal/Donkey rides a penny a glass*   Immediate IM 069
(D-Immediate IM 23856)
(NB: «The universal» wurde auf einem tragbaren Kassettenrecorder aufgenommen!!)
1969: After glow of your love/Wham bam thank you mam   Immediate IM 077
(D-Immediate 1 C 006-90104)

EPs
1966: «The Small Faces» Sha la la la lee/Grow your own*//Watcha gonna do about it/What's a matter baby*   D-Decca D 2396

LPs:
1966: «The Small Faces»   Decca LK 4790
(D-Decca BLK 16425)
(D-Decca ND 239)
1967: «From the beginning»   Decca LK 4879
(D-Decca ND 153)
1967: «Small Faces»   Immediate IMSP 008
(D-Columbia SMC 74292)
1968: «Odgen's nut gone flake»   Immediate IMSP 022
(D-Immediate SMIM 74442)
1969: «In memoriam»   Immediate IMSP 035
(D-Immediate C-048-90201)
1970: «The Autumn Stone»   Immediate IMAL 01/02
(D-Immediate C 148-94087/88)

Verschiedene:
1972: «Small Faces» (NB: Enthält frühe (Demo-)Versionen von Small-Faces-Material aus den Jahren 1965/66)   F-Disc-AZ STEC 112

Als **The Moments** (vor der Umbenennung in The Small Faces):
1965: You really got me*/Money, money*   US-World Artists 1032

Jimmy Winston nach seinem Rausschmiß bei den Faces:
1966: Sorry she's mine*/It's not what you do*   Decca F 12410

Als **Winston's Fumbs:**
1967: Real crazy apartment*/Snow white*   RCA 1612

The Kinks

Von Greg Shaw

Sie kamen aus dem Londoner Vorort Muswell Hill, waren zwischen siebzehn und zwanzig und hoben nach zwei Fehlstarts zu einer Karriere ab, deren Langlebigkeit nur noch von den Stones und den Hollies erreicht wird. Die Kinks sind für die viktorianischen Phantasien ihres Ray Davies bekannt, die er seit *Dedicated Follower Of Fashion*, gegen Ende 1966 also, abzufassen begann. Aber kaum jemand spricht mehr von ihren früheren Sachen, und noch keiner hat bisher versucht, sie im Kontext ihrer Zeit zu betrachten.

Die ersten beiden Erscheinungen, *Long Tall Sally* und *You Still Want Me* (1963) waren in einem Liverpool/Searchers-Stil gehalten, von dem sie behaupten, die Plattenfirma hätte ihn ihnen aufgezwungen. Nach dessen sang- und klanglosem Untergang machten die Kinks mit ihrem eigenen Stil weiter, der auf Chuck Berry basierte, aber dennoch völlig andere Wege ging als die -zig Berry-beeinflußten Gruppen, die damals in London zugange waren. Die Kinks entwickelten einen Sound, der die Rhythmusbetonung der Merseybeat-Gruppen weiterführte, aber derart überzog, daß daraus ein Markenzeichen wurde. Sie teilten diesen überzogenen Gitarrensound mit einer weiteren frühen Londoner Mod-Gruppe, den Who, mit denen sie zufällig auch den Produzenten gemeinsam hatten: Shel Talmy.

Anfangs waren die Kinks eine der rauhbauzigsten, kantigsten und energischsten Gruppen überhaupt. Ihr erstes Album (auf dem in der englischen Pressung auch *I Took My Baby Home* zu hören ist, die einstige B-Seite von *Long Tall Sally*) enthielt Kraftpakete wie *Beautiful Delilah, So Mystifying, Long Tall Shorty, Cadillac, I'm a Lover Not a Fighter, Too Much Monkey Business* und *Got Love If You Want It*. Zusätzlich zu dieser hohen Dosis Berry und Diddley enthielt es aber auch ein paar Balladen (einschließlich des Searchers-ähnlichen und oft gecoverten *Just Can't Go to Sleep*), *Bald-Headed Woman* und *I've Been Driving On Bald Mountain* (die die Who zusammenschmissen und daraus die B-Seite von *I Can't Explain* zusammenbrauten) und natürlich *You Really Got Me*.

Diese Titel – und dazu noch *Come On Now, All Day and All Of the Night, Milk Cow Blues, Till the End Of the Day, It's Alright, Who'll Be the Next In Line* und vor allem *Louie Louie*, übrigens gleich zweimal auf ihren LPs zu finden – sollten eigentlich Beweis genug für die These sein, daß die Kinks die erste englische Punk-Rock-Gruppe waren. Man könnte endlose Mutmaßungen darüber anstellen, was ihnen wohl alles durch den Kopf ging, als sie auf ihrer ersten amerikanischen Tournee in Seattle gemeinsam mit den Sonics auftraten, deren eigene Version von *Louie Louie* ein Höhepunkt an Wildheit war.

Es wäre jedoch nicht eben fair, englische mit amerikanischen Gruppen zu vergleichen. 1964 waren die Kinks die regierenden Herrscher des englischen Kraftmeier-Genres. Ihre Songs knisterten vor Energie und Drive, mit Ausnahme ihrer Balladen natürlich, die entweder geschmackvolle Versionen von Blues-Nummern oder sehr effektvolle melodische Eigenkompositionen waren wie *Something Better Beginning, Tired Of Waiting For You* oder *It's Too Late*.

«Face To Face» war das erste Album, auf dem sich ihre Neigung zum Gekünstelten bemerkbar machte, und obwohl sich diese Wandlung über mindestens drei Alben hinzog und noch vor einem erstaunlich energiegeladenen Live-Album lag, markierte sie das Ende der frühen Kinks.

Vielleicht das Wichtigste an den frühen Kinks ist die Tatsache, daß sie die erste Gruppe waren, die es schaffte, eigene Rock'n'Roll-Songs zu schreiben, die genausoviel Power hatten wie das Material aus den fünfziger Jahren, mit dem sie begonnen hatte. Die Stones und die Yardbirds erreichten dieses Stadium nicht vor 1965 – und die Beatles kann man in diesem Punkt sowieso vergessen. Die besten Songs der Beatles waren mehr Pop als Rock'n'Roll, und 1964 gaben sie den Versuch auf, aufmüpfig klingen zu wollen. Man vergleiche die Kinks mit einer Gruppe wie den Hollies, die sich abmühten, die Wucht ihrer Lieblingssongs aus den fünfziger Jahren zu erreichen, und das (egal, was Mike Saunders meint) im allgemeinen nicht schafften, und es wird sofort klar, daß den Kinks in dieser Hinsicht niemand das Wasser reichen konnte. Welche Ironie, daß die Kinks zugleich eine der härtesten Gruppen *und* daneben eine der erfolgreichsten Gruppen sind, die England jemals hervorgebracht hat! *

---

*Auf eine Discographie der Kinks wurde verzichtet, da die Angaben anderswo leicht zugänglich sind (d. Hg.)

Shel Talmy und der Pop Art-Rock

Von Greg Shaw

Pop-Art-Rock – diesen Begriff habe ich immer für sinnvoll gehalten. Er schien den Geist der Londoner Szene nach dem Ende der R & B-Ära von 1965 bis Anfang 1966 einzufangen – oder doch wenigstens das, was ich mir unter dieser Szene vorstellen kann. Der Begriff scheint von Pete Townshend aufgebracht worden zu sein, der in frühen Interviews häufig von seiner Zeit an der Art School sprach, die noch nicht lange zurücklag, und seiner Begeisterung für Gustav Metzger, einen Künstler der autodestruktiven Schule. Die Presse nahm diesen Ball auf und beschrieb mit Pop-Art-Rock die Musik der Who und jeder beliebigen anderen Gruppe, die irgendwas mit ihnen gemeinsam hatte. Der Begriff hatte häufig einen Beigeschmack von Geringschätzung, als ob er für diejenigen, die ihn so benutzten, einen Stil bedeutete, dessen Ausdrucksmöglichkeiten eher beschränkt und uninteressant waren.

Und dies ließ sich im Grund ja auch erwarten, weil der größte Teil der Pop-Autoren Überbleibsel aus der britischen Pop-Szene der fünfziger Jahre waren. In den fünfziger Jahren wurde britischer Rock von Sessionmusikern in den Dreißigern und Vierzigern aufgenommen, technisch aufbereitet und oft auch auf der Bühne gespielt. Die Folge war, daß die Platten einen sehr sauberen, manchmal nachgerade sterilen Sound hatten, dem es an wirklichem Teenie-Tiefgang und urwüchsiger Energie mangelte. Es war also nur natürlich, daß Kritiker, die gerade das als wichtig betrachteten, auf den «Pop-Art-Rock» herabsahen, wofür sie alles hielten, was laut war, mit Verzerrer- und Feedback-Effekten arbeitete oder mit Texten, die von der Jugendkultur handelten (selbst wenn das nur angedeutet wurde wie in dem Pillenwerfer-Stottern von Roger Daltry in dem Who-Titel *My Generation*).

Eine Zeitlang war der Pop-Art-Rock ein eigenständiges Genre – genauso real wie die kurzlebige Mod-Kultur, aus der er hervorgegangen war (eine ausführliche Auseinandersetzung mit dem Mod-Phänomen findet sich übrigens in dem Buch «The Who» von Gary Herman). Die erste Mod-Gruppe waren die Who, doch wandelten bald jede Menge Nachahmer auf ihren Spuren. Weil der Pop-Art-Rock ein beschränktes Idiom war – beschränkt durch den Lebens- und Ausdrucksstil seines Publikums – und weil die Who diesen Stil in ihrer Musik so perfekt eingefangen hatten, begnügten sich diese übrigen Gruppen damit, schamlos Riffs und Themen aus Who-Songs abzukupfern und zur Grundlage ihres eigenen Materials zu machen. Und trotzdem – ein Teil davon war hervorragend.

Wenn man es schafft, sich über das dick aufgetragene Selbstbewußtsein all dieser Sachen hinwegzusetzen, stellt man fest, daß Songs wie *March of the Mods* und *Return of the Mods* von den Executives oder *I'm Rowed Out*, *The Immediate Pleasure* und *My Degeneration* von den Eyes, letzterer Titel natürlich eine Who-Parodie, ein gerüttelt Maß Gesellschaftskritik enthalten. «Look At These Faces», sagte ihre erste EP, wobei mit «faces» bei den Mods «Leute» oder «Typen» gemeint sind. Und so sahen «diese Typen» aus: Gestreifte Hemden mit einem großen Auge in der Mitte, in dem ein Bild des entsprechenden Faces-«Typen» ist. Toll, nicht? Eine weitere hervorragende Pop-Art-Platte war *Smashed! Blocked!*, von dem allgegenwärtigen Simon Napier-Bell für John's Children produziert, eine erstaunliche früh-psychedelische Darstellung des Pillen-geblockten Mod-Bewußtseins.

Die beste Pop-Art-Rockgruppe von allen jedoch war, aus welchem Blickwinkel auch immer, neben den Who und den Small Faces die Creation. Die Band bestand aus Kenny Pickett, Eddie Phillips, Jack Jones und den Ex-Birds Ron Wood und Kim Gardner. Sie hatten den Townshend-Sound so vollendet im Kasten, daß das Opening von *Biff Bang Pow* von dem von *My Generation* praktisch nicht zu unterscheiden ist, aber sie waren keine bloßen Kopisten. Jedes Stück, das ich von ihnen gehört habe, steht durchaus auf eigenen Beinen – eingängig, heißer Beat, bestens durchgehaltene dynamische Spannung, und immer interessante Experimente mit dem Gitarrensound. Sie waren beispielsweise die ersten, die mit einem Geigenbogen auf der Gitarre herumgefiedelt haben, ein Effekt, den sich auch Jimmy Page gemerkt hat.

Ihre Songs an sich waren immer auch Pop-Art auf anderer Ebene, einer Ebene, die von den Who nie erreicht worden ist. Die Creation schrieben Songs über die Symbole der Mod-Kultur, die damals vielleicht in keiner Weise extravagant wirkten, aber aus unserer heutigen Distanz unbezahlbar wirken. *Painter Man* erzählt von den Mühen eines frustrierten, nicht übermäßig begabten Art School-Studenten, der sich verzweifelt wünscht, endlich mal groß rauszukommen. *Can I Join Your Band* dreht sich praktisch um dasselbe, *Biff Bang Pow* macht sich über das Batman-Fieber lustig, und *Nightmares* und *The Girls Are Naked* kommentieren ebenfalls Ereignisse, die seinerzeit gerade aktuell waren. Viele von den anderen Platten der Creation bewegten sich auf derselben Ebene und waren genauso gut. Vielleicht ist ein Grund, warum es ihnen gelang, den gleichen Eindruck auf das Gemüt ihrer Mods zu erreichen wie die Who, wo andere versagten, die Tatsache, daß sie von Shel Talmy produziert wurden.

Meiner Meinung nach war Shel Talmy von allen britischen Rock 'n' Roll-Produzenten der beste. Er war kein so abgekochter Produzent wie George Martin; ihm war bewußt, daß ein Schuß Rotzigkeit und Nicht-Perfektion dabeisein mußte, und er wußte, wie man diese Qualitäten in aufregende Platten übersetzt. Man vergleiche ihn mal mit Joe Meek, dessen Platten ebenfalls ruppig klangen, aber eben nur den Eindruck einer dürftigen Aufnahmequalität hinterlassen. Miki Dallon, der in dieser Zeit gute Aufnahmen der Sorrows und der Boys Blue wie auch von sich selbst produzierte, kam diesem Sound ziemlich nahe, aber ihm fehlte die Unmittelbarkeit der Talmy-Produktionen. Die Gruppen von Larry Page wie Clique und später die Troggs hatten dieselbe Ruppigkeit, aber unter seinen Händen geriet ihre Musik immer zu kontrolliert, zu überlegt. Gut, aber wie Bubblegum-Music, nur aus einer anderen Ecke. Mickie Most schließlich kann ich überhaupt nicht ernst nehmen, und sonst gab es überhaupt keinen weiteren Produzenten, der damals in Frage gekommen wäre.

Über Shel Talmy weiß kaum einer Bescheid. Er wuchs in Los Angeles auf und ging 1963 mit einem Empfehlungsschreiben von Nick Venet in der Tasche nach England, in dem stand, daß er alle möglichen Bands aufgenommen hätte, auch die Beach Boys. Natürlich war das ein Schmäh, aber er hatte schon eine gewisse Erfahrung als Sound-Engineer, weshalb er wußte, was er zu tun hatte, als er sich auf diese Weise einen Job bei Decca ergattert hatte. Seine erste größere Produktionsaufgabe waren die Bachelors, die als Country-Gruppe anfingen, aber zusammen mit Talmy zu einer der führenden Pop-Gruppen Englands heranwuchsen. Talmy hatte sich inzwischen einen Namen gemacht, und Gruppen wie die Kinks und die Who kamen zu ihm, als sie einen Produzenten brauchten. Der Sound mit seiner gekonnt-beherrschten Intensität, den er mit ihnen auf die Beine stellte, war, wie man ohne weiteres sagen kann, gleich hinter den Beatles und den Stones das Beste, was auf dem Markt war, wenn nicht sogar genauso gut.

Die meisten großen Produzenten von damals wurden selbst zu Popstars und versuchten, aus diesem Umstand Profit zu schlagen. Meek, George Martin, Oldham, Page, Mike Leander und andere gaben Orchestern ihren Namen und veröffentlichten Instrumentalversionen der Hits ihrer Gruppen. Larry Page begann 1966 mit seinem eigenen Label. Page One, womit er dem Beispiel zweier anderer Produzenten folgte, die schon 1965 eigene Plattenfirmen aufgemacht hatten – Andrew Oldham und Shel Talmy.

Die Oldham-Gründung Immediate Records wurde ein großer Erfolg, und auch Page One kam verhältnismäßig gut ins Geschäft, aber aus Planet Records von Shel Talmy wurde aus irgendeinem Grund nichts Rechtes, trotz ständigen Hypens sowohl per Mundpropaganda wie in den Spalten sämtlicher Pop-Wochenblätter. Ich habe seine Veröffentlichungen nicht vollständig gehört – nur die, die auch in den USA erschienen sind –, aber die, die ich gehört habe, waren im selben bewußten Pop-Art-Stil gehalten wie die Creation-Titel, die ebenfalls bei Planet erschienen und dem Label seinen größten Hit brachten.

Sowohl *Painter Man* wie auch *Making Time* von den Creation kamen in die Charts, wie auch *It's Not True*, eine ziemlich lahme Version des Who-Songs von den Untamed. Die Creation-Titel erschienen kurz vor dem Ende des Labels, und es war vielleicht der Erfolg von *Making Time*, der Talmy dazu veranlaßte, sich einen US-Vertrieb zu suchen. Schließlich unterschrieb er einen Vertrag mit Jay-Gee, die damals einen ganzen Flohzirkus von Mini-Labels vertrieben. Es konnte nicht allzusehr überraschen, daß keine einzige Platte auch nur den geringsten Erfolg hatte. Aber das war ja auch in einer Zeit – vor 1967 –, als es selbst den Who nur mit Mühe und Not gelang, in die US-Charts vorzustoßen.

Ich kann mir einfach nicht vorstellen, weshalb Talmy von seinen ersten fünfzehn Platten ausgerechnet nur *It's Not True* und John Lee's Groundhogs zur US-Veröffentlichung ausgesucht hat. Die National Pinion Pole liefen in England schließlich ganz gut. Und warum nahm er denn nicht die erste englische Veröffentlichung der Orlons? Vielleicht lag es an dem Umstand, daß Planet bereits am Kippen war, als der US-Vertrieb gerade erst begonnen hatte. Zwar war Talmy ein brillanter Produzent, aber im eigentlichen Platten-Business war er ein Neuling und geriet sowohl auf dem Vertriebssektor wie auch durch die Tatsache, daß er viel zu viele Acts unter Vertrag nahm, prompt ins Schleudern.

Auf jeden Fall machte Planet Anfang 1967 pleite, und Talmy produzierte die Creation auf Polydor weiter. Aus irgendeinem Grund waren sie in Deutschland ungeheuer beliebt, weshalb dort ein oder zwei Alben von ihnen erschienen, die sonst nirgendwo anders herauskamen, und dazu noch etliche Singles. Seit den letzten fünf Jahren ist Talmy als Produzent nicht mehr im vordersten Glied anzutreffen (mit Ausnahme vielleicht von Pentagle, einem schwachen Abglanz früherer Leistungen) und beschäftigt sich seitdem fleißig mit der Veröffentlichung von Büchern und Filmen. Kürzlich ist er mit einem Album von Seanor & Koss (von Savage Grace) bei Warner Bros. und von String Driven Thing bei Charisma wieder auf der Bildfläche erschienen. Shel Talmy mag immer noch aktiv sein, aber obwohl er davon spricht, die Creation wieder zusammenholen zu wollen (oder Pickett und Phillips – wie dem auch sei), bin ich mir doch sicher, daß er der erste wäre, der zugäbe, daß der Pop-Art-Rock unlösbar an die Ära des britischen Pop gebunden war, die 1967 mit dem Aufstieg des Psychedelic Rock unwiederbringlich untergegangen ist. *Sic transit gloria mundi*.

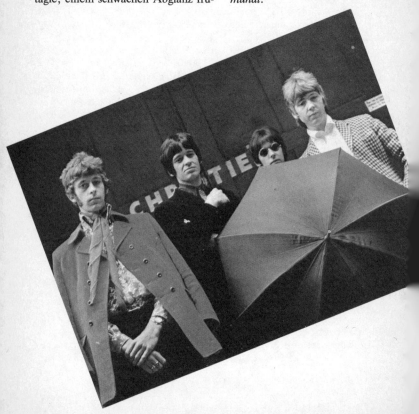

DISCOGRAPHIE

Das Planet-Label
England
101 Dave Helling: Christine/Bells
102 Tony Lord: World's champion/It makes me sad
103 The Untamed: It's not true/Gimme gimme some shade
104 John Lee's Groundhogs: I'll never fall in love again/Over you baby
105 The Trekkas: Please go/I put a spell on you
106 Dani Sheridan: Guess I'm dumb/Songs of love
107 Stevie Holly: Strange world/Little man
108 The Tribe: The gamme goochie/I'm leaving
109 League of Gentlemen: How can you tell/How do they know
110 Perpetual Langley: We wanna stay home/So sad
111 National Pinion Pole: Make your mark little man/I was the one you came in with
112 Eugene Ferris: There was a smile in your eyes/Soft moonlight
113 Lindsay Muir's Untamed: Daddy long legs/Trust yourself a little bit
114 John Lee Hooker: Mal Lee/Don't be messing with my bread
115 Perpetual Langley: Surrender/Two by two
116 Creation: Making time/Try and stop me
117 Orlons: Spinnin' top/Anyone who had a heart
118 The Thoughts: All night stand/Memory of your love
119 Creation: Painter man/Biff bang pow
120 A Wild Uncertainty: Man with money/Broken truth
121 Gnomes of Zurich: Please Mr. Sun/I'm coming down with the blues
122 The Corduroys: Tick Tock/Too much of a woman

USA
104 John Lee's Groundhogs: I'll never fall in love again/Over you baby
116 Creation: Making time/Try and stop me
117 Untamed: It's not true/Gimme gimme some shade
118 Thoughts: All night stand/Memory of your love
119 Creation: Painter man/Biff bang pow
120 A wild uncertainty: Man with money/Broken truth

Marianne Faithfull

Von Ken Barnes

Marianne Faithfull hat keine Trends in die Welt gesetzt, keine Massenhysterie erzeugt, und sie hatte auch nicht eben viele Hits (und noch nicht einmal einen Titel, der in die Top Twenty gekommen ist. Aber Aufmerksamkeit hat sie trotzdem verdient, weil sie in Amerika als junge Solo-Sängerin Erfolg hatte (was viele andere, in England überaus beliebte Sängerinnen wie Sandie Shaw und Cilla Black nicht schafften), weil sie eine ganze Reihe recht ordentlicher Platten gemacht hat und weil sie schließlich (bildlich gesprochen) ein Teenager-Liebling von erstaunlichen Ausmaßen war – für mich und zahllose andere Anglophile. Marianne hatte die archetypischen Züge einer britischen Baby Doll, um es mal so zu sagen; man konnte stundenlang die Bilder auf dem Cover ihrer ersten LP anschmachten. Sie symbolisierte das Unerreichbar-Exotische und ist sicherlich bis heute Tausenden lieb und teuer geblieben.

Aber um halbwegs objektiv und einigermaßen bei den Fakten zu bleiben, will ich mich hauptsächlich auf das musikalische Erbe von Marianne Faithfull beschränken; und die ganzen deftigen Skandale (wie beispielsweise der, als Marianne Faithfull Kim Fowley als den Vater des Babys von Gene Pitney bezeichnete, dessen Vater offiziell Mick sein sollte, oder der legendäre Zwischenfall in der «Candy Bar») sollen hier nur am Rand eine Rolle spielen.

Die Karriere von Marianne Faithfull begann damit, daß sie bei einer Tanzerei einen Kunsthändler namens John Dunbar kennenlernte und von ihm zu einer Party eingeladen wurde, an der auch der bekannte Stones-Impresario Andrew Loog Oldham teilnahm. Oldham, so heißt es, nahm Marianne kurz in Augenschein und war sich sicher, daß sie eine perfekte Plattenkünstlerin abgeben würde. Marianne Faithfull: «Oldham kam her und hat mich gefragt, ob ich eine Platte machen wolle, und ich hab ja gesagt – warum auch nicht?» Sie war siebzehn damals, hatte kaum musikalische Erfahrung, aber Oldham nahm sie im Herbst 1964 ins Studio mit, gab ihr einen Stones-Track, der schon länger in der Schublade geschmort hatte, und das Ergebnis war ein Welthit, *As Tears Go By*, von Marianne in einem schmachtenden Tremolo-Stil interpretiert. *Greensleeves*, die B-Seite, war ein Kompromiß zwischen den gängigen Folk-Versionen dieses Songs und dem rockigeren Arrangement der Country Gentlemen; aber während sie gerade dabei war, die Pop-Szene aufzurollen, wurde entschieden, daß sie nebenher auch noch den Folk-Markt stürmen solle, weshalb eine nur in England veröffentlichte Single mit *Blowing in the Wind / House of the Rising Sun* herauskam, die aber nur dürftigen Erfolg hatte (*Blowing in the Wind* war eine ziemlich labberige Folk-Rock-Produktion mit Streichern und voluminösem Hintergrundchor, wogegen es sich bei *House of the Rising Sun* um eine andere Version als die auf der LP «Come My Way» handelte, die viel mehr auf Pop produziert war).

Als nächstes kam der wunderschöne Titel *Come and Stay With Me*, komponiert von Jackie DeShannon; er verkaufte sich ganz ordentlich. Als es dann für ein Album Zeit wurde, brachte Marianne Faithfull gleich *zwei* auf einmal heraus, erstens das Folk-gestylte «Come My Way», das nur in England erschien, und zweitens das mehr Pop-orientierte Opus «Marianne Faithfull». Das Folk-Album besteht aus Material, das eher für Joan Baez typisch wäre und auch so interpretiert wird, am deutlichsten bei der ziemlich traditionell gehaltenen Nummer *Once I Had a Sweetheart*, Marks Titel-Track (nicht dieselbe Version wie auf der später in Amerika erschienenen LP «Go Away From the World») sowie bei *Down in the Salley Garden*. Außerdem sind noch ein paar amüsante gesprochene Stücke auf der Platte zu finden, eine dem Original unterlegene Version von *House of the Rising Sun* und *Spanish Is a Loving Tongue*, ein Titel, der später auch von Dylan aufgenommen wurde.

Die britische Version der Pop-LP hat vierzehn Tracks, darunter *Downtown*, *Can't You Hear My Heartbeat* und *They Never Will Leave You*, die auf der amerikanischen Fassung sämtlich nicht enthalten sind, auf der sich dafür aber ihre dritte Single, der Loudermilk-Titel *This Little Bird*, findet. Diese Aufnahme, auf beiden Seiten des großen Teichs ein großer Hit, um den es in den Staaten zu Auseinandersetzungen kam, weil Oldham – er hatte sich damals zeitweise geschäftlich von Marianne getrennt – eine Version dieses Songs mit den Nashville Teens eingespielt und gegen die Faithfull-Version ins Rennen geschickt hatte. Die Teens blieben allerdings auf der Strecke, und Marianne äußerte süß-sauer zu der ganzen Affäre, ihr Vater hätte die Nashville Teens früher mal auf seiner Farm beschäftigt, was der ganzen Angelegenheit erst die rechte Würze gab.

Jedenfalls war dieses Album von Marianne Faithfull eine überaus angenehme Pop-Platte mit übergenug gutem Material: Neben den drei hervorragenden Singles enthielt sie noch *What Have I Done Wrong, I'm a Loser*, eine eher schmucklose Version von *What Have They Done to the Rain* und einen melancholisch-schönen Song, *In My Time of Sorrow*, der von einem Gespann geschrieben wurde, das man nicht für möglich gehalten hätte – Jackie DeShannon und Jimmy Page (die für Barbara Lewis ebenfalls einen Titel geschrieben haben und möglicherweise auch für andere zur Feder griffen).

Marianne Faithfull hatte sich inzwischen zum ausgewachsenen Pop-Star gemausert, war jetzt öfter mal auf der Mattscheibe zu bewundern, in Pop-Sendungen, aber auch bei Podiumsdiskussionen (wobei sie sich als ziemlich streitlustig erwies), und unternahm sogar eine Tournee mit den Hollies, Freddie & the Dreamers und den Four Pennies. Nebenher hatte sie noch Zeit gefunden, John Dunbar zu ehelichen (der, unternehmerisch veranlagt, wie er nun einmal war, später mit zwei Leuten einen Buchladen aufmachte, von denen man das nicht so leicht vermutet hätte – Peter Asher und Miles, die später mit dem Untergrundblatt «International Times» zu Ruhm gelangten) und überdies Mutter zu werden.

Ihre nächste Single hieß *Summer Nights* und erschien im August 1965. Sie war bewundernswert gut getimed und wurde prompt ein Riesenerfolg (die B-Seite, *The Sha La La Song*, war ebenfalls nicht von schlechten Eltern, obwohl nicht ganz so fesselnd wie der mitreißende Song *Morning Sun*, die B-Seite von *This Little Bird*). Ihr Nachfolger war eine massiv orchestrierte und mit einem Riesenchor aufgenommene Version von *Yesterday*, und die wurde ein Flop und kam in den USA erst gar nicht auf den Markt. Als nächster Versuch wurde der ziemlich annehmbare Track *Go Away From My World* ins Rennen geschickt – wieder eine Lusche. Auf beiden B-Seiten war *Oh Look Around You* zu hören, ein sehr hübscher Song; *Go Away From My World* war übrigens auch der Titel-Track einer britischen EP, auf der auch ein in den USA unveröffentlicht gebliebener Titel enthalten war: *The Most of What Is Least*.

Schließlich erschien in England das Album «North Country Maid» und in den Staaten «Go Away From My World». Wieder unterschied sich die britische Fassung drastisch von der amerikanischen; sie enthielt vier unveröffentlichte Tracks – *Green Are Your Eyes, Cockleshells, Sunny Goodge St.* und *She Moved Thru the Fair* –, wogegen die amerikanische Fassung *Mary Ann* sowie eine andere Version von *Come My Way* von der ersten britischen Folk-LP und daneben die letzten drei Singles brachte. Die besten Tracks sind neben letzteren die auf einem schottischen Volkslied beruhende Nummer *Wild Mountain Time* (sic!), dann *Sally Free and Easy* (später hervorragend interpretiert von den Trees) sowie ein weiterer Folk-Traditional: *Scarborough Fair*.

Summer Nights markierte das Ende

des kommerziellen Erfolgs von Marianne Faithfull. 1966 brachte sie zwei Singles heraus, die hübsche Nummer *Tomorrow's Calling* und den eher monotonen, von Bob Lind stammenden Titel *Counting* (Lind war damals in England ungeheuer in, man denke etwa an *Mr. Zero* von Keith Relf und anderes). Letztere Single brachte eine in Amerika unveröffentlicht gebliebene B-Seite, *I'd Like to Dial Your Number* – in den Staaten kam die Scheibe mit *Tomorrow's Calling* als Flip heraus. Aus allen diesen Veröffentlichungen wollte nichts werden, aber die amerikanische London machte weiter und brachte im Frühjahr die LP «Faithfull Forever» heraus. Dieses Album war mehr am Erwachsenen-Pop orientiert als alle vorher von ihr erschienenen LPs und brachte so explosive Titel wie *Love Theme from Umbrella of Cherbourgh*, *I Have a Love* und die Abscheulichkeit *Some Other Spring* sowie die britische B-Seite von *Tomorrow's Calling*, *That's Right Baby*, was der Qualität einen gewissen Abbruch tat. Auch *Counting* und *Tomorrow's Calling* sowie Versionen von *Monday Monday* und *Hampstead Incident* (von Donovan, hier *In the Night Time* betitelt, und weit vor Erscheinen der eigenen Version von Donovan) sind auf der LP enthalten.

Das letzte Album von Marianne Faithfull schließlich war «Love-in-a-Mist», mit einem guten Photo der Sängering, die einen geschmacklosen Elvis-Schlips trug; es erschien im Sommer 1966. Auf dieser LP waren sieben neue Stücke zu hören, dazu die Singles *Yesterday*, *This Little Bird* und *Counting* sowie vier Tracks von «Faithfull Forever». Zwei von den neuen Tracks stammten wieder aus der Feder von Donovan, beide erschienen sie wieder weit vor den Donovan-eigenen Fassungen; dazu kamen zwei Songs von Tim Hardy, das süßliche *Our Love Has Gone*, und eine ausgezeichnete Nummer von Jackie DeShannon, *You Can't Go Where the Roses Go*.

Es folgte eine dreijährige Aufnahmepause (mit nur einer Ausnahme), eine Zeit, die Marianne Faithfull mit etlichen schauspielerischen Aktivitäten (bemerkenswert der Streifen «Girl on a Motorcycle») und vor allem mit ihrer problemreichen Beziehung mit Mick Jagger und den anschließenden Eskapaden (Verhaftung wegen Drogenbesitzes, Fehlgeburt et cetera) ausfüllte. Die eine Ausnahme-Aufnahme war aus einer erneuten Zusammenarbeit mit Oldham entstanden, indem sie die berühmte Ronettes-Nummer *Is This What I Get For Loving You Baby* einspielte. Oldham verpaßte ihr eine wahrhaftig Spector-hafte Präsentation mit allem, was dazugehört – einen Dixieland-Instrumentalbreak vor allem –, eine großartige Aufnahme, die aber sowohl in England wie den USA ein geschäftlicher Reinfall wurde. Sie war zugleich auch die einzige neue Aufnahme auf dem Anfang 1969 erschienenen Album «Marianne Faithfull's Greatest Hits» (das vor allem, soweit sich das beurteilen läßt, deswegen veröffentlicht wurde, um am Erfolg der Neubearbeitung von *Scarborough Fair* mitzuverdienen – der Titel wurde denn auch auf dem Album entsprechend in den Vordergrund gestellt).

Im Mai 1969 wurde dann eine von Mick Jagger produzierte Single mit einem unbekannten, aber recht hörbaren Goffin/King-Song, *Something Better* auf der A-Seite, herausgebracht. Die Single blieb erfolglos, wenn auch die B-Seite gelegentlich im Radio zu hören war, das Jagger/Richards-Werk *Sister Morphine* mit seiner sinistren, unheilverkündenden Melodie und dem entsprechenden Arrangement wohl eines der todtraurigsten Vokalstücke, die jemals veröffentlicht worden sind. Marianne wurde dem morbiden Stoff stimmlich perfekt gerecht. Die Platte ist seitdem ein überaus rares Sammlerstück geworden und bis heute die letzte Aufnahme von Marianne Faithfull. 1969 gingen Gerüchte über ein kommendes Album um, aus dem aber nie etwas geworden ist. Später tauchten ab und an Berichte in der Presse auf, Marianne sei wieder mal bei irgendwelchen Dreharbeiten aus den Latschen gekippt, dann wieder, sie sei zum Entzug im Krankenhaus – jedenfalls meist eher Düsteres. Und nichts war davon zu hören, daß es wieder mit ihr aufwärtsginge – ein trauriger Schluß für die Geschichte einer Sängerin, die so manche Teenies in ihr Herz geschlossen hatten.

DISCOGRAPHIE

Singles:
1964: As tears go by/Greensleeves Decca F 11923
1964: Blowing in the wind/House of the rising sun
  Decca F 12007
1965: Come and stay with me/What have I done wrong Decca F 12075
  (D-Decca DL 25176)
1965: This little bird/Morning sun* Decca F 12162

1965: Summer nights/The sha la la song*
  Decca F 12193
  (D-Decca DL 25193)
1965: Yesterday/Oh look around you*
  Decca 12268

1966: Tomorrow's calling/That's right baby
  Decca F 12408
1966: Counting/I'd like to dial your number*
  Decca F 12443
  (D-Decca DL 25273)

1967: Is this what I get for loving you/Tomorrow's calling Decca F 12524
1969: Something better*/Sister Morphine*
  Decca F 12889

EPs:
1965: «Go away from my world» Go away from my world/Greensleeves/Blowing in the wind/The most of what is least* Decca 457049

Verschiedene:
(NB: Es sind einige EPs in Frankreich erschienen, auf denen M. Faithfull auf französisch singt.)

LPs:
1965: «Come my way» Decca LK 468?
1965: «Marianne Faithfull» Decca LK 468?
1966: «North Country Maid» Decca LK 477?
1967: «Love-in-a-mist» Decca 37500?

Dave Dee, Dozy, Beaky, Mick & Tich

Von Ken Barnes

Unter den eingeschworenen Insidern der Londoner Szene der mittsechziger Jahre waren Dave Dee, Dozy, Beaky, Mick & Tich weithin verpönt; sie galten ein für allemal als so etwas wie die zweiten Monkees – und damit basta. In Wirklichkeit verhielt sich die Sache wohl eher so wie beim amerikanischen Image-Problem von Paul Revere & the Raiders; wie jene himmlische Gruppe zielten Dave Dee, Dozy, Beaky, Mick & Tich auf ein breites und sehr junges Publikum, trugen sie schreiend bunte Bühnenanzüge und kaprizierten sich auf allerlei Blödeleien und Gags auf der Bühne (wie den gerne vorgeführten Sprung von Dozy in die Arme von Dave Dee; einmal auch hätte Dave Dee mit seiner Bullenpeitsche Tich beinahe das Ohr abgerissen). Und sie produzierten genau wie die Raiders eine ganze Reihe ultrakommerzieller Pop-Aufnahmen, die in unseren traurigen Zeiten eigentlich ganz munter und manierlich klingen.

Ihr Name – ursprünglich nämlich hieß die Gruppe Dave Dee & the Bostons – entstand aus der Aneinanderreihung ihrer merkwürdigen Spitznamen, und dieser Zungenbrecher war natürlich in der Absicht gewählt worden, den Discjockeys und anderen Pop-Gewaltigen ihren Namen ins Gedächtnis zu hämmern, wenigstens in England. Sie wurden von dem wohlbekannten Gespann Ken Howard und Alan Blaikley gemanagt und gemacht (Howard Blaikley zeichnete für die Kompositionen verantwortlich), die mit den Honeycombs begonnen hatten, den Höhepunkt ihrer Karriere aber erst mit Dave Dee, Dozy, Beaky, Mick & Tich erreichten (später arbeiteten sie mit Gruppen wie den Flaming Youth und schrieben schließlich sogar Elvis seinen 70er Hit *I've Lost You*). Howard Blaikley schrieb alle ihre Singles (die A-Seiten) und viele ihrer LP-Tracks, und obwohl er viel zu sehr mit billigen Effekten arbeitete, gelang es ihm doch irgendwie, ein paar denkwürdige Hardrock-Hits zustande zubringen.

Die erste erfolgreiche Single von Dave Dee, Dozy, Beaky, Mick & Tich war eine einschmeichelnde Beat-Ballade und hieß *All I Want*; sie wurde im Juli 1965 ein kleinerer britischer Hit. *You Make It Move* führte dann das hervorstechende Fuzztone-Fundament des Songs der Gruppe ein; außerdem machte der Song etliche Anleihen bei *Hang On Sloopy* von den McCoys und schnitt schon ein bißchen besser ab. Dann schlug *Hold Tight* in die britischen Charts wie eine Bombe ein, ein Stück, das denselben Fuzztone-Sound nutzte und den Vorschlaghammer-Beat von der Routers-Nummer *Let's Go* bezog, einen grellen Punkrock-Break und unverständliche Lyrics besaß; es kam in England schließlich unter die Top Ten und erzielte auch in den USA regionale Erfolge, speziell in Nordkalifornien. *Hold Tight* war eine ‚lassische Briten-Single der mittsechziger Jahre und etablierte die Gruppe ein für allemal. *Hideaway* war der nächste Tophit, in der gleichen Masche gestrickt; und dann brachten sie in England eine LP voller munter-melodischer Pop-Rocker mit einem Hang zum Hardrock heraus – bis auf die absolut abscheuliche gesprochene Einleitung des berühmten Briten-Discjockeys Kenny Everett –, eine durchweg ausgezeichnete Platte.

Ihr nächste Single war eine sehr auf Billig-Effekte spekulierende Nummer namens *Bend It*, die bei dem Sorbas-Thema genau in die Noten geguckt hatte, in der britischen Fassung aber eine von den tanzbareren Nummern jener Zeit (und, wie Dozy es ausdrückte, ganz auf der Linie des «aggressiven, dezenten Sexy-Sounds, der unser Markenzeichen ist»). *Bend It* wurde in Europa ein massiver Hit, stieß in den USA aber allerorten auf Probleme mit der Zensur, weshalb die Band (oder ihre Manager) einen Entschuldigungsbrief an die «Discjockeys der Nation» schrieben und dem Song einen neuen Text aufdubbten, in dem klarer rauskommen sollte, daß es da ums Tanzen ging (obwohl sie an einer Stelle aus Daffke doch eine versteckte Zweideutigkeit stehen ließen, damit die Leute was zu lachen hatten).

Es half aber alles nichts – sie bekamen keinen einzigen amerikanischen Hit zusammen. In England dagegen behaupteten sie sich in den oberen Regionen der Pop-Charts. Mit *Save Me* setzten sie ihren Billig-Effekt-Trend unverdrossen fort, diesmal mit jeder Menge Latino-Percussion (hört sich heute noch gut an); aber das zweite englische Album, «If Music Be the Food of Love, Prepare for Indigestion», war wieder eine ordentliche Portion hervorragender Pop-Rock mit grundehrlichen, unterhaltsamen Stükken (obwohl die tiefempfundene Liebeserklärung der Gruppe an die Stillen Örtchen ihres Vaterlandes denn doch ein bißchen unter dem Strich lag). *Touch Me Touch Me* markierte die Rückkehr zu dem Fuzztone-Sound, mit dem sie angefangen hatten, eine hübsche Platte; und aus irgendeinem Grund brachte das Stück die amerikanische Fontana dazu, die US-LP «Dave Dee, Dozy, Beaky, Mick & Tich's Greatest Hits» herauszubringen (ein Titel, der etwas an der Wahrheit vorbeiging, weil sie ja noch gar keinen vorzuweisen hatten), eine ausgezeichnete Sammlung der britischen Hits der Gruppe samt vier halbwegs ordentlichen B-Seiten und sonst noch etlichem.

Touch Me war so ungefähr ihre letzte gute Single; mit *Okay* kehrten sie zum – mit Zigeunerklängen angereicherten – Sound von *Bend It* zurück (die europäische B-Seite, *He's a Raver*, war andererseits ein hervorragender, üppiger Rocktitel in bester Liverpool-Tradition), und dann kam *Zabadak*, das bis dahin miesestes Opus, eine mit Worten fast nicht zu beschreibende Aufnahme voller Kaskaden von Percussion-Riffs und Nonsense-Lyrics. Erstaunlicherweise kam die Scheibe (jetzt von Imperial vertrieben) in die amerikanischen Top Sixty; und der Follow-up *Legend of Xanadu* mit seiner melodramatisch-mexikanischen Stierkampf-Musik und seinen Peitschenknallern (weswegen es zu dem obenerwähnten Bühnen-Unglück kam) machte noch kräftigeren Schaum als die bisherigen Fontana-Veröffentlichungen. Völlig verdattert brachte Imperial deshalb das Album «Time to Take Off» heraus, das im großen und ganzen ihrem in England erschienenen Album «If No One Sang» entsprach und leider aus einem wilden Mischmasch diverser miteinander unverträglicher Stilarten – vom Vaudeville über Latin-Music bis hin zu klassischen Middle-of-the-Road-Balladen bestand (zu dieser Kategorie zählte übrigens auch ihre nächste amerikanische Single, *Break Out* – eine schreckliche Angelegenheit).

Um diese Zeit – Mitte 1968 – hatte die Gruppe den Höhepunkt ihres kommerziellen Erfolgs bereits hinter sich; zwar gelangen ihr noch ein paar Treffer (*Last Night in Soho, Wreck of the Antoinette*), aber schließlich gingen Dave Dee, Dozy, Beaky, Mick & Tich doch auseinander. Dave Dee wirkte fortan als Solo-Künstler und brachte ein rundes Dutzend Platten zusammen (wovon eine, es war *Annabella*, von Hamilton, Joe, Frank & Reynolds gecovert wurde – warum, dürfte kein Rätsel sein); der Rest der Gruppe machte als Dozy, Beaky, Mick & Tich weiter, erzielte mit *Mr. President* in England einen Hit und brachte noch einige weitere Platten heraus, einschließlich des ungewohnt sozialkritischen Titels *Tonight Today* (in den USA bei Cotillon erschienen) mit seinen seltsam-düsteren Stimmen im Hintergrund und seiner seltsam rondoförmigen Struktur.

Wenn Dave Dee, Dozy, Beaky, Mick & Tich auch nicht gerade *die* entscheidenden Figuren der Briten-Invasion waren, machten sie doch in den meisten Fällen gute Pop-Aufnahmen und verdienen daher den Underdog-Status, den ihnen ihre «kultivierteren» Landsleute anhängten, eigentlich kaum. Mit ihrem grellen Image und ihren gutartigen Showmanship-Exzessen wirken sie heute fast wie eine Parodie auf die wilden, exzentrischen Mod-Bands von 1964/65; es sieht so aus, als ob sie die Leute vor allem zum Lachen bringen wollten, und sie verbreiteten ansteckend gute Laune um sich. Und nur für den Fall, daß jemand meint, ich hätte es vergessen – hier wären der Vollständigkeit halber noch ihre bürgerlichen Namen: Dave Dee – David Harmon; Dozy – Trevor Davies; Beaky – John Dymond; Mick – Michael Wilson; und Tich hieß Ian Amey.

DISCOGRAPHIE

Dave Dee, Dozy, Beaky, Mick & Tich:
Singles:
1965: No time*/Is it love*   Fontana TF 531
 (D-Fontana 267416)
1965: All I want/It seems a pity*   Fontana TF 586
1965: You make it move/I can't stop   Fontana TF 630
 (D-Fontana 267512)
1966: Hold tight/You know what I want*
   Fontana TF 671
 (D-Fontana 267550)
1966: Hideaway/She's so good*   Fontana TF 711
1966: Bend it/Here's a heart*   Fontana TF 746
1966: Save me/Shame   Fontana TF 775
 (D-Star-Club 148575)
1967: Touch me touch me/Marina   Fontana TF 798
 (D-Star-Club 148582)
1967: Okay/He's a raver   Fontana TF 830
 (D-Star-Club 148585)
1967: Zabadak/The sun goes down   Fontana TF 873
1968: The legend of Xanadu/Please   Fontana TF 903
 (D-Star-Club 148597)
1968: Last night in Soho/Mrs Thursday
   Fontana TF 953
 (D-Fontana 267863)
1968: The wreck of the Antoinette/Margareta Lidman   Fontana TF 971
1969: Don Juan/Margareta Lidman
   Fontana TF 1000
 (D-Fontana 267921)
1969: Snake in the grass/Bora bora   Fontana TF 1020
 (D-Fontana 267939)

Abweichende deutsche Singles:
1966: Hideaway/Here's a heart
   D-Szar-Club 148563
1966: Bend it/You make it move
   D-Star-Club 148568
1966: Hard to love you/No time
   D-Star-Club 148573
1967: I'll love you*/Things go better with coke*
 (B-Seite mit Petula Clark, Ray Charles & Supremes)   Coca Cola promo 105112
1967: Zabadak/Nose for trouble
   D-Star-Club 148595
1968: The wreck of the Antoinette/Still life
   D-Fontana 267888

EPs:
1967: «*Loos of England*» Loos of England/Over and over again//Nose for trouble/All I want to do
   Fontana TE 17488

LPs:
1966: «*Dave Dee, Dozy, Beaky, Mick and Tich*»
   Fontana TL 5350
 (D-Star-Club 158027)
1966: «*If music be the food of love*»   Fontana TL 5383
 (D-Star-Club 158030)
1967: «*A plea for sanity/DDDBMT*»
   Fontana SFL 13002
1967: «*Golden hits of DDDBMT*»
   Fontana TL 5441
1968: «*If no one sang*»   Fontana TL 5471
 (D-Fontana 886478)
1968: «*The legend of DDDBMT*»
   Fontana SFJL 13063
 (D-Fontana 701702)
1969: «*Together*»   Fontana SFJL 13173
 (D-Fontana 701751)

Dave Dee solo:
Singles:
1970: My woman's man*/Gotta make you*
   Philips 6007003
 (D-Philips 6007003)
1970: Annabella*/Kelly*   Philips 6007021
 (D-Fontana 6007021)
1970: Everything about her*/If I believed in tomorrow*   Philips 6006061
 (D-Fontana 6006061)
1971: Wedding bells*/Sweden*   Philips 6006100
 (D-Philips 6006100)
1971: Hold on*/Mary morning mary evening*
   Philips 6006154
 (D-Philips 6006154)
1971: Swingy*/Don't you ever change your mind*   Philips 6006180

Dozy, Beaky, Mick and Tich solo:
Singles:
1969: Tonight today*/Bad news*
   Fontana TF 1061
 (D-Fontana 267970)
1970: Mr President/Frisco Annie*
   Philips 6006002
1970: Festival*/Leader of a rock 'n' roll band
   Philips 6006066
 (D-Philips 6006066)
1971: I want to be there*/For the use of your son*
   Philips 6006114
 (D-Philips 6006114)
1972: The hair sing my song*/Soukie*
   Philips 6006198

LPs: «*Fresh ear*»   Philips 6308029
 (D-Philips 6308029)

The Troggs

Von Greg Shaw

Die Troggs waren in der britischen Invasion ziemlich spät dran – sie kamen erst 1966, im Jahr des Übergangs. Der Underground begann sich zu regen, die Cream waren schon formiert, Hendrix ließ grüßen; aber der englische Pop wurde immer noch von Gruppen dominiert, die direkt vom Merseybeat herkamen und ihm vom Sound her viel verdankten – Gruppen wie Dave Dee, Dozy, Beaky, Mick & Tich, die Small Faces, die Move, die Who, die diversen Produktionen von Jonathan King und die Troggs (die Beatles, Stones, Kinks usw. gar nicht mitgerechnet, die immer noch aktiv waren, aber längst in eine eigene Richtung marschierten und zu keinem bestimmten lokalen Stil oder einer speziellen Szene mehr gehörten).

Die Gruppen dieser Periode hatten im allgemeinen einen weniger spontanen Sound als ihre Vorgänger – in vielen Fällen war ihr Stil das Ergebnis kühler, manipulativer Berechnung, die Wurzel dessen, was aus dem Pop werden sollte, nachdem die bereits absehbare Trennung von der Underground-Fraktion vollzogen war, und was er bis heute – trotz der jüngsten Wiederannäherung – auch geblieben ist. Für die Auseinandersetzung mit diesem Typ von Pop, ob es sich um die Partridge Family oder das Electric Light Orchestra handelt, gelten andere Maßstäbe als die, an denen Rock normalerweise gemessen wird. Die bloße Tatsache, daß ein Song «gemacht», also kühl kalkuliert wurde, sollte ihm eigentlich nicht vorgeworfen werden – wir sollten uns nur fragen, *wie gut* er gemacht oder konstruiert wurde, denn da liegen die eigentlichen Fragen und Qualitäten.

Die Troggs siedelten sozusagen im Parterre des Bubblegum-Rock, und wie ihre frühen amerikanischen Entsprechungen (etwa Ohio Express) waren sie stark im Punk-Rock verwurzelt, was ihrer Musik eine Vitalität gab, der spätere Bubblepop-Gruppen nichts entgegenzusetzen hatten. Sie wurden «gemacht» und gemanagt von Larry Page, der schon einige Zeit als Produzent diverser R&B- und Popgruppen zugange war, und es war der frühe Erfolg der Troggs, der es Page ermöglichte, sein eigenes Label zu gründen – Page One –, das später zu einem der fruchtbarsten Single-Labels in England werden sollte.

Die Troggs bauten ihren Sound auf einem massiven Beat, lautem Bass, konstantem Fuzztone, rotzigen Vocals und zweideutigen Texten auf. Diese Richtung haben sie nie aufgegeben (*Feels Like a Woman*, 1972 erschienen, ist ihr bisher punkigstes Stück, wenn es da überhaupt eine Steigerung gibt), und während sie sich gelegentlich wie die Archies anhörten, konnten sie beim nächsten Stück schon wieder wie die Standells klingen. Zu ihren frühen Aufnahmen gehörten Songs von Chuck Berry wie *Jaguar and the Thunderbird* und *Little Queenie*, *Mona* von Bo Diddley und – um zu beweisen, daß sie wußten, was sie wollten – auch *Louie Louie*. Von ihnen stammten di

Erstaufnahmen von *Anyway That You Want Me* (ein Hit für Evie Sands) und *Evil Woman* (dito für Spooky Tooth). Sie hatten einige profunde Pleiten, das ist wohl wahr, aber alles in allem waren die Troggs weit besser und viel kreativer, als man ihnen im allgemeinen zuschreibt, selbst von seiten der Punk-Rock-Brigade.

Außerdem ist ungewöhnlich viel Material von ihnen niemals in den USA veröffentlicht worden. Ein ganzes Album mit sanfteren Troggs-Titeln, es heißt «Cellophane», ist bis auf einen einzigen Song, *Love Is All Around*, bis heute nicht erschienen. Dieses Album enthält zwei Klassiker, *All of the Time* und die hervorragende Rock-Nummer *Seventeen*. Auch die meisten Titel von «Trogglodynamite» sind amerikanischen Ohren ebenfalls fremd geblieben. Dann gibt es – neben zwei «Greatest Hits»-Alben – eine weitere englische LP, auf der die meisten späten Singles versammelt sind, die heute – obwohl in den USA erschienen – so gut wie nicht mehr aufzutreiben sind. Große Balladen wie *You Can Cry If You Want To*, der Tobsuchts-Titel *The Raver*, das insistierende *Lover* und ihre möglicherweise beste Aufnahme, *Surprise Surprise*, mit einem wirklichen «Marquee»-Rave-up am Schluß (bei dieser Aufnahme saß übrigens Nicky Hopkins am Piano).

Von den Singles, die hier bei uns nicht erschienen sind, ist *Maybe the Madman* von 1968 vielleicht die gesuchteste. Sie nämlich hält einen seltenen psychedelischen Moment der Troggs fest, ein wahrhaftes Produkt seiner Zeit und doch ebensosehr eine gelinde Parodie wie *Mr. Universe* von den Episode Six. Ebenfalls eine irre Aufnahme übrigens. Genauso irre ist ein Song, der auf dem Album «Mixed Bag» zu hören ist.

Der Song heißt *Purple Shades* – und «bizarr» ist das einzig angemessene Wort dafür. Es ist ihr *Lucy in the Sky With Diamonds*. Textprobe: «Bamboo butterflies, twice their normal size, floating around in my mind ...» Die Begleitung ist typisch Troggs, nicht freakig wie bei *Maybe the Madman*, aber so, daß sie nur noch zur seltsamen Atmosphäre dieses Titels beiträgt.

Ebenfalls auf diesem Album zu hören ist *Marbles and Some Gum*, das nie in den USA erschienen ist, sowie ein weiterer rätselhafter Cut. Er heißt *Off the Record* und gewährt wie «Our Favorite Recording Sessions» von den Beach Boys einen Blick hinter die Kulissen; man ist dabei, wie die Musiker miteinander reden, Witze reißen oder sich sonstwas heißen. Ich weiß nicht, wo man dieses Album heute noch auftreiben könnte – Troggs-Fans, die ihr es habt, laßt euch erweichen!

Aber selbst mit dieser Platte sind wir längst nicht am Ende dessen angekommen, was es zu den Troggs noch zu bemerken gibt. Es gibt sie immer noch, sie hatten letztes Jahr in Südafrika mit *Everything's Funny* einen Hit (das war die Ballade, die ihnen ihre Plattenfirma als A-Seite von *Feels Like a Woman* aufgedrückt hatte), und Interviews zufolge haben sie sich dazu entschlossen, ihren Fuzztone-Stil wiederaufleben zu lassen.

Ich persönlich bin der Ansicht, daß sie sehr bald wieder dasein werden. Sie waren ihrer Zeit eben sechs Jahre voraus, das war der springende Punkt. Der Werbetext auf dem Cover von «Cellophane» führte 1967 aus:

«Die Troggs sind die Zukunft des Pop. Es gibt immer noch zu viele Zyniker, die sie für einen Witz halten. Aber in den letzten paar Monaten psychedelischer und elektronischer Hysterie waren sie es, die still und leise ehrlichen Rock 'n' Roll und sanfte Balladen gemacht haben. Sie haben keine großartige Philosophie, keine Anweisungen für ein glücklicheres und ausgefüllteres Leben anzubieten – sie wollen nur schlicht und einfach daran erinnern, daß es wohl doch gar keine so schlechte Idee sein kann, Spaß zu haben, zu tanzen und das Leben zu genießen. Und das ist der Grund, warum es die Troggs gestern gab, warum es sie heute gibt und warum es sie übermorgen immer noch geben wird.»

Besser hätte ich es auch nicht sagen können.

DISCOGRAPHIE

The Troggs:
Singles:
1966: Lost girl*/The yella in me — CBS 202038
1966: Wild thing/From home — Fontana TF 689
1966: With a girl like you/I want you — Fontana TF 717 (D-Hansa 19016)
1966: I can't control myself/Gonna make you — Page One 001 (D-Hansa 19080)
1966: Anyway that you want me/66-5-4-3-2-1 — Page One 010 (D-Hansa 19254)
1967: Give it to me/You're lying — Page One 017 (D-Hansa 19340)
1967: Night of the long grass/Girl in black — Page One 022 (D-Hansa 19556)
1967: Hi hi Hazel/As I ride by* — Page One 030 (D-Hansa 19674)
1967: Love is all around/When will the rain come* — Page One 040 (D-Hansa 19808)
1968: Little girl/Maybe the madman — Page One 056 (D-Hansa 19060)
1968: Surprise surprise/Marbles and some gum — Page One 064 (D-Hansa 14034)
1968: You can cry if you want to/There's something about you — Page One 082 (D-Hansa 14111)
1968: Hip hip hooray/Say darlin'* — Page One 092 (D-Hansa 14155)
1969: Evil woman/Sweet Madelaine* — Page One 114 (D-Hansa 14233)
1970: Easy loving/Give me something* — Page One 164 (D-Page One 14528)
1970: Lover/Come now* — Page One 171 (D-Page One 14603)
1970: The raver/You — Page One 182 (D-Page One 14747)
1971: Last weekend/Let's pull together — DJM 248 (D-Page One 10081)
1972: Everything's funny/Feels like a woman — Pye 45147 (D-Pye 12186)

Abweichende deutsche Singles:
1966: Wild thing/Lost girl* — D-Hansa 18940
1969: Jingle jangle/No. 10 Downing Street — D-Hansa 14418
1969: I don't know why*/That's what you get girl* — D-Page One 14363

EPs:
1967: «Troggs Tops No. 1» Wild thing/From thing/From home//With a girl like you/I want you — Page One POE 001
1967: «Troggs Tops No. 2» Anyway that you want me/I can't control myself//Cousin Jane/Gonna make you — Page One POE 002

LPs:
1966: «From nowhere» — Fontana TL 5355
1967: «Trogglodynamite» — Page One POL 001 (D-Hansa 75491)
1967: «Cellophane» — Page One POL 003 (D-Hansa 77261)
1967: «The best of the Troggs» — Page One FOR 001
1968: «The best of the Troggs Vol 2» — Page One FOR 007
1968: «Mixed bag» — Page One POLS 012 («Hip Hip Hooray») — D-Hansa 78595)
1969: «Trogglomania» — Page One POS 602
1971: «Contrasts» — DJM DJB 26009

Abweichende deutsche LPs:
1966: «From nowhere» — D-Hansa 74899
1967: «Best of the Troggs» — D-Hansa 76709
1968: «Little girl – the top of the Troggs Vol. 2» — D-Hansa 77817
1969: «Trogglomania» — 76200

Reg Presley solo:
1969: Lucinda Lee*/Wichita Lineman* — Page One 131 (D-Hansa 14336)
1970: Let's pull together*/Young and beautiful* — Page One 170 (D-Page One 14602)

Ronnie Bond solo:
1969: Anything for you*/Carolyn* — Page One 123

Chris Britton solo:
1969: «As I am»-LP — Page One POLS 02

... und abschließend noch etwas aus der Prä-Trogglodynamites-Zeit ...

Ten Feet Five (feat. Pete Staples & Chris Britton):
1965: Send me no mor lovin'*/Baby's back in town* — Fontana TF 57

The Sorrows, Don Fardon und Miki Dallon

Von Greg Shaw

«Miki Dallon ist der logische Nachfolger von Elvis ...»
Steve Sholes

Einer der beachtlichsten Sounds von 1965 war *Take a Heart* von den Sorrows. Dieser von einem lauten und harten Bass-Puls bestimmte Song brachte eine Melodie, die wie ein einziges wildes Gitarrensolo klang, und der knallharte Gitarrenpart hätte direkt von den frühen Yardbirds stammen können. Eine sensationelle Platte also, der die genauso sensationellen Titel *Let the Live Live* und *You Got What I Want* folgten, die wie eine Super-Session mit den Yardbirds, Small Faces und den Standells klangen. Außerdem brachten die Sorrows eine Menge weiterer Singles heraus, von denen keine mehr diese Klasse erreichte, sowie eine LP, bis dann ihr Sänger seinen Hut nahm, um eine Solokarriere anzufangen.

Die Sorrows bestanden aus Pip Whitcher (Leadgitarre), Philip Packham (Bass), Bruce Finley (Drums), Wez Price (Rhythmusgitarre) und Don Maughn (Gesang). Alle ihre guten Songs – wozu übrigens auch *She's Got the Action* gehört – waren von einem sehr jungen Mann geschrieben worden – Miki Dallon, der sich bald zu einem der besten englischen Produzenten mausern sollte. Auf ihrem Album ist auch eine Aufnahme des Strangeloves-Titels *Cara-Lin* und eine denkwürdige Parodie auf die Dylan/Donovan-Folkies zu hören – *Don't Sing No Sad Songs For Me*. Von allem, was sie je produziert haben, ist nur die Single mit *Take a Heart* in den Staaten erschienen.

1967 verließ Maughn die Sorrows, nannte sich fortan Don Fardon und nahm unter der Leitung von Dallon auf. Er war schließlich einer der ersten Künstler des 1969 gegründeten Dallon-Labels Young Blood. Fardon erzielte mit einem Cover von *The Letter* von den Box Tops einen sofortigen Hit auf dem europäischen Kontinent und war sogar mit einem Remake von *Take a Heart* kurzzeitig in den US-Charts vertreten. Dann ist natürlich auch noch sein Welthit *Indian Reservation* zu erwähnen. Die Idee, diesen Loudermilk-Titel mit einem harten Beat zu bringen, kam von Dallon, und – der Sound erinnerte auf seltsame Weise an den stampfenden Beat von *Take a Heart*. Von Fardon ist in den USA bei GNP Crescendo ein Album mit Indian Reservation und diversen Eigenkompositionen von Fardon und Cover-Versionen von Hits erschienen.

Dieser LP folgte bei Decca eine zweite mit ein paar Covers von Bubblegum-Songs und einem Remake von *Let the Live Live*. Irgendwie können sie einfach nicht die Finger von diesen alten Sorrows-Hits lassen, obwohl die Originale nicht zu erreichen sind. Dallon selbst spielte *Take a Heart* ein; die B-Seite war *You Got What I Want*; er ließ sich von den Boys Blue begleiten (in den USA bei ABC erschienen) und brachte es sogar zu einer eigenen, wenn auch kurzen Plattenkarriere, die aus mindestens zwei Singles bestand, die eine ein großartiges und wildes Stück namens *I'll Give You Love* (In den USA bei RCA erschienen). Fardon und Dallon sind nach wie vor zusammen, und aus den Young Blood Records ist ein blühender Konzern geworden, obwohl es schon einige Zeit her ist, daß Fardon seine besten Hits hatte. Aber wie wär's denn beispielsweise mal mit einem Remake von *You Got What I Want?*

DISCOGRAPHIE

The Sorrows: (für die Zeit mit Don Maughn alias Don Fardon)
Singles:
1964: I don't wanna be free / Come with me
Piccadilly 35193
1965: Baby / Teenage letter   Piccadilly 35230
1965: Take a heart / We should get along fine
Piccadilly 35260
(D-Pye DV 14414)
1965: You got what I want / No no no no
Piccadilly 35277
1966: Let the live live / Don't sing no sad songs for me   Piccadilly 35309
1966: Let me in / How love used to be
Piccadilly 35336
1967: Pink Purple yellow and red / My gal
Piccadilly 35385

Abweichende deutsche Singles:
1965: Nimm mein Herz / Sei mein girl (NB: Piccadilly 35260 mit deutschem Text)   D-Pye DV 14449

Verschiedene:
1965: Mi si spezza il cuore / Vivi (NB: Take a heart und Baby mit italienischem Text)   I-Pye NP 5086
1966: Verde rosso gialli blu / No no no no (NB: Pink purple yellow and red und No no no no mit italienischem Text)   I-Pye NP 5122

LPs:
1965: *«Take a heart»*   Piccadilly NPL 38023

Boys Blue:
Singles:
1965: Take a heart / You've got what I want
HMV 1427

Don Fardon: (In der Regel sind mir nur die deutschen Veröffentlichungen bekannt)
Singles:
1967: Indian reservation / Dreamin' room
Piccadilly 25437
1967: The letter / Day Tripper   D-Hitton 300125
1967: Treat her right / Goodbye   D-Hitton 300157
1968: Take a heart / We can make it together
D-Vogue DV 14817
1968: Gimme gimme good lovin' / Sunshine woman   D-Vogue DV 14852
1969: Running bear / I need somebody
D-Vogue DV 14860
1969: I'm alive / Keep on loving me
D-Young Blood DV 14923
1969: Nice loving you / Live live (= Let the live live)
D-Young Blood DV 14972
1970: Belfast boy / Echoes of the cheers
D-Young Blood DV 11035
1970: Indian reservation / Hudson Bay
D-Young Blood DV 11133
1970: Girl / San Diego   D-Young Blood DV 11179
1971: Follow your drum / Get away John
D-Young Blood DL 25487
1972: Belfast boy / Devils Well
D-Young Blood DL 25515
1973: Superwoman / Miami sunset
D-Young Blood DL 25582
1974: Don't do that / Riverboat
D-Young Blood 6.11505

LPs:
1967: *«Don Fardon»*   Decca
1970: *«The rock 'n' roll sound of Don Fardon»* (NB: Eine Seite live, eine Seite Studio)   Mfp 5279

Verschiedene:
1967: How do you break a broken heart / Captain man / Sally goes round the moon / / Mr. Stationmaster auf *«The lament of the Cherokee Indian Reservation»*-LP   US-GNP Crescendo 2044
1969: I get so excited auf *«Young Blood Vol. 1»*-Sampler-LP   Young Blood SBYB 1

Miki Dallon:
1965: Do you call that love / Applle pie   RCA 1438
1965: I care about you / I'll give you love (NB: B-Seite mit den *Sorrows* als Sessionmen)
(D-RCA 47-8649)
1966: Cheat and lie / I'm gonna find a cave   Strike 306
(D-Vogue DV 14543)
1966: What will your mama say / Two at a time (NB: Der Neil Christian backing track mit neu zugemischter Gesangsspur)   Strike 318

Als **Miki's Music Machine**
Singles:
1969: Back in the U.S.S.R. part 1 / Back in the U.S.S.R. part 2   D-Vogue DV 14890

Jonathan King

Von Greg Shaw

Weil er den Rock mit einzigartiger Weitsicht als kalkuliert-trendbewußten Pop-Plunder auffaßte, wurde Jonathan King zum ersten Großmeister des britischen Bubblegum. Seine Musik war 1966 überall zu hören, und obwohl er in den Underground-Jahren nicht gerade ernst genommen wurde, haben sich seine Platten stets verkauft – und heute, oder so ungefähr seit letztem Jahr, hat seine Auffassung angesichts des Umstands ihre endgültige Bestätigung erfahren, daß sein neues Label U. K. das fünftgrößte Englands ist, jedenfalls vom Umsatz her. Er ist der englische Mike Curb, Terry Knight und Kim Fowley, und das alles auf einmal.

Mit dem Merseybeat hatte er nicht viel zu tun, wenn man mal davon absieht, daß sein Durchbruch in das letzte Hoch der Mersey-Ableger fiel und daß er den Pop als solchen schätzte, aber das reicht ja auch schon. Seine erste Gruppe waren die Bumblies, wobei es sich mit an Sicherheit grenzender Wahrscheinlichkeit nicht um die Gruppe handelt, aus der später die Cryin' Shames hervorgegangen sind. Er schrieb einen Song namens *Everyone's Gone to the Moon*, zu dessen Aufnahme ihm Tony Hall von Decca riet. Er tat's, und der Titel wurde Ende 1965 ein weltweiter Hit, der von dem Protest-Trend profitierte, auf den der Folk-Rock aufgepflanzt worden war. Die englische Protest-Musik war charakteristischerweise verlogener und aufgesetzter als ihr amerikanisches Gegenstück, und Jonathan King trieb das mit Orchester-Backgrounds und reinen Pop-Arrangements bis zum Extrem. Sein Stil war damit von Anfang an etabliert.

Round and Round war seine wohl beste Leistung in diesem Genre; diesem Titel folgte *It's Good News Week*, den er selbst aufnahm und für die Hedgehoppers Anonymous zu einem Hit machte, eine Gruppe, die aus fünf ehemaligen Angehörigen der Royal Air Force bestand, die seine ersten Schützlinge wurden und bis zu ihrer Auflösung Anfang 1967 eine Handvoll Singles unter seiner Schirmherrschaft hatten. *Good News Week* klingt nach heutigen Maßstäben für einen Protestsong ziemlich harmlos, wurde aber in den USA fast überall verboten, hauptsächlich wegen der Zeilen: «It's good news week, lots of blood in Asia now; they've butchered off the sacred cow, they've got a lot to eat». Es war schließlich immerhin das Jahr, als *Ballad of the Green Berets* die Nummer eins in Amerika war.

Mit dem Erfolg dieser Platte verlor Jonathan King zu einem gut Teil die Lust am Selber-Singen, obwohl er dann doch mit einiger Regelmäßigkeit immer wieder selbst Aufnahmen machte, und das neben seinen zahlreichen Produktionen. Er hat sich stets an den neuesten Trends orientiert, wie schon seine Titel zeigen – *Let It All Hang Out, Colloquial Sex, I Don't Want to Be Gay* ... Und 1966 wurde Jonathan King dann auch noch eine der umstrittensten Medienpersönlichkeiten des Vereinigten Königreichs, und zwar wegen seiner Radiosendung bei der BBC, besonders aber wegen seines wöchentlichen Kommentars in «Disc», wo er Andrew Oldham als den amtierenden Meinungs-Egoisten ablöste. Er äußerte viel Unpopuläres und bekam jede Menge Haß-Post. Aber er war eines der führenden «Gesichter» jener Tage, eine der einflußreichsten Figuren im englischen Pop von 1966, und er ist es bis heute geblieben.

DISCOGRAPHIE

Singles:
1965: Everyone's gone to the moon / Summer's coming　Decca F 12187
1965: Green is the grass / Creation　Decca F12237
1965: Where the sun has never shone / Don't talk to me of protest　Decca F 12286
1966: Just like a woman / The land of the golden tree　Decca F 12457
1966: Icicles / In a hundred years from now　Decca F 12517
1967: Seagulls / Take a look at yourself babe　Decca F 12540
1967: Round and round / Time and motion　Decca F 12589
1969: Let it all hang out / Colloquial sex　Decca F 12988
1970: Million dollar bash / City of angels　Decca F 13009
1970: Cherry cherry / Gay girl　Decca F 13069

LPs:
1967: *Or then again*　Decca SLK 4908

NB: Jonathan King arbeitete auch unter verschiedenen Pseudonymen, z. B. Piglets, Shaketen u. a.

Pinkerton's Assorted Colours

Von Greg Shaw

Pinkerton's Assorted Colours war eine Gruppe, die zwar sicher irgendwo vom Kingschen Pop-Stil beeinflußt, aber letzten Endes doch mehr eine späte Blüte des Liverpool-Pop war. Sie bestand aus Samuel Pinkerton Kempe, David Holland, Tony Newman, Barrie Bernard und Tom Long. Entdeckt wurde Pinkerton's Assorted Colours von Reg Calvert – dem Boß eines Piratensenders, der nebenher auch die Fortunes managte – in einem Tanzschuppen in Rugby. Auf der Bühne trugen sie verschiedenfarbige Anzüge, sie trugen Kurzhaar nach Mod-Art und ließen gern das Cembalo erklingen. Sie machten von Anfang 1966 bis Ende 1968 sechs gute, leichtverdauliche Pop-Singles (das «Assorted» strichen sie 1966 aus ihrem Gruppennamen), hatten aber nur einen Hit, *Mirror Mirror*. Der Titel kam auf Platz neun der englischen Charts.

Pinkerton's Assorted Colours:
Singles:
1965: Mirror mirror/She don't care   Decca F 12307
(D-Decca DL 25229)
1966: Don't stop loving me baby/Will ya
Decca F 12377

Als **Pinkerton's Colours:**
Singles:
1966: Magic rockin' horse/It ain't right
Decca F 12493
1967: Mum and dad/On a street car   Pye 17327
1968: There's nobody I'd sooner love/Duke's jetty   Pye 17414
1968: Kentucky woman/Behind the mirror
Pye 17574

The Riot Squad

Von Greg Shaw

Die Riot Squad war ebenfalls eine der vielen Gruppen, die in der Übergangszeit kurz auftauchten und schnell wieder untergingen. Sie nahmen von Anfang 1965 bis Ende 1966 sieben Singles auf und waren im Grund eine Studiogruppe, die von Larry Page und/oder Joe Meek «gemacht» wurde, Rivalen von Jonathan King im Bubblepop-Genre, obwohl sie, was die Phantasie anging, nicht an ihn herankamen. Zu den ständigen Mitgliedern der Gruppe gehörten Bob Evans, Terry Clifford, «Nero», «Butch» Davis, Dell Roll und Rodger Crisp, obwohl zeitweise auch Jon Lord, Mitch Mitchell und Graham Bonney mitmischten (Bonney hatte übrigens 1966 mit *Supergirl* einen kleineren eigenen Hit). Nur zwei von ihren Platten sind in den Staaten erschienen, und die eine von den beiden, *Gonna Make You Mine* auf Roulette, ist ein R&B-angehauchtes Stück im Stil von Graham Bond und eigentlich ganz ordentlich.

DISCOGRAPHIE

Singles:
1965: Anytime/Jump — Pye 15752
1965: I wanna talk about my baby/Gonna make you mine — Pye 15817
1965: Nevertheless/Not a great talker — Pye 15869
1966: Cry cry cry/How is it done — Pye 17041
1966: I take it that we're through/Working man — Pye 17092
1966: It's never too late to forgive/Try to realise — Pye 17041
1967: Gotta be a first time/Bitter sweet love — Pye 17237

Chris Andrews

Von Greg Shaw

Chris Andrews, dieser Name war das ganze Jahr 1966 in England durchaus geläufig. Er fing als Front-Star der Gruppe The Ravers an, unter dem Namen Chris Ravell (eine Single 1963 erschienen), und wirkte dann als Songwriter für die Four Seasons, Eddie Rambeau und viele andere. Schließlich wurde er von Adam Faith aufgelesen und schrieb dessen ganzes 1964 erschienenes Material, einschließlich des Hits *It's Alright*. 1965 schrieb er Hits für Sandie Shaw, darunter die Nummern *Girl Don't Come* und *Long Live Love*. Seine erste Solo-Aufnahme war *Yesterday Man* und kam in England auf den dritten Platz, in den USA immerhin auf Platz 94. Er ließ diesem Titel *To Whom It May Concern* folgen, der Platz 13 erreichte, und verschwand nach ein paar weiteren Singles wieder unbemerkt von der Szene. Seine Aufnahmen waren ausgezeichnete Pop-Balladen mit einer starken Merseybeat-Basis.

DISCOGRAPHIE

Singles:
- 1965: Yesterday man / Too bad you don't want me Decca F 12237 (D-Vogue DV 14429)
- 1965: To whom is may concern / It's all up to you now Decca F 12285 (D-Vogue DV 14446)
- 1966: Something on my mind / I'll do the best I can Decca F 12365
- 1966: Whatcha gonna do now / Lady oh lady Decca F 12404
- 1966: Stop that girl / I'd be far better off without you Decca F 12472
- 1966: That's what she said / Write it down Decca F 12521
- 1967: I'll walk to you / They've all got their eyes on you Decca F 12597 (D-Vogue DV 14632)
- 1967: Hold on / Easy Decca F 12668
- 1968: Man with the red balloon / Keep your mind on the right side Pye 17617
- 1969: Pretty Belinda / Make no mistakes Pye 17727 (D-Vogue DV 14870)
- 1969: Carole ok / Somebody loves you Pye 17887 (D-Vogue DV 14970)
- 1970: Yo yo / Hey babe Pye 17958

Abweichende deutsche Singles:
- 1966: Something on my mind / Lady oh lady D-Vogue DV 14530
- 1966: Stop that girl / Whatcha gonna do now D-Vogue DV 14549
- 1966: You're gonna like this / Write it down D-Vogue DV 14604
- 1969: Mit unserm Glück ist alles ok / Mitten im Winter D-Vogue DV 14971
- 1969: Brown eyes / Hello honey pie D-Vogue DV 11023
- 1970: Braune Augen schau'n mich an / Hallo, Honey Hi! D-Vogue DV 11028

The Beatstalkers

Von Greg Shaw

Die Beatstalkers waren eine schottische Gruppe und haben einige der besseren Singles zu dieser Ära beigetragen. Ihr Sound war poppiger R & B mit Betonung auf der Orgel. *Everybody's Talkin' About My Baby* war – im Oktober 1965 – ihre Ersterscheinung und zugleich eine ihrer besten. Mein Lieblingstitel ist *Left Right Left* mit seinem schweren, hämmernden Beat und einem Vocal-Sound wie von Stevie Winwood. Die Gruppe bestand aus Eddie Campbell, Ronnie Smith, Joe Gaffney und «Tudge» Williamson und wurde von Denny Cordell produziert.

 DISCOGRAPHIE

Singles:
- 1965: Everybody's talkin' 'bout my baby / Mr Disappointed   Decca F 12259
- 1966: You better get a hold on / Left right left   Decca F 12352
- 1966: A love like yours / Base line   Decca F 12460
- 1967: Ain't got no soul / My one chance to make it   CBS 2732
- 1967: Silver tree top school for boys / Sugar chocolate man   CBS 301?
- 1968: Rain coloured roses / Everything is you   CBS 355?
- 1969: When I'm five / Little boy   CBS 393

Episode Six

Von Greg Shaw

Eine meiner Lieblingsgruppen aus dieser Zeit. Sie hatten ein All-Star-Line-up: Ian Gillian und Roger Glover (Deep Purple), Graham und Sheila Carter-Dimmock, Harvey Shield, Tony Bareham und Mick Underwood (Herd, Ex-Outlaw). Nur vier ihrer neun erschienenen Aufnahmen sind auch in den USA veröffentlicht worden, und sie sind alle derart unterschiedlich, daß man schon sagen kann: Das muß die eklektizistischste Gruppe von ganz England gewesen sein. Sie kümmerten sich besonders stark um die Produktion und die Struktur ihrer Songs und schienen den Wert einer wirklich dichten, stimmigen Single erkannt zu haben.

Ihre zweite Veröffentlichung war die hervorragende Ballade *I Hear Trumpets Blow* – das Original stammte von den Tokens. Als nächstes kam *Here There and Everywhere*, ein Beatles-Titel; auf der B-Seite war *Mighty Morris Ten*, eine Hot-Rod-Nummer nach dem Muster der Hondells und meines Wissens die einzige Platte dieser Art, die jemals in England aufgenommen worden ist. Übrigens auch recht ordentlich. Das war Ende 1966. Dann kam *Love-Hate-Revenge*, ein kraftvoller Folkrock-Titel, der in den USA bei Elektra erschienen ist – es lohnt sich, nach dieser Scheibe zu suchen. Ihre nächste Veröffentlichung war *Morning Dew*, eine hübsche Folkrock-Ballade, die hier bei uns auf Compass erschienen ist. Die einzige Platte, die noch von ihnen in den USA auf den Markt kam, war *Mr. Universe* (Ende 1968 bei Chapter One erschienen), entweder die prätentiöseste Aufnahme aller Zeiten oder aber eine bemerkenswert treffsichere Parodie der damaligen Modeplatten, die «den Sinn des Lebens» zu deuten sich anmaßten. Denn im Refrain wird immer wieder gefragt: «Am I just a bubble in your beer, Mr. Universe?» Und dann gab es noch eine zweite Erscheinung auf Chapter One, mit dem Titel *Mozart Versus the Rest*. Schade, daß ich sie nicht kenne, aber ich kann mir schon vorstellen, wie sie sich anhört!

DISCOGRAPHIE

Episode Six
Singles:
1966: Put yourself in my place / That's all I want Pye 7n 17018
1966: I hear trumpets blow / True love is funny Pye 7n 17110
1966: Here, there and everywhere / Mighty Morris Ten Pye 7n 17147
  (D-Pye HT 300020)
1967: Love-hate-revenge / Baby baby baby Pye 7n 17244
1967: Morning dew / Sunshine girl Pye 7n 17330
  (D-Pye HT 300118)
1967: I can see through you / When I fall in love Pye 7n 17367
  (D-Pye HT 300139)
1968: Lucky Sunday / Mr. Universe Chapter One 103
  (D-Chapter One 103)
1969: Mozart versus the rest / Jak D'Or Chapter One 104
  (D-Chapter One 104)

Als The Episode:
1968: Little one / Wide smiles MGM 1409
  (D-MGM 61197)

The Beatles

Von Greg Shaw

Über die Beatles gibt es ja inzwischen fast nichts mehr zu sagen – alles und jedes ist dokumentiert, und es wäre sinnlos, das hier noch einmal wiederzukäuen. Es gibt aber durchaus noch Blickwinkel, aus denen sie noch nicht analytisch verhackstückt worden sind.

Sie waren für die zweite Ära des Rock 'n' Roll das, was Elvis für die erste war, und im großen und ganzen aus dem gleichen Grund. Die Leute fragen sich manchmal, warum Elvis zum einigenden Symbol dieser ganzen Epoche wurde, wo es doch in Memphis auch noch andere (und, wie manche sagen, bessere) Sänger gab – von Carl Perkins bis Charlie Feathers. Das wissen wir natürlich alle. Es war sein Sex-Appeal in Verbindung mit einer Nase für Stil und Effekt und einem Image, das genau das brachte, was die Zeit verlangte. Elvis wurde zu einem Symbol der Verweigerung, weil er diesen Part in Aussehen und Auftreten überzeugend spielte, und er wurde – aus dem gleichen Grund – zum Liebesobjekt. Und man darf natürlich auch die Grundvoraussetzung nicht vergessen – seine Musik war Spitze.

Auch die Musik der Beatles war unbestreitbar Spitze, unzweifelhaft besser in jenem Jahr 1963 als die jeder anderen Band in Liverpool. Mit Songs wie *She Loves You* und anderen aus dieser Zeit boten sie eine ungebremste Energie und einen unerschütterlichen Enthusiasmus, an die mit Ausnahme von Dave Clark niemand herankam. Diese Eigenschaften waren ein ganz wesentlicher Bestandteil des Teenie-Bewußtseins der frühen sechziger Jahre, zusammen mit der einsetzenden Lust an der Aufmüpfigkeit und einem Hang zum kulturellen Abenteuer, dem die Beatles ebenfalls von Anfang an frönten. In dieser Hinsicht waren sie also Vorbilder, und mit ihrem Haarschnitt, ihren intellektuellen Neigungen, ihrer Flippigkeit und ihrer unerschöpflichen Phantasie halfen sie die Jugendkultur in die Richtung lenken, die die sechziger Jahre für sie bereithielten. Und das machte die Beatles, vielleicht mehr als ihre wunderbare Musik und ihre ausgezeichneten Songs, zu dem, was sie waren.

1963/64 hätte es auch ohne die Beatles eine englische Rock-Renaissance gegeben. Es läßt sich aber mit Fug und Recht bezweifeln, ob sie dann in den Staaten überhaupt zur Kenntnis genommen worden wäre. Und ob es dort als Reaktion darauf genausoviel Folk-Rock und Punk-Rock gegeben hätte, wie es in den USA 1965/66 der Fall war, ist ebenfalls eine Frage, über die nachzudenken sich lohnt. Ob der Pop der sechziger Jahre überhaupt in nennenswertem Maß explosionsartig aufgeblüht wäre ohne die Beatles, da wird man nie wissen, und ebensowenig wissen wir, ob ein solcher musikalischer Brennpunkt für eine Pop-Explosion überhaupt nötig ist, und wenn ja, wie sehr. So etwas ist bisher nur zweimal passiert, und jedesmal war jemand zur Stelle. Diese Tatsache hat zu de weitverbreiteten unbewußten Ar nahme verleitet, so etwas wie «neue» Beatles seien unvermeidlich. Davon bin ich nicht so ganz überzeugt. Während sich die Zeichen einer neuen Pop-Blüte von Tag zu Tag mehren, ist nirgendwo eine solche apokalyptische Gruppe oder ein derart phänomenaler Sänger zu entdecken. Ich vermute sogar, daß wir ihnen gerade damit, daß wir so angestrengt nach ihnen Ausschau halten, die ganze Wucht nehmen, mit der sie sonst über uns kommen könnten. Wie gesagt, ich habe da meine Zweifel, aus diesem und aus anderen Gründen. Aber es wird so oder so nie mehr ganz dasselbe geben können wie die Beatles.

Ein kurzer Rückblick, nicht nur in Wehmut

Von Greg Shaw

Wie man sich wohl denken kann, war die Briten-Invasion mehr als nur die Musik. Und das ist, glaube ich, sogar das Wichtigste gewesen – die ganze «Szene». Der Rock 'n' Roll kann ein integraler Teil der Teenager-Kultur sein, er kann aber auch den Anschluß an sie verlieren und damit in den Hintergrund treten. Die meiste Zeit wechselt er zwischen den beiden extremen Polen dieser beiden Zustände. Während wir gerade das Ende der zweiten großen Rock-Rezession erleben und die erste Übergangszeit dieser Art seit dem Entstehen einer Kritik an der Rock-Fantümelei beobachten, wird allmählich so einiges klarer.

Neben der Tatsache, daß zwischen 1955–59 und 1963–67 der Prozentsatz an wirklich guter Musik zu Beginn abrupt hochschnellte und gegen Ende genauso abrupt abfiel, gibt es noch etliche weitere Gründe, weshalb wir diese beiden Zeiträume als ausgesprochene Blütezeiten des Rock 'n' Roll bezeichnen können. Rein von der Menge her gesehen kam wahrscheinlich 1971 mehr guter Rock heraus als 1958 oder 1963, aber das war nicht das Entscheidende, weil das, was 1971 herauskam, insgesamt auf eine Summe unzusammenhängender Glückstreffer hinausläuft und letztlich eines der schlechtesten Jahre bildet, die der Rock je gesehen hat.

Der Unterschied, auf den es ankommt, ist nämlich der des Kontexts. Ein Album wie «Teenage Head» von den Flamin' Groovies ging 1970 unter der schieren Masse an Müll unter, gegen den es sich durchsetzen mußte, um überhaupt wahrgenommen zu werden. Heute würde diese LP als Meisterwerk gefeiert. Vor zwei Jahren war dem Rock 'n' Roll der innere Zusammenhang abhanden gekommen. Selbst die besten Leistungen verloren viel von ihrem Glanz, weil die Schlacht hoffnungslos verloren schien. Ganz ähnlich war es 1962, und während der Rock heute, 1973, seinen inneren Zusammenhang wiederzugewinnen scheint, ist es nützlich, einen Blick zurück auf das zu werfen, was beim letzten Vorgang dieser Art geschah.

Die erste Glanzzeit des Rock 'n' Roll war nicht so sehr wegen ihrer Musik und auch nicht wegen der Äußerlichkeiten der Jugendkultur so bedeutsam, die sie umgab (Lederjacken, Pferdeschwänze, Hot Rods, Plattenparties, Slang

usw.), sondern viel mehr wegen der besonderen Ausstrahlung, die sich aus ihrem Zusammenwirken ergab – anders gesagt, sie bestand in dem Gefühl, die sie den Kids gab: zu einer wirklichen Jugendkultur zu gehören mit Werten und Symbolen und allem, was dazugehört, einer Kultur, die ihnen gehörte, und *nur* ihnen. Das ist der Grund, warum es heute eine schnell wachsende Oldies-Bewegung gibt.

Es ist das kulturelle Feedback, das den Rock 'n' Roll zu wirklichen Höchstleistungen treibt, und was die Merseybeat-Jahre so wichtig macht, ist die Jugend- und Rockkultur, die damals in voller Blüte stand. Eines der ersten Zeichen einer Wiederkunft der Jugendkultur ist das gesteigerte Interesse an der Mode. Die englische Pop-Mode hatte ihre Anfänge in den fünfziger Jahren, mit Mary Quant und der ersten Zeit der Carnaby Street. (Übrigens wird dieser ganze Aspekt des Verhältnisses zwischen Rock und Kultur überaus detailliert und ganz ausgezeichnet in dem bemerkenswerten Buch «Revolt Into Style» von George Mellys behandelt; es ist bei Anchor erschienen.) 1961 gerieten die Beatles an ein paar deutsche Intellektuelle, die die neue Haartracht und den Schlamper-Look kreierten, der die Rock-Mode in England ins Rollen brachte.

Wenn neue Trends in Mode und Musik herumschwirren, entsteht zwangsläufig eine Spezies, die unter dem Begriff des «Dedicated Follower of Fashion» zum Begriff geworden ist. Diese Typen sind hohle Nüsse, falsche Fuffziger, schlichtweg oberflächlich. Ihr Dasein erschöpft sich darin, die neuesten Klamotten spazierenzutragen und den neuesten Musiktratsch weiterzureichen. Und doch sind sie, wie es die Kinks wohl recht erkannt haben, für den ganzen Vorgang unentbehrlich. Sie sind die Weiterverbreiter von Stilen, und zusammen sind sie die «Szene».

Die «Szene» ist der entscheidende Schauplatz für alles, was in der Pop-Kultur passiert. Sie besteht aus ein paar zentralen Figuren, Kulturheroen, umgeben von Parasiten und Möchtegern-Szenemachern, die wiederum umgeben sind von den Teenagermassen, scharf darauf, so dicht an die Quellen heranzukommen wie nur möglich, was sich aber im Massenmaßstab auf Platten und Pop-Magazine beschränkt.

Die Pop-Zeitschriften sind ein guter Spiegel der Popkultur. Sie stoßen einen mit der Nase auf die Tatsache, daß es nicht immer die Musiker sind, die die zentralen Figuren einer Pop-Szene darstellen. Es gibt immer ein paar Nachahmer mit so viel Sinn für Stil, daß das, was sie machen, so sehr den Trend beeinflußt wie das, was die Rockstars selber tun. Die Freundinnen der Stars und deren Schwestern werden ebenfalls zu Kultobjekten. Dann gibt es ja auch noch die

Musiker selber, die Produzenten, die Discjockeys usw., aber nicht alle sind wichtig, sondern nur die, die eine Nase für Stil und einen Hang zum sozialen Exhibitionismus haben.

Die englischen Pop-Blätter jener Tage sind voll von Bildern und Geschichten über diese Typen, und zwar wirklich über alle, und sie halfen eine aufgeregte Glamour-Atmosphäre schaffen, die ganz England und dem Rest der Welt unter dem Markenzeichen «Swinging London» vertraut geworden ist. Die Clubs, die Moden, die Shrimptons und Ashers, die Cathy McGowans und Jonathan Kings und die Jimmy Savilles und die Andrew Oldhams, die Micks und die Brians und wie sie sonst noch alle hießen – das waren die «Leute», die im Zentrum dieses Phänomens standen, sie gaben der Szene die Würze, und die Durchgedrehtheit ihres Lebensstils ließ die Herzen der unterdrückten Teenies überall höher schlagen. Vielleicht war die Aufregung weithin künstlich, gemacht – aber sie konnte sich stets auf die Kraft und Fülle der Musik stützen, und die Musik selbst wurde von der Energie der Szene zu stets neuen Grenzen getrieben.